CLINICAL EDUCATION FOR THIS MILLENNIUM:
THE THIRD WAVE
Margaret Martin Barry, Jon C. Dubin and Peter A. Joy

ロースクール臨床教育の100年史

マーガレット・マーティン・バリー＋ジョン・C・デュビン＋ピーター・A・ジョイ［著］
日本弁護士連合会司法改革調査室＋日本弁護士連合会法曹養成対策室［編］
道あゆみ＋大坂恵里［訳］

現代人文社

●刊行によせて

　2004年4月，司法制度改革の目玉の一つと言われる法科大学院制度がスタートしました。

　この法科大学院は，新しい法曹養成制度の中核と位置づけられた重要な教育機関であり，そこでは，これまでの法曹教育の反省に立った豊かな教育の実施が期待されています。こうした教育が現に実施され，今後の法曹の質及び量の充実が図られることは，とりもなおさず，各種の司法制度改革実現の礎となるものです。

　ところで，法科大学院は，米国のロースクールを参考にしてつくられた経緯があります。そして，米国の臨床教育プログラムが，そのロースクールの歴史の中で豊かに発展してきたことをふまえれば，我々としては，我が法科大学院教育を充実したものとするため，同国の臨床法学教育の実績に大いに学ぶ必要があります。しかしながら，こうした必要性にもかかわらず，これまで，米国の臨床教育に関する情報が，我が国において必ずしも十分に紹介されてきたとは言えませんでした。

　本書に収めた「ミレニアムの臨床教育：第三の波」は，米国ロースクールの臨床教育の歴史と現状を分析するとともに，将来における臨床教育の展望を意欲的に綴った論文です。また，本書には，2004年の当連合会及び東京弁護士会共催のシンポジウムの報告書も合わせて収録されており，わが国の実状をふまえた，具体的な提案もなされております。

　本書は，臨床教育の企画・実施を考える法科大学院にとって，多くの示唆を含むものです。法科大学院が，今後も，その本来の理念を見失うことなく豊かに発展していくことを，願ってやみません。本書が，その道を拓く一助となれば幸いです。

日本弁護士連合会会長　梶谷　剛

目次

ロースクール臨床教育の100年史
CLINICAL EDUCATION FOR THIS MILLENNIUM:
THE THIRD WAVE

刊行によせて［梶谷剛］　i
訳者代表まえがき［道あゆみ］　iv

ミレニアムの臨床教育：第三の波
［マーガレット・マーティン・バリー＋ジョン・C・デュビン＋ピーター・A・ジョイ］……………… 2

はじめに　2
Ⅰ　過去における挑戦——臨床事業の創設　5
　A　理論的教育的臨床事業の探求　5
　　1　近代ロースクールの誕生と臨床法学教育の第一の波　5
　　2　近代ロースクールの誕生と臨床法学教育の第二の波　11
　　　a　臨床法学教育の社会正義的側面　12
　　　b　臨床教授法の発展　15
　B　経済的実現性の探求　17
　　1　臨床プログラムの発展と法学教育の変容に向けた経済支援　18
　　2　コスト問題の理解　20
　　3　伝統的教育と臨床教育の相対的費用　22
　　4　臨床教育に対する更なる財政支援　24
　C　制度的正当性の探求　28
Ⅱ　（楽観できない）現在——ロースクールのカリキュラムにおける臨床教育の役割の定義づけとその純化　30
　A　1年次における臨床教育の方法論　36
　B　上級年次の臨床科目　39
　C　「普及」のアプローチ——組織的・連続的臨床教育　41
　D　進化　44
Ⅲ　将来に適応すること　45
　A　デジタル時代に適応すること　45
　B　グローバル時代に適応すること　50
　C　21世紀の人口統計に適応すること　54
　D　法実務の性質の変化に適応すること　56
おわりに　59
原注　63

ミレニアム論文筆者による追加説明——ABA学生実務模範規則の説明　110

ピーター・A・ジョイ講演会／パネルディスカッション録
日本における臨床法学教育実践の課題 ……116

【講演】
日本の臨床法学教育が直面する3つの課題
［ピーター・A・ジョイ］ 117

【パネルディスカッション】
日本における臨床教育実践の条件と課題
［飯田隆＋ピーター・A・ジョイ＋宮川成雄＋宮澤節生＋道あゆみ］ 132

法科大学院における臨床教育の有用性を探る
——日弁連による臨床教育実験授業の報告を兼ねて
［道あゆみ］ ……166

Ⅰ　はじめに　166
Ⅱ　臨床教育とは　166
　1　臨床法学教育の定義　166
　2　アメリカのロースクールにおける臨床教育の歴史と実態　168
Ⅲ　筆者が経験した臨床教育──臨床教育の醍醐味を探る　169
　1　ニューヨーク大学ロースクールのカリキュラムについて　169
　2　「家族問題クリニック」の概要　170
　3　「比較刑事手続クリニック」の概要　171
　4　2つの臨床プログラムの有用性　172
Ⅳ　臨床教育実験授業の報告　175
　1　実験授業実施までの経緯　175
　2　実験授業実施の概要　175
　3　実験授業の成果　176
　4　実験授業を通じて明らかとなった今後の課題　185
Ⅴ　結びに代えて　187

筆者・訳者プロフィール　194

●訳者代表まえがき

　2004年4月，21世紀を支える法曹を養成すべく，日本に法科大学院が立ち上がった。その第1ラウンドとも言えるこの1年，各法科大学院は，新司法試験，認証評価制度など，いくつかの重要な議論や状況の推移に対応しつつ，課せられた重責を果たすべく，それぞれに力を尽くしてきた。

　そして，初の修了生を輩出する今年度，法科大学院は，いよいよその真価を世に問われる時機を迎えることになる。制度設計の際に議論された法科大学院の理念は，どこまで現実のものとなったのか。懸念された課題は，どのようにクリアされたのか，されなかったのか。今から約1年後，少なからず世間は，こうした視線で法科大学院を再評価する機会をもつことであろう。

＊

　本書が題材とする臨床教育は，「実務との密接な連携を図り」ながら，「国民の社会生活上の医師」たる法曹を養成するという，法科大学院の理念実現の鍵を握る，最重要プログラムである。そこでは，既存の法学部教育の枠にとらわれないことはもちろん，これまでの司法研修所の教育とも異なった意義・目的をもつ臨床教育の展開が，期待されていた。

　しかし，法科大学院の臨床教育をめぐる議論は，当初から司法修習との役割分担論とあいまって混迷を極め，これが，臨床教育に意欲的な法科大学院とそうではない法科大学院とに二分してきたとすら言える。また，近時は，新司法試験合格率の見通しが明らかになる中，多くの時間とエネルギーを費やす臨床教育をどう位置付けるかが，改めて検討課題に挙がっている。

　今回翻訳の機会に恵まれた「ミレニアムに向けての臨床教育：第三の波」（以下「本論文」という）は，こうした混迷の続く法科大学院に，多くの「手がかり」を供するものである。なぜなら，日本の法科大学院制度を豊かに育てるには，諸外国の実績に学ぶことが必須であるところ，本論文は，アメリカにおける臨床法学教育の過去・現在・未来を，緻密かつ大胆に分析した論文として，並ぶもののない秀作と言えるからである。

＊

　全訳を終え，訳者にとって興味深かったのは，アメリカにおいても，臨床

法学教育，そしてロースクール制度すら，我々が考えるほど長い歴史をもたないということである。そして，従前の徒弟制度を脱してロースクールがこれを凌駕し，その中で，ソクラティック・メソッドやケース・メソッドが育ち，その不足を臨床教育が埋めていった過程の中には，日本と極めて似通った苦悩の歴史を，垣間見ることすらできる。そこには必ず，既存の制度を支持する者と新制度を果敢に説く者とがあり，理想と現実の溝が議論の的となる。しばしば，財政的事情がきたるべき変化をもたらすキーとなり，最終的には，市場や社会，そして時代の声がそれに軍配をあげる。言ってみれば，それは，時と場所を越えて絶えず繰り返される現象であり，これを綴った本論文は，日本の読者に，予想以上の親近感をもって受け入れられるのではないか。

　とはいえ，同時に，本論文を読了した読者は，必ずや思い知らされることであろう。即ち，アメリカ社会そのものが，変化に躊躇しないエネルギーを秘め，21世紀を迎えてその力が益々隆盛を極めていること。とりもなおさず，こうした社会全体の変化の「波」の中に，法曹やその教育のあり様が，望むと望まないとにかかわらず，丸ごと飲み込まれてきた事実，そして，今後一段とそれが加速するであろうことを。殊に，未来への展望を語る本論文最終章には，リアルタイムで進行する世界の変化の「波」を見て，息つけない緊迫感を感じる読者も多いのではないか。そういう意味で，本論文は，単に臨床法学教育の歴史と行方を論じたものではなく，アメリカ社会のこの100年に対する，深い洞察を織り込んだ壮大な読み物となっている。法曹のあり方を探る作業は，社会のあり方を見極めることであり，法曹教育を論ずることは，我々が向かう未来を見定めることに他ならない。それは，思うより覚悟の要ることであり，世の中のダイナミズムを見つめる明晰さと，自らの過去を否定する潔さが不可欠となる。そして，21世紀に生まれた「波」は，今後一層大きく高くうねって津波となり，我々は，国境を越え，同じ「波」に対峙し，飲み込まれるときを迎えつつある。本論文からは，そんなメッセージが，静かに，しかし並々ならぬ緊張感をもって伝わってくるように思う。

*

　本書には，本論文の他，2004年のジョイ教授来日の際の講演，パネルディスカッション録を掲載し，最後に，2003年に日弁連司法改革調査室報に掲載した拙稿を載せた。いずれも，法科大学院の臨床教育のあり方に示唆をもたらすと期待しての掲載であるが，特に拙稿については，出版時に旧過ぎる内

容となっていないか，懸念するばかりである。

　最後に，本書出版にあたり，他の共著者とのパイプ役として，かつ翻訳・出版に関する実務的アドバイザーとして，惜しみないサポートを下さった，本論文原著者のお1人であるピーター・ジョイ教授に，真っ先に感謝のメッセージを伝えたい。続いて，本論文翻訳をご快諾下さった，他の共著者の皆さん，忍耐強くご支援下さった現代人文社の成澤壽信編集長，日弁連法制一課の野口啓一課長，松本七生さん，そして何より，このタフで長い翻訳作業に一緒に汗を流してくれた，頼り甲斐ある共訳者の大坂恵里さんに，この場を借りて御礼申し上げたい。

道あゆみ

●「ミレニアムの臨床教育：第三の波」における行間の［　　］内の数字は原注の番号，＊印を付した数字は訳者注の番号を示す。

ミレニアムの臨床教育：第三の波
CLINICAL EDUCATION FOR THIS MILLENNIUM: THE THIRD WAVE

マーガレット・マーティン・バリー＋ジョン・C・デュビン＋ピーター・A・ジョイ
Margaret Martin Barry, Jon C. Dubin and Peter A. Joy

ミレニアムの臨床教育：第三の波
CLINICAL EDUCATION FOR THIS MILLENNIUM: THE THIRD WAVE

マーガレット・マーティン・バリー
ジョン・C・デュビン
ピーター・A・ジョイ

「私の関心は将来にある。なぜなら，私はそこで私の残りの人生を過ごすつもりだからだ」[1]

はじめに

　50年の後には，せいぜい雑学マニア（trivia buffs）くらいがY2Kという呼び方で思い出すに過ぎないであろうもの（このミレニアム[*1]）の始まりを知らしめるために，クリニカル・ローレビュー（Clinical Law Review）の編集者は，筆者に，臨床法学教育の将来にとって重要と思われる問題を論じる論文を書くよう依頼した。これは手強い仕事であり，初の臨床法学教育専門誌を出版する中で，編集者自身がこの6年間手がけてきた仕事とほぼ同じくらいやりがいのあるものである。持ちよった（collective）水晶玉を見つめて将来の予言を試みる機会を与えてくれた編集者に感謝しつつも，筆者としては，我々が占いや占星術の特殊技術を全くもっていないという但し書きをここに添えなければならない[2]。筆者は，大いなる不安を抱きつつこの冒険的事業に着手しているが，この論文が臨床法学教育の次の波に向けた更なる議論と研究の起点を読者に提供できればと願っている。

　筆者が今後も関わり続けたいと願う法学教育の未知なる将来を予測する際，テーマとなるのは，「変革」（change）である。20世紀後期に最も広く知られ

---

*1　括弧内は，訳者挿入。

る未来学者の1人であるアルビン・トフラー（Alvin Toffler）は，こう指摘した。「変化とは，未来がわれわれの生活のなかにはいりこんでくる過程のことである。われわれは単に偉大な歴史観だけでそれを眺めるだけでなく，現にそれを経験して生きている個々の生身の人という立場にたって，自分で眺めることが大切である」[3]。このトフラーの賢明な助言に従って，筆者は，学生，依頼者，臨床プログラム以外で教えるロースクールの同僚，実務家（practicing bar）の視点，そして臨床法学教員（clinical law teacher）を自認する我々自身の観点から，臨床法学教育が直面する問題を考察することにしたい。法学教育が直面する変化と課題を考察することにより，ミレニアム（millennium）[*2]の始まりは，法学教育と法曹（legal profession）[*3]に，臨床法学教育の歴史と役割を考察するための稀有な機会を提示するのである。そういった機会を提供する世紀的変革（millennial change）は，実にこれが初めてである。2000年前には，法律家（lawyer）[*4]が存在するとは言えなかった。そして1000年前には，法が学ばれていたとは言え，組織化された法学教育システムや単一の法律専門職（legal profession）といった現代の制度に類似するものは全くなかった[4]。実際に，アメリカ合衆国で「ロースクール」教育という概念ができたのは，たかだか数百年前であり，法を独学しあるいは何らかの徒弟訓練を経た後すぐに法曹界（bar）[*5]に入るのではなく，ロースクール教育を実際に受けることがこの国の法律家となるための要件とされてから，まだ100年も経っていない[5]。アメリカの法学教育の歴史が比較的浅いこと，そして臨床法学教育プログラムが広まったのは更に最近の現象であることを考えると，法学教育を制作中の作品として，そして臨床法学教育をその最も近時の拡張部分として捉えることが最適である。

　過去を忘れる者はそれを繰り返す運命にある，とのサンタヤナ（Santayana）[*6]の所見が正しかったとすれば，臨床法学教育の将来に関して信

＊2　millennium。「千年間」，「千年紀」，「千年祭」などの意。ここでは，2001年に迎えた新しい千年紀を指す。本論文では，この意味で，一貫して「ミレニアム」と訳した。
＊3　legal profession。「法曹」，「法律専門職」などと訳せる。ここでは「法曹」と訳しているが，文脈に応じて相当と考えられる語をあてた。また，単にprofessionと言う場合，基本的に「専門職」と訳しているが，文脈によっては，「法曹」などの語をあてた。
＊4　lawyer。場合に応じて「法律家」「弁護士」との語をあてた。
＊5　bar。場合に応じて，「法曹界」「弁護士会」の語をあてた。
＊6　ジョージ・サンタヤナ（George Santayana）（1863-1952）。アメリカの哲学者・詩人である。

頼できる予測を立てるには，その過去を見ることから始めなければならない。臨床法学教育の歴史に関して信頼性のある説明はたくさんあるが，この論文が過去を振り返るにあたっては，これによって，筆者の将来への予測と期待を説明することを第一に心がけたい。そして，これまでの法学教育の実績と反省点を指摘し，かつ，過去の実績を上回り反省点を繰り返すことなく修正するための将来を提案することこそが，サンタヤナの精神に沿って将来を見据える上で最適な手段であると，筆者は認識している。

この論文は，「第三の波」という観点から臨床法学教育の将来を論じている。「第三の波」という概念は，主に過去を分類する定義的な説明（definitive statement）としてというよりは，むしろ将来を考える手段として有効である。過去から現在に至るまで，臨床法学教育の波が2回しかなかったという考え方，あるいは，筆者が特定する期間がアメリカにおける臨床法学教育の成長と発展の各時代を正確に区分しているという考えには，異議を唱える者もいるかもしれない。他方で，過去から現在そして未来を継続的発展と捉えることなく，これをいくつかの期間に整理しようとする試みは，限定的に過ぎると言う者もいるかもしれない。過去の出来事の解釈は人それぞれの観点により異なるものであり，筆者としては，波という概念を持ち込んで議論を整理するという我々の分類手法が，異なる解釈のレンズを通して過去を見る者に抵抗感を引き起こし，こうした概念を用いる利点が相殺され得ることを認める。しかし筆者は，波——それは，一般には明確に示された起点と終点がない——が，アメリカにおける臨床法学教育の発展と将来の象徴化と概念化のために有用な手段であると信じている。

この論文は，有能（competent）[*7]かつ倫理的な実務家養成ということにおける，法学教育の継続的変革と臨床法学教育の役割に焦点をあてる。Part I は，過去に臨床教員が直面した主な難題を検証する。それは，臨床法学教育の教授方法を創造するために，全国のロースクールに実行可能で永続的な臨床プログラムを確立することであった。Part IIは，カリキュラム全体にわたって又はカリキュラムの基本的特徴として臨床的手法（clinical methodology）

＊7　competent。「有能な」「十分な」などと訳されることが多いと思われるが，本論文での使われ方は，「依頼者の代理人を引き受けるために十分な能力がある」という意味であり，文脈に応じて相当と考えられる語をあてた。

を組み込むための種々多様なモデルを論じる。Part IIIにおいて、我々は、臨床法学教育にとって最も差し迫った様々な課題と機会を、そしてより大規模な21世紀の法学教育事業を分析する。最後に、その「第三の波」における臨床法学教育のためのビジョン、即ち、生じ得るし生じるべき変化、そして、この臨床法学教育の第三の波が、いかにして法学教育の将来、ロースクール修了生の能力（competence）、そして依頼者のための法的代理活動（legal representation）の質を向上させることに貢献できるかについて説明する。

I 過去における挑戦──臨床事業の創設

A 理論的教育的臨床事業の探求

1 近代ロースクールの誕生と臨床法学教育の第一の波

アメリカにおける臨床法学教育の第一の波は、1890年代後半にケースブック・メソッドが法律専門職の一般的な養成手段として登場した直後の、20世紀初頭に始まった[7]。ケースブック・メソッド（casebook method）[*8]が上級審判例を重視したことや、法分析能力（skill of legal analysis）の養成手段としてソクラティック・メソッド（Socratic method）[*9]が出現したことにより、19世紀のアメリカ法学教育で一般的だった次の3つの教育方法からの脱却がはかられた。1つは、徒弟制度固有の技能訓練、2つめはアメリカのいくつかの大学で採用されていた欧州の法学教育に一般的な教育方法、3つめは、主として私設のロースクールの講義を通じて教えられてきた、法律を相互に関連しあう合理的法則（interconnected rational principles）と見てこれに分析的・体系的検証を加えるという方法であった[8]。このようにして、ケースブック・メソッドにおける法分析の重視は、黎明期のアメリカの法学教育にとって、「目標（objective）」ともなり「骨組み（structure）」ともなっていったが、同時にそのことはこの黎明期の法学教育者達の「法学教育に関する見識の狭さ（narrow view of legal education）」を象徴するものともなった[9]。確かに、ケー

---

*8 casebook method。事例を掲載したテキスト、casebookを利用した教育手法を指す。case methodともいう。いずれも、日本で通用性があるため、本論文では「ケースブック・メソッド」あるいは「ケース・メソッド」と訳した。

*9 Socratic method。問答方式の法学教育を指す。日本で通用性があるため、本論文では「ソクラティック・メソッド」と訳した。

スブック・メソッドはロースクールにおける支配的な教育方法に発展していきはしたが，この教授方法に対しては当初からいくつかの批判があった。

　1890年代後半あるいは1900年代初頭にかけて，ケースブック・メソッドが広く普及した一方で，いくつかのロースクールの学生達が，法実務技能（lawyering skills）[*10]や法分析（legal analysis）の学習及び訓練のための実践的な体験を実現し，同時に弁護士を雇えない人達に対する法的支援という社会的使命を遂行するものとして，単位取得と関係しない有志の「法律相談所（legal dispensaries）」あるいは法律扶助の相談所（legal aid bureaus）[*11]を立ち上げた[10]。1917年には，評論家のウィリアム・ロウェ（William Rowe）が，ロースクールの学生を有能な法律家に養成するための最も優れた方法として，臨床法学教育を推奨する論文を発表した[11]。ロウェは，この画期的な論文に先立って，ニューヨーク州法曹協会（New York State Bar Association）が1916年に採択した「全てのロースクールは，そのカリキュラムの一部として，法律扶助協会や他の組織を通じて充実した臨床作業を行うべきだ」との建議を提唱している[12]。

　1917年の論文において，ロウェはロースクールの学生が自主的に法律扶助活動と連携することについて論じ，こうした連携を正式なものとしかつこれを教員達の関与するロースクールのカリキュラムへ変容させるべきと説いた。彼は，臨床経験の提供という点において，ロースクールが，医学や建築，エンジニアなどの他分野に遅れをとっているという問題意識をもっていたのである[13]。ロウェがこの論文を書いた当時，2年間の教授コース（two-year course of instruction）しか持たないロースクールがほとんどであったが，ロウェはこのとき，「臨床教育は1年では不十分である。実のところ臨床教育は，最終的には全ての学年の全ての科目にとって主要な教授方法となっていく可能性がある。それは，自然かつ必然的な展開である」と論じ，その後臨床教育がロースクールの学生生活全般に及ぶものとして発展を遂げていくこ

＊10　lawyering skills。「法技能」あるいは「法実務技能」と訳すのが一般的である。また，後掲の『マクレイト・レポート』邦訳では，「ローヤリング技能」と訳されている。本論文では，一貫して「法実務技能」と訳した。

＊11　legal aid。「法律扶助」と訳すのが一般的であるため，その語をあてた。但し，本論文では，法律扶助協会を通じて行う法律扶助活動あるいは法律扶助事件という狭い意味ではなく，低所得者などを対象に行う法的サービスの提供一般を指すものとして使われている。

とを予兆した。ロウェは，授業で扱う事件に関わる分野を専門とする教授の受け持つクラスで，学生達が臨床を手がけるというかたちの臨床法学教育を提唱した。これによって臨床教育は，生命を失った過去の紛争を説明的に記述したものとは違う，学生達が現に生活し今まさに鼓動する社会で生起する，生きた題材を扱う「ケースブック（case book）」となるのである。[15]

ロウェが推奨した臨床教育のかたちは，現在のエクスターンシップや混合型*12の臨床教育に最も近いと言える。それによれば，学生達は，外部の法律扶助事務所（legal aid office）や検察官（prosecutor），公設弁護人（public defender）と共に作業しながら，同時に，「現行実務の問題点を説明し，それぞれの事件に関する個別の教授や指導を受けるなどの教室における一般的な作業」にも参加するものとされていた。[16] また，ロウェは，臨床教育は，「教育という仕事に恒常的に専念することができ，なおかつ，関係者の求めに応じて，助手などの協力を得ながら，臨床教育に関係する組織に属しあるいはそうした仕事に従事する法律家達と協力を結ぶことのできる——その協力は，場合によっては一時的なものになるかもしれないし，法律顧問（助言者）といった関与の仕方になるかもしれないが——教員」によって，監督されるものになると予言した。[17]

1921年，教育の発展のためのカーネギー基金（Carnegie Foundation for the Advancement of Teaching）が，ある法学教育研究に資金提供を行った。この研究は，執筆者アルフレッド・Z・リード（Alfred Z. Reed. なお，彼自身は法律家ではない）にちなんで一般に「リード・レポート（Reed Report）」と呼ばれている。[18] このリード・レポートは，法実務（plactice of law）*13 に必要とされる3つの能力を以下のように特定した。即ち，一般教養（general education），理論的法知識（theoretical knowledge of the law），そして，実務技能訓練（practical skills training）の3つである。[19] 法分析を重要視するケースブック・メソッドは，これら3つの目標の1つである，理論的法知識を提供する

---

*12　externship。学外で行う臨床教育を意味する語として使われる。学内で実施する臨床教育（in-house clinic）と対比して使われることも多い。日本でも通用性があるため，本論文では「エクスターンシップ」と訳した。

*13　plactice of law。法律実務，法曹実務，法実務などと訳せる。本論文では，lawyering 同様，一貫して「法実務」と訳した。

ものに過ぎなかった。リード・レポートは，一般教養を身に付けるために，ロースクールに入る前に少なくとも2年間の大学教育が必要と説き，1921年以後ABA[*14]がこの提案を推進した[20]。当時は，法曹資格を取得する資格要件として，大学に基礎を置くロースクールの学位を要求する州は1つもなかった。私設のロースクールが当時なお一般的であり，徒弟制度が，依然として法律家となるための基礎的な研修の場を提供していたのである[21]。こうした極めて無秩序な法律家の養成過程の中にあって，実務技能訓練を勧めるリード・レポートの提言は，当時のロースクールに積極的に採り入れられるまでには至らなかった。

　ロウェが早くから臨床教育をロースクールのカリキュラムへと発展させるために努力し，リード・レポートが実務技能訓練を必須と説いたのに続いて，ジョン・ブラッドウェイ（John Bradway）とジェローム・フランク（Jerome Frank）が，1920年代から1940年代にかけて，臨床法学教育の方法論を開発し，インハウス・クリニック（in-house clinic[*15]）が信頼すべき法学教育の重要な要素となると説いた[22]。しかし，こうしたブラッドウェイとフランクの尽力にもかかわらず，20世紀前半には，一握りのロースクールが，インハウス・クリニックを立ち上げたに過ぎなかった[23]。

　20世紀前半のロースクールにおける臨床教育プログラムの貧弱さは，この時期ロースクールが直面していたいくつかの現実を映し出すものだった。まず，ロースクールは，徒弟制度との差別化をはかっていたが，ロースクールの内部に「モデル法律事務所（model law offices）」をつくるという臨床法学教育の試みは，決してこの差別化に資するものとはならなかった，ということである。2番目に，この時代のロースクールは財政的基盤が著しく貧弱であり，集中的な教員の監督が必要となる臨床法学教育の授業は，ソクラティ

---

　*14　ABA。American Bar Association の略称（原注[6]参照のこと）。アメリカ法曹協会（あるいは米国法曹協会）と訳されるが，日本でも，ABAの略称で呼称されることが一般的である。
　*15　in-house clinic。学内で実施する臨床教育，臨床プログラムあるいはそれを実施する場（学内法律相談所など）を意味する語として使われる。日本においても既に通用性があるので，本論文では「インハウス・クリニック」と訳した。
　なお，単にclinicというとき，臨床教育（プログラム）一般を指す場合，それを内容とする具体的な科目を指す場合，あるいはそれを実施する場を指す場合がある。本論文では，文脈に応じて，「臨床教育」，「臨床プログラム」，「クリニック」のうち適切と思われる語をあてた。

ック・メソッドを駆使する大教室の授業ほどに経済的ではなかったということ[24]。3番目に，この時代のロースクールの教員達は，法分析とは別に法実務技能（lawyering skills）を教えることの意義と可能性に懐疑的であったということである[25]。ちなみに，カール・ルウェリン（Karl Llewellyn）を筆頭とするアメリカロースクール協会（AALS〔Association of American Law Schools〕）のカリキュラム委員会（Curriculum Committee）作成の1944年報告書は，「現在のケース・メソッドによる教授方法は，どういうわけか，ロースクールの最終生産物たる修了生の半数以上について，実務家として信頼に値する能力を涵養するという責務を果たすことができないでいる」と指摘している[26]。4番目は，1920年代から1940年代に，ABAやAALSがロースクールの基準をいくつか策定することを試みたが，これらの基準においては，臨床法学教育の体験が奨励され，あるいは求められることがなかったという現実がある[27]。こうした4つの要素があいまって，臨床プログラムの数のみならず臨床教員の数が伸び悩み，これによって臨床教育の教授方法の発展が阻害されることになった。

　その後1951年までには，ロースクールと密接な関連をもつ，あるいはロースクールによって運営される「法律扶助クリニック（legal aid clinics）[*16]」の意義は，「法学教育に関する最近の議論のひとつ（one of the current controversies in legal education）……」として取り上げられるようになった[28]。当時のサザン・メソジスト大学ロースクール（Southern Methodist University School of Law）の学長であったロバート・ストレイ（Robert Storey）は，法学教育者としての実感を以下のようにまとめている。彼は，「臨床教育（clinical method）」は，「学生達を，現実の紛争を抱える現実の人々に直面させることにより，現実の問題にふれさせ」るという点[29]，そして「適正な法律扶助事務所の仕組み」の構築を促すことによって「司法（正義）の普及（equality of justice）」を増進するという点において，賞賛に値するものであると評している[30]。しかしながら，ストレイ学長や他の臨床教育推進論者のこうした努力にもかかわらず，1950年代には，臨床法学教育の実情は左程変わらなかった。

　1950年代，臨床法学教育というものについて定まった考え方があったわけ

---

*16　legal aid clinics。法律扶助活動を通じた臨床教育を指す。本論文では，その意味で「法律扶助クリニック」と訳した。

ではなく，ロースクールの「法律扶助クリニック（legal aid clinic）」の概念は，「ロースクールが提供する，学生達に法律扶助事件に関与させるあらゆるプログラム」を含むものとなっていた。1951年の臨床教育に関する調査によれば，法曹会（legal societies）あるいは公設弁護人事務所（public defender offices）と独立して営まれるロースクールの臨床教育は28あるとされている。臨床法学教育を必修にしているロースクールはわずか5校で，ほとんどのロースクールが選択科目か課外活動（extra-curricular activities）として臨床教育を用意していた。学生に課される作業はプログラムによって様々だったが，典型的には依頼者や証人との面談（interviews），準備書面の起案（drafting pleadings），あるいは法文書作成の準備（preparation of legal documents）などが含まれていた。依頼者の債権者との交渉（to negotiate matters with clients' creditors）の機会を提供するプログラムもいくつか見受けられ，少なくとも9のロースクールが裁判など法廷に出頭する機会を提供していた。また，多くの臨床教育が，学生に事件を最初から最後まで担当させるようにしていた。学生の監督（student supervision）は，「重要な課題（major problem）」と位置付けられていたが，上級生に下級生の監督が任されるようなこともしばしばあった。1951年に何らかの臨床プログラムを擁していたロースクール28校のうち，10校が学生に何らの単位取得も認めておらず，4校において他の科目の単位を一部取得することが認められ，残りの14のロースクールでも，臨床作業を通じてせいぜい1～3単位の取得が認められていたに過ぎなかった。

1950年代の終わりになると，35のロースクールが「何らかの法律扶助クリニック（some form of legal aid clinic）」をもつに至ったと報告された。うち13校は，校内に法律扶助クリニックが設置され，いくつかのロースクールでは，全員あるいはほとんどの学生に法律扶助活動への参加が義務付けられた。また，15のロースクールでは，学生達には，臨床作業によって，限定的にではあるが単位取得が認められていた。しかしながら，臨床教育の指導が担当教員の授業負担（teaching credit）に数えられていたのは，わずか5校に過ぎなかった。

1940年代から1950年代の初頭にかけて，臨床法学教育プログラムの数が少しずつ増加していったが，1950年代の終盤には，黎明期の臨床法学教育の運動がやや沈滞したとも言える。この頃，様々な形態の臨床教育が入り乱れ，

定まった臨床教育の定義も解説も存在しなかった。ロースクールは,「臨床 (clinical)」プログラムの中に,単位を与えるものと与えないものを含め,学内で実際の事件を扱うものの他学外の法律扶助や公的弁護事務所で実務を経験するものも含めていた。教員の関与や監督のレベルも実に様々であり,臨床経験は,ロースクールのカリキュラムのまだ外辺に位置付けられていた。

この時期の臨床教育は,それがケース・メソッドの不足を補う試みの1つでしかなかったということにより,その発展が限界づけられていたとも言える。同様の「試み (experiments)」として,臨床教育の他にも,模擬法廷 (simulated trial practice courses) や,法調査・法文書作成 (legal research and writing courses),文書起案 (drafting courses),想定問題を題材としたゼミ (subject matter seminars based on simulated problems) などが実施された[44]。こうした「試み」(その多くが,今やほぼ全てのロースクールの一般的なカリキュラムとなっているものであるが) にもかかわらず,1960年代,学生や教員達は,大教室やケースブック・メソッドの優勢,文書起案の機会の不足などについて,なおも不満を抱き続けた[45]。19世紀後半のケースブック・メソッドの登場以来なされた,カリキュラムに関するあらゆる試みの中で,「臨床法学教育構想は,なるべくして最も重要な試みとなった」[46]。実際,臨床法学教育は,「今や陳腐化してしまったケース・メソッドの発明以降,法律をどう教えるべきかという点に関し,最も重大な変革をもたらしたとも言われ」て[47]いる。

2 近代ロースクールの成熟と臨床法学教育の第二の波

1960年代から1990年代にかけての,臨床法学教育第二の波とも言える時期,臨床法学教育はその学術的な足場を強固にし拡大していった。こうした変化は,以下に述べるような要因によるものと言える。即ち,ロースクールが社会との関係を志向したこと,臨床教育の方法が発展したこと,臨床プログラムを開設し拡充するための外からの財政支援がなされるようになったこと,そして臨床科目を教える能力をもち,またそれに関心のある教員の数が増加したことである。これらのうちでも最も強力だったのが,「学生達に社会と関係する欲求 (student demands for relevance)」に目覚めさせた,60年代という時代的思潮だったのではなかろうか[48]。臨床法学教育の成長と方向性について,ヒル・リヴキン (Hill Rivkin) 学校長はこう述べている。「臨床法学教

育を形作ったこと……それは，60年代の社会的遺産（societal legacy）とも言える。60年代という時代のもつ情熱は，極めて熱烈にロースクールの中に入り込んでいった」[49]。

a 臨床法学教育の社会正義的側面

黎明期の臨床法学教育は，法実務技能の実践的訓練というものと，それまで弁護士が雇えなかった人々への司法アクセスの提供という，2つの目標を掲げていた。当初は，1920年代及び1930年代のリーガル・リアリズム（legal realism）の波が，ロースクールの法律相談事務所における法実務技能の教授と専門職の価値（professional values）*17の伝授という目標を後押ししていた。ルウェリンやフランクといったリーガル・リアリスト達は，学生達は，法律を，目的としてではなく目的達成のための道具として理解すべきだ，という考えを推し進めていた。こうしたことに照らせば，ルウェリンやフランクが黎明期における臨床法学教育の唱導者となったことは，必然の成り行きだったと言える。

1965年，ロースクールでの臨床体験を推奨するある論者が，法学教育が社会との関わりを志向することが必要と説き，「実に多数の学生達が，法曹が貧困者のニーズに応えることを切に願っている」と指摘した[50]。こうした機運は，その昔学生達がボランティアによる「法律相談所（legal aid dispensaries）」を立ち上げた頃から存在していたものではあったが，1960年代から70年代にかけての臨床プログラム構想の中で花開いたと言っていい。こうした臨床プログラムによって，法律問題をいくつも抱える貧しい依頼者達が代理人を得ることが可能となった。また，こうしたプログラムの多くは，アーサー・キノイ（Arthur Kinoy）教授の唱えた，「脈打つ現実の刺激の中で，最も基本的な理論的（theoretical），実体的（substantive），かつ概念的（conceptual）問題を掘り下げるための素晴らしい教育方法を提供すべく……法的手続が現代社会によこたわる基本的な諸問題に関わりをもつ重大な事件や状況に取り組んでいくべき」との提案に応えるものだった[51]。

---

*17 professional values。専門職（法曹）としてもつべき価値（心構えやマインド）を意味する。マクレイト・レポートに，詳しく取り上げられており，『マクレイト・レポート』邦訳（後述）では，「プロフェッションの価値観」と訳されている。ここでは，一貫して「専門職の価値」と訳した。なお，profession の訳語については既に述べた。

第二の波の臨床教員達は，それまでの臨床プログラムをふまえながら，臨床の過程で学生に法律の何たるかを教え，公民権（civil rights），消費者の権利（consumer rights），環境権（environmental rights），貧困者の権利（poverty rights）に関わる主張をもった依頼者の代理活動を通じて，臨床プログラムをこうした権利をめぐる運動の中へと導いていった。同じ時期，法学教育においては，それに先立つリーガル・リアリズムの運動の中から批判的法学研究（CLS〔Critical Legal Studies〕）の波が育っていた。[52] 臨床教員達が，社会正義や変革を実現するための道具として法律を活用していた同じ頃，CLSの支持者達は，授業の中で法のなんたるかを暴き，「裁判において，政治的信条が重大な影響を及ぼすことや，いつの時代にあっても，立法は，『理屈（logic）』などと称されるものばかりでなく，イデオロギーや権力を反映するものであるということ」を教えていた。[53] しかしながら，CLS支持者達が，法や司法制度に対する批判のあまりに懐疑主義や虚無主義に陥ったのとは異なり，臨床教員達は，不正義や不平等を救済するものとして，法律のもつ潜在能力を最大限に引き出すため闘い続けた。[54]

　マーティン・グッゲンハイム（Martin Guggenheim）教授は，社会正義に焦点をあてることは，依頼者にとってのみならず学生にとっても有用であり，それが故に重要であると指摘した。[55] 臨床科目を通じて，学生達は，法実務技能のみならず法曹にとって重要な価値に出遭うことになった。優れた代理活動（competent representation）の提供，正義（justice），公正（fairness），倫理（morality）の推進，専門職としての継続的向上（continuing improvement of the profession），自己啓発（professional self-development）といったものの意義と向き合うことになった。[56] 学生達に，こうした専門職の価値が教育される一方で，多数の依頼者達が，臨床プログラムを通じて法的サービスを享受することになった。このようにして，臨床プログラムによって，法理論（legal theory）は法実務技能（lawyering skills）と結び付けられ，学生達は，それまで司法にアクセスできなかった依頼者達を支援することを通じて，法実務の価値（lawyering values）を学んでいったのである。フィリップ・シュラグ（Philip Schrag）教授とミカエル・メルスナー（Michael Meltsner）教授は，次のように指摘する。

　数10万人もの低所得者層が，臨床科目を履修する学生達の支援を受けるこ

とになった。こうした支援の規模は，実際の低所得者達のニーズに照らせば十分とは言えなかったが，多くの事件において，学生達の支援は目を見張るべき成果を産んだ。学生達の支援によって，家を失わずに済んだ者もいれば，収監が回避されあるいは刑期が短縮された者もいれば，障害者給付金（disability benefits）を獲得し，アメリカ合衆国に滞在する権利を確保し，暴力的な配偶者から逃れる術を与えられた者もいたのである。[57]

法実務における社会正義という側面や，それ以外の専門職の価値は，臨床教育以外のカリキュラムの中で取り上げることも可能だったはずである。しかしながら，20世紀後半において，社会正義の問題に取り組もうとする伝統的な科目はほんのわずかであり，法律家のプロボノ責任と司法制度を改革していく責務との関係にふれる科目はほとんどなかった。ましてや，カリキュラム全体で専門職の価値を増進しようとするロースクールは，極めて稀だったと言える。[58] そういう意味で言えば，21世紀の初めに至っても，ロースクールのカリキュラムは，「学生達に，プロボノ活動に参加する機会を奨励し提供すべし（should encourage and provide opportunities for student participation in pro bono activities）」というABA基準を達成できずにいたのである。[59]

多くの法律家達の専門職としての自らの職責に対するこれまでの姿勢を見るに，ロースクールで社会正義（social justice）や公的サービス（public service）が重視されてこなかったことの影響が認められる。法曹（legal profession）は，20世紀の間中ずっと，充足されない法的需要に応えるという責務と苦闘し続けてきた。プロボノサービスの義務化を求める者がある一方で，強制労働だと言ってそれに反対し，あるいはただ単に時間的に重荷に過ぎるとの理由からこれに異論を唱える者もあった。このプロボノの議論は，何年にもわたって繰り返されることになり，最近ではABAのエシックス2000委員会の勧告（ethics 2000 recommendation）がこの問題にふれ，更なる検討を要する課題と位置付けている。[60] 巨大法律事務所が支払う高額の給与に如実に表される昨今の競争的状況の下では，プロボノの義務化は，弁護士の売上増進という圧力に打ち勝てない状況にある上，これによって現存のプロボノサービスが築き上げた基盤まで失うおそれすらあるのである。[61]

臨床法学教育の第三の波の入り口にあって，ロースクールのクリニックは，

多くの低所得者に司法アクセス（access to justice）を提供するという意味で，なお，重要な役割を担い続けている。臨床教育は，ロースクールの学生達に，貧困者の直面する法的問題に取り組ませるにとどまらず，それまで放置されてきた法的需要に応えるために現実的かつ創造的な方法を見出す責務との「手応えある（tactile）」つながりを体感させるという意味でも，重要な役割を果たし続けている。そこには少なくとも，臨床教育を履修した学生達が，卒業後も，法的サービスの課題を解決するため力を注ぎ続けるという成果が期待できるのである。ところで，司法アクセスを確保するための責務に関する教育は，それがカリキュラム全体にあまねく浸透してこそ最もよくその目的が達成される。臨床科目は，貧しい依頼者達の生活の中で，あるいは彼らがそのニーズを充たすべく利用しようとする現行システムの中で，司法アクセスがどのようなかたちで問題となるかという現実を目の当たりにさせるものではあるが，それにとどまらず，あらゆるロースクールの科目において，それぞれに司法アクセスの問題が提起されることこそ本来の姿と言える。ロースクールが専門職の価値に本当の意味で力を注ごうとするのであれば，こうした価値は全ての教室で議論されるべきであって，それが臨床科目に限定される理由はないのである。

b　臨床教授法の発展

　学生達がロースクールのカリキュラムの中に社会との関係性を求め，1960年代における社会的胎動が臨床プログラムの成長を促す重要な役割を演じた一方で，1970年代以降現在に至るまで，ロースクールのカリキュラムにおける臨床法学教育の地位を確固としてきたのは，他ならぬ臨床教育教授法（a clinical teaching methodology）の発展であった。

　臨床教育の研究は，1970年代から1980年代の初めにかけて，臨床法学教育第二の波の中で芽生え始めた。この時期の臨床教育の研究は，法実務技能や臨床教育の方法を掘り下げることを通じてその新天地を切り開き，それによって，それまでになされていた，ブラッドウェイやフランク，あるいは生の事件（real cases）を通じて学生を教育する一般的構想に最初に着目した論者達の研究をはるかに越える議論がもたらされた。1970年代の中盤までは，臨床法学教育とは何かという一般的理解も存在しなかったし，議論を深めるための用語を整備する努力もなされなかった。ギャリー・ベロー（Gary

Bellow）教授が指摘するに，臨床法学教育という言葉は，「ロースクールにおける伝統的な活動はもちろん，法調査（legal research），模擬法廷（moot court），あるいは上級審判例の分析（appellate case analysis）など，学生が教室の外で携わる法律に関するあらゆる活動」を指すものとして使われてきた。[62] その教育方法に対する共通の理解なくしては，臨床法学教育とはあまりに捉えどころがなく，確固たる礎を築いてあらゆるロースクールに普及していくことは不可能とも言えた。

　1970年代から1980年代にかけて，ベローらは，「教育の問題を語る上で必要な共通の用語」を整備することに着手した。[63] 臨床教育を教授法として着目することによって，臨床関係者は，臨床教員とは何であり何をすべきなのか，いかにして臨床教育法は全てのロースクールに普及するのか，更には，臨床教育の目的，到達点とは何なのか，といった命題に取り組むことができるようになった。[64] この時期，司法制度における法律家の役割を設定して実践することが学生達にとってどういう意味をもつのか，様々な法実務技能のうちどの要素を特定して学生に教えるのか，法実務の理屈をいかに発展させいかに解釈するのか，学生達を監督・指導する方法をどう精緻化し発達させていくか，あるいは，経験的な教育理論を臨床法学教育にどう組み込んでいくかといったような，教授法に焦点を絞った重要な臨床教育研究がなされることになった。[65]

　臨床教育の研究者達は，臨床法学教育の第一の目標は，学生達に経験からいかに学ぶかを教えること（to teach students how to learn from experience）である，と説明した。[66] 臨床教員達は，彼ら自身が「法実務家教員あるいは法実務家兼研究者としての経験から，どう学ぶ」ことができるのか，に議論を集中させた。[67] 彼らは，学生と共に，法実務技能や専門職の価値の理論的基盤や実務的様相を研究するようになった。臨床教員達は，自ら学生達を論評すると同時に，「ドナルド・ショーン（Donald Schön）が，『反省的実務（reflective practice）』あるいは『実務における反省（reflection in action）』と表現したプロセス」，即ち自己分析を心がけるよう奨励し，学生達に自らを省みる力を涵養しようとした。[68] その結果，1980年代の後半に至ると，インハウス・クリニックの将来に関する委員会（Committee on the Future of the In-House Clinic）の報告書が以下のように記した点について，一般的な合意が形成さ

れるようになった。

　臨床教育は，あくまでも教育のための手法である。この手法の主な特徴としては，以下の点が挙げられる。学生達が，法律家が実務の中で直面するのと同種の問題状況に立ち向かうこと，仕事を通じてその問題解決に取り組むこと，問題を特定して解決する中で他者と関わること，そして——これが最も重要なことだが——，学生達の仕事ぶりが集中的な分析的論評（intensive critical review）の対象となることである。[69]

　教育方法に関する「通用性ある用語（common vocabulary）」と汎用性ある定義を得たことで，臨床教育研究は，1980年代後半から1990年代にかけて花開いていった。この時期，こうした研究の成果に負うところが多く，臨床教育はロースクールにおいてより永続的な地位を築いていった。そして，臨床教育の方法を考え執筆することに関心をもつ多くの教員達の出現もあいまって，臨床法学教育協会（CLEA〔the Clinical Legal Education Association〕），AALS，（ホスト校として）ニューヨーク大学ロースクール（New York University School of Law）の後援を得て，1994年には，クリニカル・ローレビューが創刊された。

　臨床教育研究によって築かれた理論的基盤，あるいは代理人に求められる社会正義や技能に関する基本的検討を積み重ねながら，臨床プログラムは未来に向かって成長し，変化を遂げ続けている。しかしながら，臨床プログラムは，臨床法学教育が登場したときから綿々と続く，経済的な実現可能性（financial viability）という課題を今なお抱え続けているのである。

B　経済的実現性の探求

　経済的コストの議論なくして臨床法学教育の将来をイメージすることは不可能である。そして，この問題を議論するには臨床プログラムへの経済支援の歴史を紐解き，様々なタイプの臨床科目を総覧し，法学教育全体のコストというより大きなテーマを見据えることが不可欠である。そうした議論は，必然的に法学教育のゴール，教育的経験の本質とは何か，あるいは，卒業後取り組む法実務に備えるために果たすべきロースクール教育の役割，といったことに関する命題を内在することになる。こうしたことの全てを深く検証

することは，この論文の射程を越えるものである。以下は，特に我々が描く臨床教育第三の波の在り方——これについては，筆者としては，全ての学生にインハウス・クリニックを経験させるものとなるべきと考えている——に関係する経済支援の様相を中心に，論を進めていきたい。

1 臨床プログラムの発展と法学教育の変容に向けた経済支援

臨床法学教育第二の波の前半で，フォード財団（Ford Foundation）が，貧困者のニーズに資するロースクールのプログラムに必要とされる枠組づくりに支援を行った。1959年から1965年の間で，フォード財団は，ウィリアム・ピンクス（William Pincus）主導で実施した臨床法学のための全国会議（NCLC〔National Council on Legal Clinics〕）というプログラムを通じ，断続的なかたちで総額50万ドルを拠出し，19のロースクールを支援した[70]。1965年，フォード財団は95万ドルの追加支援を行い，NCLCは専門職責任に関する教育会議（COEPR〔the Council on Education in Professional Responsibility〕）と改称した。そして，更に1968年には，専門職責任に関する法学教育会議（CLEPR〔the Council on Legal Education for Professional Responsibility〕）と改称するに至った[71]。1968年から1978年の間，フォード財団は，臨床法学教育プログラムを支援するために，CLEPRに対し更に1100万ドルを拠出している[72]。CLEPRは，107のABA認定ロースクールに対して[73]，209の助成を行い，その総額は約700万ドルにのぼった[74]。

フォード財団のCLEPRや臨床法学教育に対する支援は1978年には終了し，それに代わり，教育省がタイトルXI　ロースクール臨床経験プログラム（Title XI Law School Clinical Experience Program[75]。1980年にはタイトルIXロースクール臨床経験プログラム〔Title IX Law School Clinical Experience Program〕に改称。以下，「タイトルIX」という[76]）を通じて行った経済支援が，臨床法学教育プログラムを助成する新たなそしてより大規模な資金源となっていった。1978年から97年にかけて，議会は，タイトルIX終了まで毎年60万5000ドルから1500万ドル近くを割り当てるかたちで，8713万4000ドルの予算を確保した[77]。臨床教育第二の波の前半20年の間，フォード財団からなされた約1300万ドルの経済支援が，全米の多くのロースクールの臨床法学教育を活性化させるのに有益であったとするなら，臨床教育第二の波の後半20年間でタイトルIXから拠出された8700万ドルは，萌芽期にあった臨床プログラ

ムをほとんど全てのアメリカのロースクールにおいて必要不可欠なカリキュラムへと発展させていくことに寄与したと言えよう。当時も今も，これ以外にも臨床法学教育に対する公私の助成は存在するが，フォード財団やタイトルIXプログラムほど臨床法学プログラムの普及に寄与したものはなかった。タイトルIXが終了する1997年9月までには，少なく見積もっても147のロースクールにおいて，現実の依頼者を扱うインハウス・クリニック（real-client in-house law school clinical programs）＊18 が実施されることになったのである。[78]

フォード財団とタイトルIXの助成が利用可能だったこの時期，実務法曹の代表者達が，ロースクールに対し，臨床科目を通じ法実務技能や専門職の価値の教育に力を入れることを求めた。1969年，ABAは学生実務模範規則（Model Student Practice Rule）[79]＊19 を制定し，それまで学生実務規則をもたなかった管轄地域も，多くがABAのモデルルールにならい，これに追随するようになった。[80] こうした学生実務規則は，ロースクールの学生達が法廷で依頼者の代理人となることを可能にし，これによって臨床法学教育が広く普及することになった。

1973年，元連邦最高裁首席裁判官ウォーレン・バーガー（Warren Burger）が，ロースクールの技能プログラムを拡充することを求め，それは1970年代を通じて，[81] 裁判所や法曹界のメンバー達の共鳴を得ることになった。[82] 第二の波の後半，ABAは，様々なかたちで臨床法学教育の重要性を強調し続けた。まず，1992年には，ABAのマクレイト・レポート（MacCrate Report）が，ロースクールは組織化された臨床プログラムを通じて重要な法実務技能（lawyering skills）や専門職の価値（professional values）を教授するべき，と推奨した。[83] そして，1996年，ABAはその適格認定基準（accreditation stan-

---

＊18　real-client in-house clinical education。インハウスによる臨床教育であり，かつ実際に現実の依頼者の相談や事件を受ける（real-clientあるいはlive-clientと表される）プログラムを指す。インハウスという意味で，エクスターンシップなどと対比され，現実の依頼者を扱うという意味で，シミュレーションや依頼者をとらずに実務に触れる教育と区別される。live-client in-house clinic といった言葉も，同じ意味で使われている。本論文では，これらを，「現実の依頼者を扱うインハウスの臨床教育」などと訳している。

＊19　ABAの学生実務模範規則（Model Student Practice Rule）については，本論文の筆者であるピーター・A・ジョイが，本書出版にあたり，本論文の理解に不可欠であるとして，その内容につき説明を行っている。本論文訳の末尾に，同説明の日本語訳を収録した。

dards）を改定し，全てのABA認定ロースクールに対し「現実の依頼者（live-client）を扱うか，あるいは他の方法で現実の実務を経験（real-life practice experience）する」場を提供することを要求することとし，これを通じて臨床法学教育の価値を公認した[84]。この臨床法学教育第二の波の終わりには，ロースクールの臨床プログラムは，事実上，全米の全ロースクールのカリキュラムに採り入れられるようになった。

2 コスト問題の理解

1970年代の前半以来，複数の論者達が，学生1人あたりのコストの高さゆえにインハウス・クリニックの実現可能性に疑問を投げかけてきた[85]。1980年には，AALSとABAの共同報告によって，こうしたコスト問題の重要性が検証されるようになった[86]。この報告によれば，臨床教育プログラムの学生1人あたりのコストは，臨床プログラムの形式の違いによって大きく異なる。その要因としては，エクスターンシップや「学外活動（field-placement）」などに比べ，通常，インハウス・プログラムに多くの教員スタッフの配置が必要となることが挙げられている[87]。この1980年報告によると，こうしたコストは，科目を担当する教員の地位（それは，彼らの相対的な給与の額にも影響する），学生と教員の比率，認定単位の数，そしてエクスターンシップにおいてはどこまで教室授業（classroom component）[*20] を並行させるか，といったことによって左右されると指摘されている[88]。そして，こうしたコスト上昇に寄与する各要素は，当然のことながら同時に，集中的でかつ望ましい教育環境を形作る要素ともなった。

1980年代の終わりに収集されたデータをもとにつくられたインハウス・クリニックに関する委員会報告（Report of the Committee on the Future of the In-House Clinic）でも，インハウス・クリニックのコストに関する懸念が指摘されている[89]。この委員会は，175のロースクールにアンケートを送り，各ロースクールの臨床教員達に彼らの担当するプログラムが抱える課題を挙げるよう依頼したものであり，その40％にあたる70のロースクールがこれに回答した[90]。アンケートには，予め例示として6つの課題が挙げられており，回答

---

*20 classroom component。教室（classroom）で実施する授業・セミナーその他の教育手法を指す。伝統的な教室での授業にとどまらず，臨床教育プログラムの一内容となる教室での議論や各種作業を含む。本論文では，その意味で，概ね「教室授業」と訳している。

者はこのうち該当する項目にチェックするかたちで，これに回答することとなっていた。同調査の結果，資金不足に印をつけた回答者が最も多く（このときは47％），また安定した資金援助が不十分なことに印をつけた回答者は，このとき35％にのぼった。[91]

　こうした調査が示すように，当初，臨床教育に対する経済的な懸念は，主にインハウス・クリニックに向けられていた。なぜなら，エクスターンシップの方法は，通常教員1人あたりの学生数をインハウスより多く設定することが可能だったため，学生1人あたりのコストを低くおさえることができたからである。まさにこのエクスターン・プログラムの経済的優位性ゆえに，1990年代の論者達の中には，全てのロースクールがインハウス・クリニックを提供することは不可能であると主張し，ロースクールはその第一次的な臨床教育のスタイルをエクスターンシップに移行し，そこに資源を集中させるべきと唱えた。[92]

　1970年代から1990年代，インハウス・クリニックの資金調達に関する懸念が叫ばれるのととき同じくして，臨床プログラムがその著しい成長を遂げたことは，左程驚くことではない。しかしながら，この20年間の中心を占める1977年度から1987年度に採られたデータによると，法学教育全般のコストが173.9％アップしたのに対し，インハウス・クリニックの支出は92.52％上昇したに過ぎなかった。[93]臨床教育の支出の伸びがロースクール全体の予算の伸びを下回っただけにとどまらず，この時期，インハウス・クリニックが「ロースクール全体の予算に占める割合は4.5％から3.1％へと現に下がっている」のである。[94]そればかりでなく，ある論者が1980年代の半ばに指摘していたように，「教員達が予算を圧縮し，あるいはその伸びを最小限にする必要を感じたとき，彼らは，第一にそしてしばしばもっぱら，臨床科目に目を向け」た。[95]

　インハウスの臨床プログラムのコストに対する懸念を受けて，マクレイト特別委員会（MacCrate Task Force）ですら，全ての学生にインハウスの臨床経験を提供する見通しについて楽観的でいられずにいた。同特別委員会は，その収集データにもとづいて，1988年のロースクール卒業生のうち，約25％[96]がインハウスの臨床経験を享受しているに過ぎないと指摘した。こうしたデ

ータと，インハウスの臨床教育に要する費用に関する情報にもとづき，マクレイト・レポートは，現実の依頼者を扱うインハウスの臨床教育（real-client in-house clinical education）を全ての学生に提供するには，ロースクールはその予算を10～20％増額することが必要と予測した。[97]同特別委員会は，「全ての学生に現実の依頼者を扱うインハウス・クリニック（live-client in-house clinic）を履修する環境をつくることは，しばらくの間は，予算的な観点から実現可能な目標たり得ない」という結論に達した。[98]

　この悲観的とも言えるマクレイト・レポートの所見は，ロースクール・カリキュラムへの資源配分の議論に臨床法学教育が臨むべき姿勢について，一定の見通しを映し出したものだったと言える。しかし，こうした臨床教育のコスト論の中で大抵欠落していたのが，学生達が法実務に取り組む準備として現実に必要とされる法学教育の内容とはいかなるものか，という規範的判断（normative assessment）であった。教育の質の問題に焦点をあてるならば，インハウス・クリニックの拡充を助成するための予算の増額あるいは予算の再配分といったことが，より現実的で理にかなうものになるはずである。

3　伝統的教育と臨床教育の相対的費用

　ジョン・クレマー（John Kramer）学校長が，1987年度の156のロースクールの予算を分析した結果，その教育費の総額が3億8900万ドルを超えることが明らかになった。[99]この3億8900万ドルのうち，1億5550万ドルが図書費用に割り当てられており，1億6700万ドルが人員補充に，3170万ドルが臨床教育に使われていた。[100]このように，非臨床科目にかかる費用は，臨床教育の費用の12倍にのぼり，図書費用の支出は臨床教育の費用の5倍にのぼったのである。

　こうした数字に鑑みれば，インハウスの臨床教育の費用についてより広い視野をもって臨む必要がある。我々は，法学教育の質（quality legal education）というものを再定義すべきと言える。1990年度には，マクレイト特別委員会によって，専門職としての技能訓練（professional skills training）が，平均的にはロースクールの教授時間全体の中でわずか9％を占めるに過ぎないことが判明した。[101]上級学年において教義科目（doctrinal courses）を重視することは，有能な法律家を養成するために必要なのか，もっと言えば役に立

っているのかという命題については，ロースクールが，法学教育の本質を明らかにしつつその答を見つけていかなければならない。これについては，次章において，再び言及したいと思う。

　法学教育の本質を明らかにするにあたっては，現行の資源配分についても検討する必要がある。インターネットや能率的な図書館相互の貸出によってこれほど多くの資料を共有することが各ロースクール間で可能になった現在において，なお大量の図書を維持する必要があるのか，という疑問が呈される。同地域の図書館が協同することの実現可能性や，図書収集の専門化が検討されるべきであるし，もし教育上問題がないのなら，これらを実施し，相応な節約を実現するべきと言える。[102]また，我々が費用対効果の分析をする際に，授業のテーマや教員に対する学生の関心不足から恒常的に登録者数が低迷している科目やゼミ，あるいは純粋に学術的な文章能力のみを養成し実務家に必要とされる起案能力を減殺する上級クラスの文書作成コースといったものの予算配分を巡る深刻な問題にも，[103]メスを入れる必要がある。

　ロースクールのカリキュラム決定にあたり，費用の問題だけが考慮要素となることはまずあり得ないし，費用の問題だけがインハウス・クリニックの規模に関する議論をリードし続けるということもまた理論的ではない。法学教育において，費用問題が唯一の検討要素だったとすれば，わずかな給与で働く数人の常勤教員（full-time faculty）とその過重労働，大教室と高い学生・教員比率，そして無数の非常勤教員（adjunct faculty）に依存する初期のロースクールのあり様が，現在もなお推奨されるということになってしまう。[104]このことは，非常勤教員と常勤教員の授業のコスト比較に関する議論からも，明らかなことである。

　通常非常勤教員は，1授業あたり一定の報酬を受け取る。こうした報酬は，1科目あたり大体1500ドルから3000ドルとされている。また，教員によっては，こうした報酬をロースクールに寄付したり，ボランティア活動につぎ込んだりしている。[105]非常勤教員は通常健康保険や住宅手当といった福利厚生を享受せず，また彼らに秘書的補助や研究室を与えるロースクールはほんのわずかしかいない。

対照的に，常勤教員の担当する科目の平均的費用は，少なくともこの10から20倍となる。常勤教員の1年の平均的給与を3科目——それが標準的な負担となっているロースクールがいくつか見受けられるので——で割るとすれば，1科目あたりの教員人件費は4万1666ドルとなり，これを4科目で割るとすると——多くのロースクールではこれが標準的負担となっている——，1科目あたりの教員人件費は3万1250ドルとなる。もし，費用の問題のみが唯一の考慮要素であったとすれば，ロースクールは，少なくとも常勤教員の10分の1のコストで雇用できる非常勤教員を最大限雇い入れるということになるだろう。[107]しかしながら，明らかに費用の問題のみが唯一の検討事項ではないのである。

　現実には，ロースクールが雇う非常勤教員の数は，現行のABA認定基準が定める上限を下回ることが多い。[108]能力の高い実務家や裁判官といった非常勤教員候補者を潤沢に抱える地域にあって，ロースクールが，非常勤教員より高くつく常勤教員を敢えて多くの科目に起用する判断をなすことがあるとすれば，それはABAの外的規制とは別の理由によるものである。つまり，こうしたロースクールでは，非常勤教員よりも常勤教員のほうが質の高い教育を実施すると信じられているのである。

　ロースクールが，その教育プログラム全体を（研究所〔institutes〕やセンター〔centers〕，ロースクールが資金提供する他のプログラムとともに）厳しく評価していこうとするのなら，21世紀に期待される質の高いロースクールあるいは法学教育というものを明らかにしながら，その道筋を開いていく必要があると言えよう。

4　臨床教育に対する更なる財政支援
　ロースクールの他の財源を臨床プログラムの予算に振り替えるとなると，反対者の強力な抵抗が予想されるため，これを最後の手段と考えるロースクールがまま見受けられる。それよりも，ロースクールは臨床科目の教員を最大限活用（leverage*21）する方法を追及するか，そうでなければインハウスの

＊21　leverage。直訳すると，「利用する」「活用する」。本論文では，コストパフォーマンスを上げるよう利用するというニュアンスが含まれ，場合によっては，酷使するという意味合いにも使われているようである。文脈に応じて適切と思われる語をあてた。

臨床教育の発展に費やできる予算を拡充する道を探る傾向にある。

インハウスの臨床教員を有効活用しようとするロースクールは，以下に挙げる3つの一般的方法のうち，いずれかを利用してこれにあたる傾向にある。その1つは，臨床教員の学生・教員比率を，適正な指導のため妥当とされる10対1，あるいは8対1といった比率を上回るものにする，という方法である。[109]

2つ目としては，身分も報酬も低く済ませることができる短期の雇用契約によって，臨床教員を調達する方法が挙げられる。最近は，多くのロースクールが「臨床研究員（clinical fellows）」という身分を創設している。こうしたロースクールにおいて，ほとんどの場合，この「研究員達（fellows）」は，上級学位を追及する機会を与えられることも，研究時間をとるために教育の負担を軽減することも認められず，従って，学術的なキャリアを見据える長期的な視野を養うことも許されない。[110] 臨床教員達の中には，こうした研究員達が，適格認定基準という「派生的問題を気にすることなく，比較的低コストで調達できる……新しい下層臨床教員集団（a new underclass of clinicians）を産みだす」ことになるのではないかと危惧する者もいる。[111] ウォレス・ムリニーク（Wallace Mlyniec）教授によれば，研究員制度はコストを抑えるだけではなく，「教員の地位をめぐる争いや，有給の研究休暇（paid sabbaticals），研究課題をこなすために教育の時間を減らす要請など，臨床教育に参加する学生数を減らすことはあっても決して増やすことにはならない各種の懸念を避けることができる」[112] のである。

3つ目として，ロースクールは，実定法科目（substantive courses）[*22] に単位数の少ない「臨床教室（clinical labs）」を付加し，それと並んで，あるいはその代わりに，インハウス・クリニックとエクスターンシップの混合型プログラムを創設することで，既存の臨床教員を有効活用することがある。臨床教室では，伝統的な実定法科目（traditional substantive course）を担当する教

---

*22　substantive courses。本来は，procedure（手続法，訴訟法）との対比において，substantive law（実体法）を教授する科目を指すことが多い。しかし，本論文では，むしろ臨床科目や臨床教育との対比において，より広い伝統的な法律科目全般を指す傾向にある。本論文では，こうした意味において，法律科目あるいは実定法科目と訳した。

員が臨床的な時間——臨床教室——を科目に併設し，それによって追加的単位が与えられる。該当科目を履修する学生の一部が，この臨床教室を受けることを許され，科目の担当教員（classroom teacher），あるいは担当教員と臨床教員の共同指導の下で，一定の数の事件を扱うことになる。このような臨床教室という考え方は，既存の教員達が受け持つ臨床科目数の拡充を促し，その結果，より多くの学生達がインハウス・クリニックを経験する機会をもつことになる。こうした方法によって臨床教育を拡充することは，潜在的にコスト削減につながるばかりでなく，より多くのロースクール教員達を巻き込み，実定法科目を臨床経験に直接に結び付けるという教育上のメリットをもたらすことになる。臨床教室が数多く設置されることになり，学生達が複数の臨床教室を履修することが許されるようになれば，結果として，法実務技能や専門職の価値を教育する機会を浸透させることにもなるのである。[113]

インハウス・クリニックとエクスターンシップの混合型プログラムにおいては，ロースクールは，市民法律事務所（civil legal services office）や公設弁護人事務所（public defender office）といった法実務の担い手（legal provider）と協同し，クリニックに登録した学生達は，常勤の臨床教員と派遣先事務所の弁護士の双方から監督・指導を受けることになる。こうしたやり方を選択した場合，外部の事務所から1名あるいはそれ以上の弁護士が，ロースクールのインハウス・クリニックのプログラムに配置されるか，あるいは，臨床教員が外部の事務所に出向くというかたちがとられる。いずれのかたちを採ったとしても，常勤の教員が，外部の法律事務所の弁護士——彼らの一部は，非常勤教員という肩書をもつことになるのだが——と密に連携をとって作業することにより，臨床指導や教室授業を実施するのである。こうした常勤教員と実務家の共同作業は，臨床教員の担当科目により多くの学生を参加させるとともに，教員達が他の科目を教える時間的余裕を確保し，これによって教員達の時間を有効活用することを可能にする。こうしたやり方は低コストであるばかりでなく，学生達にとって，日々の体験に照らした助言や的確な指導を行う常勤教員達とのつながりを確保しながら，同時に，実際の法律事務所を存分に体験するというメリットをもたらすのである。

ロースクールが，インハウス・クリニックを拡充するため，従前の予算の中でコスト削減に努めず，既存の財源の配分を見直すこともしないとなれば，

臨床プログラムのための新たな資金調達が必要となる。デビッド・バーンハイザー（David Barnhizer）教授は，より効果的な技能と価値の教育のための資金調達の仕組を論ずる中で，次の5つの新しい財源の可能性を指摘した。①ボランティアのロースクール教員や実務家による特別夏季教室で，ロースクール学生のための司法試験準備講座を開くこと（年間4万人のロースクールの修了生が参加し，1人あたり1000ドルの授業料を払うことを前提とすれば，4000万ドルの資金調達が見込まれる），②全てのロースクール学生に技能訓練のための授業料を課すこと，③現実の依頼者を扱う臨床プログラム（live-client clinical programs）を全学生に提供するのに必要な資金調達を目指し，全国のロースクール教育予算について，その資金調達の仕組を変えること，④国及び州の法曹協会の会費を毎年100ドルから200ドル値上げし，これを現実の依頼者を扱うクリニックに割り当てること（平均して全米で70万人の会員が会費を支払っていると仮定すれば，年間7000万ドルから1億4000万ドルの収入が見込まれる），そして，⑤現実の依頼者を扱うクリニック（live-client clinics）のための新たな資金調達や学費の値上げによる財源を設定すること，である。[114]

こうした提案はいずれをとっても，確実にインハウス・クリニックの場を拡充することを可能にするし，これらの方法を複数組み合わせれば，従前のロースクールの予算配分を見直すことなく，ロースクールの全学生に少なくとも1つの臨床体験を提供することが可能になるだろう。今日，臨床プログラムは，他のカリキュラム同様，その多くをロースクール自身の財源に頼っており，臨床プログラムは，もはや第一次的に財団や政府の財政支援に依存するものではなくなった。多くのロースクールにとって，もはや臨床プログラムをもつかどうかが問題なのではなく，臨床科目を必修科目の一部とするのか，あるいは希望する全学生にそれを提供することを約束するのか，といったことが課題となっている。[115]

現実的な資金調達の選択は，インハウス・クリニックの場を拡充し，ロースクールのカリキュラム全般に臨床的手法を行き渡らせ，あるいはエクスターンシップの場を拡充することにより，臨床教育を第三の波に導いていく。そのために求められるのは，その選択をするという意志に他ならない。臨床教育の場やその手法を拡充する道が，第一次的に現在の財源の転換に依存す

るのか，あるいは費用削減の方法を採ることに依存するのか，はたまた新しい財源を確保することに依存するのかにかかわらず，大志を抱くロースクールは，その努力を報われることになるだろう。ゆくゆくは，ロースクール同士の競争を促す市場原理が，後発のロースクールを含めた多くのロースクールに技能と価値の教育カリキュラム（skills and values curriculum）の拡充を促し，21世紀のロースクール及び法学教育の本質を見直すことを迫るであろう。

C　制度的正当性の探求

　1980年代から1990年代にかけて，外部からの経済支援が大幅に削減されたことが原因で，臨床教育が衰退すると指摘する声が出るようになり，殊に，資源の集中する現実の依頼者を扱うインハウス・クリニック（real-client, in-house clinics）の縮小がもたらされると懸念された。[116]しかし，データに照らせば，こうした指摘が拙速なことは明らかである。実際，1990年代，臨床プログラムを教える人員の数は，ロースクールのインハウス・プログラムや雇用保障，臨床教員の身分に関する対応が充実していくのと同様に，確実に増加していった。1995年以前の記録管理が体系的になされていなかったこともあり，正確な数字は必ずしも明らかではないが，1989年度と1999年度のAALSのロースクール教員名簿によれば，1989年度当時臨床法学教育部門の人員が約800人であったのに対し，10年後はそれが1300人に増加している。

　デビッド・チャブキン（David Chavkin）教授がAALSの臨床法学教育セクション（AALS Section on Clinical Legal Education）とCLEAのために保存していたデータによると，1999年の終わりには，実に183のロースクールが臨床プログラムを擁するようになった。[117]それによれば，臨床教員を自認する者は，1736人にも及んでいる。[118]そして，このうち849人が恒常的にインハウス・クリニックで，234人が恒常的にエクスターンシップで教育に携わっているとされている。[119]つまり，報告に上がった臨床教員の約80パーセントが*23，インハウス・クリニックを恒常的に担当しているということになる。その10年ほど前までは，全ロースクールの僅か33％のみが，現実の依頼者を扱うクリニック（live-client clinics）を擁すると報告されていたに過ぎず，当時の臨床教員

---

　*23　恒常的にインハウス・クリニック又はエクスターンシップに関わっている教員を指すと思われる。

の総数は，現在インハウス・クリニックの臨床教員を自認する者の数よりも少なかったのである。[120]

現在，789人の臨床教員が，テニュア（tenure）[*24]あるいは契約上の地位（contract status）を有しており，183のうち，134のロースクールがテニュアあるいはテニュア・トラック（tenure-track）[*25]の臨床教育者を，31のロースクールが臨床テニュア（clinical tenured）あるいは臨床テニュア・トラック（clinical tenure track）の臨床教育者を，71のロースクールが長期契約（long-term contract）の臨床教員を，112のロースクールが短期契約（short-term contract）の臨床教員を，少なくとも1人は擁していると報告されている。[121]

テニュアということで言うなら，245の臨床教員がテニュアを取得していると報告されており，93の臨床教員がテニュア・トラックにあるものの未だテニュアを取得していないと報告されている。加えて，29の臨床教員が臨床テニュアを有し，25の臨床教員が臨床テニュア・トラックにあるものの未だテニュアを有しないと報告されている。[122]テニュアということではなく契約上の地位を有する臨床教員ということで言うなら，161の臨床教員達が3年かそれ以上の長期契約上の，236の臨床教員が短期契約上の地位にあると報告されている。

また，この臨床教員に関するデータには，681の臨床教員に関わる資金調達とテニュアや契約上の地位に関する情報が含まれている。304のテニュアあるいはテニュア・トラックにある臨床教員のうち，294人が学内予算を財源に（on hard money）[*26]給与の支給を受けており，その余の10人は少なくとも部分的に学外の資金（soft money）を財源として手当を受けている。臨床テニュアあるいは臨床テニュア・トラックにある52の教員のうち，48人が学内予算を財源に給与支給を受け，その余の4人は少なくとも部分的に学外の資

---

*24　tenure。「終身的身分」，「終身在職」などと訳され，安定した身分を保障されている教員の地位を意味する。日本でも教員の身分を論ずるテクニカル・タームとして通用性があるので，本論文では「テニュア」と訳した。

*25　tenure-track。テニュア（終身的身分）取得過程の身分を指す。本論文では，「テニュア・トラック」と訳した。

*26　hard moneyは，学内（ロースクール内）の予算（財源）を指し，soft moneyは，学外の財源を指す。いずれも，機関の予算や財源を論じる際のテクニカル・ターム。

金を財源に手当を受けている。長期契約の地位にある141人の臨床教員のうち122人は学内予算を財源に給与支給を受け，その余の18人は少なくとも部分的に学外の資金を財源に手当を受けている。そして，短期契約の地位にある182人の臨床教員のうち113人が学内予算を財源に給与支給を受け，その余の69人が学外の資金を財源に手当を受けている。

　常勤教員としての在職年数（years of full-time teaching）ということで言えば，このデータによると，テニュアあるいはテニュア・トラックにある臨床教員は平均して14年の経験を有し，臨床テニュアあるいは臨床テニュア・トラックにある臨床教員は9年半の，長期契約の地位にある教員は9年の，そして短期契約の地位にある教員は3年半の教育経験を有しているとされている。[123]

　このデータによると，ロースクール外の経験年数（the number of years out of law school）については，常勤教員としての教育年数ほど，教員の地位に相応した顕著な差異は見られない。データ中の情報によれば，テニュアあるいはテニュア・トラックにある臨床教員のロースクールの外での経験年数は23年，臨床テニュアあるいは臨床テニュア・トラックにある臨床教員のロースクール外の経験年数は24年，長期契約の臨床教員については19年，短期契約の臨床教員については15年と報告されている。[124]

　こうした数字は，以前に比べ臨床教員の数が増加し，その雇用条件が改善されたことを示すのみならず，（インハウスとエクスターンシップの双方を含めた）臨床プログラム全体が，以前より強化されたことを表している。こうした，臨床法学教育第二の波に見られた臨床教員数と臨床プログラム数の増加は，臨床教育の手法や臨床法学教育の研究の発展に欠かせない重要な要素となった。臨床教員，臨床プログラム，臨床的手法，そして臨床教育研究の強固な基盤は，臨床法学教育が第三の波に突入するための確固たる礎となったのである。

II　（楽観できない）現在──ロースクールのカリキュラムにおける臨床教育の役割の定義づけとその純化

　ミレニアムを迎えた今，ケース・メソッドを超越して臨床教育の手法をカ

リキュラム全体に行き渡らせるという動きは，確固とした学術的基盤を築きつつある。しかしながら，臨床法学教育が法学教育における普遍的な要素になった現在もなお，臨床教育や臨床プログラムがロースクールのカリキュラムの外辺に位置付けられることが多い。

　法学界（the legal academy）は，これまでケース・メソッドを通じてその学術的な権威を確立してきたこともあり，自らの存続を図るため，実務家を冷遇する傾向にある。ケースブックに要約された上級審判例中の法教義（legal doctrine）[*27]の分析は，多くの教室講義の枠組となり続けたが，同時にそれは，法律家としての視野を限界づける要素にもなった。苦労して分析した教義（doctrine）のほとんどは，学生達が司法試験に通る頃には変更され，あるいは実務上大した意味を持たなくなっているのである。[125]

　ケースブック・メソッドの真価，あるいはケース・メソッドが法学教育で優勢を誇る正当性は，それが，法的思考プロセスの教授に有用な諸原理を引き出す理論の展開を概略的に描き出すのに実効的，という点にある。[126]しかしながら，そこでは，法律を分かりやすく単純化し，抽象的なものに変容させてしまうため，学生達が受ける教育にムラを生じさせる結果となった。こうした授業が優勢を誇る一方で，法律家が法制度の中でいかに機能し，問題解決に向けてどのような役割を演ずるべきかということに関する真摯な検討がなされずにいた。[127]その結果，わずかな例外を除けば，社会に評価されず，あるいは社会の重荷になる専門職が輩出されることになったのである。[128]このように，教義分析（doctrinal analysis）・理論探求（theoretical considerations）という陣営と，実務（practice）という陣営とが分断されてきたことは，双方が充実した法学教育のためになくてはならないものであることを考えれば，極めて嘆かわしいことと言える。[129]

　法律家が代理活動をする際に遭遇する人間の感情といったものに接することなくして，教義（doctrine），理論（theory），そして技能（skills）の価値が，

　＊27　legal doctrine。単に doctrine と表されることもある。「（法）教義」，「（法）理論」，「（法）原理」，「学説」などと訳される。本論文では，theory や skills との対比において使われることが多いため，2者との区別を明確にするよう「（法）教義」と訳しているが，文脈によっては「学説」「（法）原理」「（法）理論」などと訳している箇所もある。

十分理解されることはない。ところが，こうした議論は，法学研究の掲げて[130]きた目標に水を差すものであるため，これまで，十分な検討がなされてこなかったのが実情である。リチャード・ニューマン（Richard Neumann）教授は，以下のように述べている。

　実務家養成をその任務と自覚してこなかったことから，法学教育はある意味，他の専門家が行う専門職教育よりも，むしろ修士課程のリベラル・アーツ（liberal arts education）に近い内容となっている。……なんの臨床実習も[*28]なしに卒業した内科医や設計事務所での実習経験のない建築家というものは，およそ考え難い存在だろう。[131]

　アンソニー・アムステルダム（Anthony Amsterdam）教授は，こうした批判は，それ自体もっともなことではあるが，その裏には更に根本的な問題が潜んでいると指摘する。彼は，21世紀（それは，アムステルダム教授が1984年に記した純粋な将来予測なのだが）から回顧するという文学的な表現方法を使い，次のように述べている。20世紀の法学教育は極めて偏狭なものだった。法律家の立場に立ってその役割を考察する手法——即ち，理論を批判的に分析（critical analysis）し，計画を立案（planning）し，方策を決定（decision-making）するといった，それ自体実務技能（practical skills）ではなく，むしろ，判例分析（case reading）や教義分析（doctrinal analysis）同様，実務技能やそれを超える資質を養う理論的思考基盤（conceptual foundations）となる素養を涵養してこなかった，と。[132]

　アムステルダムは，このような観点を強調することで，今までにない議論を巻き起こした。彼の見解によれば，法学教育を実務の現実からこれ以上乖離させることなく，学生達が将来担おうとしている職責への期待を理解させることこそが，ロースクール教員の重要な任務である。[133]

　例えば，法学を，不法行為（torts），民事訴訟（civil procedure），財産法（property）といった各領域に細分化することは，新たなテーマを学習するために有益な体系的システムを構築するのに役立つ。しかしながら，依頼者の

＊28　liberal arts education。単に liberal arts と表されることもある。教養教育，一般教養課程などを指す。日本でも通用性があるため，本論文では「リベラル・アーツ」と訳した。

利益に目を向けることなくこうした科目を教授しても，解決困難な法的問題に取り組むための総合的理解を，学生に涵養することはできない。アムステルダムが指摘したように，これまでの法学教育の根本的な失敗は，学生達に「自己完結的な法教育（a self-contained body of instruction in the law）」を授けることで，専門職教育が達成され得ると決めてかかっていた点にある。現実の社会でいかに法律や法律家が利用されているかという理解を促すため，各種の実定法（bodies of substantive law）や法実務技能（lawyering techniques）を統合するような試みは，これまでほとんどなされてこなかった。整然としない事実をかき集めて整理し，利用可能な法律的・非法律的解決の幅を見定め，利用する紛争解決機関の限界（limitations of a given forum）やそこでの最適な戦略を見極め，依頼者の相談を受け，相手方と交渉する手法を養う教育に，ロースクールは成功してこなかったのが実情である。それぞれが独立し，通常は選択的な各科目の中で，学生がたまたまこうした技能にふれる機会をもったとしても，彼らに必要な統合的学習経験の体得にはつながらない。法律家もロースクールの学生達も，「分析的であると同時に，統合的，創造的に問題を解決する方法を学ぶ必要がある」のである。しかしながら，これまでロースクールは，法分析（analyzing substantive law）を最も優遇し，そして多くの場合これに独占的な地位を与えてきたのである。

　法学教育者の中には，ケースブック・メソッドの限界を克服しようと模索する者がいたものの，アムステルダムが指摘したような理論的思考基盤を拡充するという方針を採用すること，あるいはそれを検討することにすら抵抗し続けるロースクールが一般的であった。こうしたことは，ロースクールの教員が，理論的・教義的分析（theoretical and doctrinal analysis）に焦点をあてた研究に価値を見出していることに照らせば，左程驚くべきことではない。典型的なロースクールの授業では，実務の世界はしばしば疑惑の，ときには軽蔑の目をもって捉えられている。こうした事態に対しては，何十年も前から様々な批判がなされ，法曹会（the practicing bar）や裁判所（the judiciary）などから実務に備える教育の必要性が説かれ，より広い技能教育を求める市場の声が出されているにもかかわらず，現在もあまり変わってはいない。こうした批判によっても大きな変化がもたらさなかった理由の１つは，実務家や裁判官，法学研究者達が，自分達のキャリアが形成され正当化されてきた根拠は，批判の対象となっているまさにその教育であると感じていることに

ある。また，ケースブック・メソッドなどを通じて，専ら分析能力を養成する教育は，学生がロースクール修了後最初に直面するハードル――司法試験[148]――に対しては，有効にその効能を発揮する。しかもそれは，ABAが要求する，ロースクールはその修了生に弁護士登録をするに足る能力を涵養すべし，という適格認定基準に合致するのである。司法試験委員としても，この2つの目的が矛盾すべきでないと認識している。現在，試験の内容を，法律家として備えておくべき実務技能をテストするものに変えていこうという動きがある。しかしながら，試験内容を実務的なものに変えるという現在の趨勢がもっと具体化しない限りは，真に有効な専門職教育の実現は望めないだろう。[150]

　ミレニアムにおいて，ロースクールの臨床教育は，ケース・メソッドによる実定法科目（substantive law courses）から締め出された，あらゆる法実務教育（lawyering）の受け皿となり続けるわけにはいかない。既に何人かの論者が指摘してきたように，我々が目指すべきは，臨床教育の手法を非臨床科目にも採り入れ，そこで教えられたことを，インハウス・クリニックやエクスターンシップでの経験により更に発展・強化させることなのである。[151]

　臨床的手法により，学生達は，現実の社会で依頼者の問題を解決するという不確実で挑戦的な状況に直面し，しばしば法律や司法の原理・原則（precepts）と闘うことになる。こうした方法で法律を学習するプロセスを特定の科目や科目群に一任するということは，数年来教育論者達が唱えつづけてきた，我々のもつあらゆる能力が駆使されて始めて理想的な教育が実施されるという議論を無視することにもなる。バーバラ・ウッドハウス（Barbara Woodhouse）教授によれば，「現行法学教育の最も深刻な問題点は，極めて多くの学生達に，現実社会に置き換えることができない状況設定の中で論じられる膨大な教義的知識（a vast doctrinal base of knowledge）を詰め込んで，ロースクールを卒業させる点にある」。[154]

　この20年の間，ロースクールはそのカリキュラムのすみずみに臨床的手法を普及させる新しいモデルを発展させてきた。こうしたモデルの誕生は――ミレニアムでも引き続き発展させていくべきであるが――，アムステルダム教授が推奨した方向への大きな第一歩と言える。[155]

例えば，ウッドハウス教授の受け持つペンシルヴァニア大学ロースクール（University of Pennsylvania Law School）の「子ども，親，国家（Child, Parent and State）」というクラスは，子どもを保護すべき事態において，家族や国が果たすべき役割に焦点をあてている。ウッドハウスは，証拠や記録に裏付けられた具体的事例を活用し，分析的・実務的技能（analytical and practical skills）の養成を目指している。学生達は，与えられた模擬事例の中で，法律家，親，公務員役を演じる。そして，授業の中で与えられた判例法や制定法，規則，あるいはその他の情報をもとに，学生達は，徐々に事例の枠を踏み越えて役を演じるようになる。ここでは，依頼者との最初の面談，交渉，聞き取りなどが実施されている。実施されたシミュレーション（simulations）[*29]は，撮影されビデオテープに収録される。ウッドハウス教授と学生達は，このビデオを再生し，当事者の立場を理解することの意義を再確認するなど，シミュレーション授業を振り返るのである。もう1つは，ニューヨーク市立大学（CUNY〔City University of New York〕）のジョン・シセロ（John Cicero）教授の労働法の授業である。シセロ教授は，特定の法理論（particular issues raised by the legal doctrine）を学ばせるため，教室を生産現場（industrial shop floor）になぞらえ，学生達に，労働者と学生という二重の役割を担わせることとした。彼は，具体的事例，教室議論，ビデオ，双方向演習などを駆使し，学生達に，労働の意味（meaning of work），職場内の階級（hierarchy in the workplace），当該法理論の基礎をなす政治的・社会的利益（political and social interests underlying the relevant doctrine）について考える場を与えるのである。[157]こうした授業は，組合を組織するに至った労働者の思いや立場を理解するのに役立つが，それにとどまらず，反対当事者の役を演じることを通じて，学生達は，雇用者の権利や利益を理解することにもなった。[158]このようにシセロ教授は，法理論教育（study of doctrine）に，関連する登場人物や事実関係を組み入れていったのである。関連する事実関係を理解することは，そこで行われる法分析をより豊かなものとする。そして，教義的・理論的分析（doctrinal and theoretical analysis）という範疇を越え，実務技能を涵養する要請にも，応えていくことができるのである。

＊29　simulation。ロールプレイングや模擬法廷など，模擬的手法を通じて行う教育方法や，これを利用して実施する授業を意味する。日本においても通用性があるため，本論文では，「シミュレーション」と訳した。

臨床的手法を伝統的な授業に採り入れていこうという動きがあることは，近時のロースクールの教材が問題解決をより重視している傾向からも明らかである。アメリカのロースクールで教えられている主な科目の教材を見るに，こうした教材はこれまでの「ケースブック型（casebook format）」とは異なり，問題解決を志向するアプローチを好む傾向にあることが分かる。[159]

こうした工夫は，21世紀のロースクールにおいて，更に議論され，発展し，統合される必要があるし，実際にそうなることが望まれる。ロースクールは，専門職養成という使命を達成するため，教員達に幅広い技能を教授することを求めるべきであり，学校事務局と教授会は，個々の教員がそうした目的を達成するために必要な指導や支援をすべきである。

我々は，アムステルダム教授の描いた，法律家が備えるべき多様な技能の養成カリキュラムというものに，果たしてどこまで近づけたのであろうか。現在，ロースクールは，実に様々なかたちで臨床プログラムを提供し，それを誇りアピールしているが[160]，多くのロースクールでは，依然として臨床教育や臨床的教育手法を，中核的なカリキュラムに対し周辺的なものと位置付けている。しかしながら，次項に示すように，大学によっては，経験的学習をより高度に統合する取り組みがなされている。彼らの作り出したカリキュラム構想によって未来への展望がもたらされ，過去への厳しい反省がなされている。

A　1年次における臨床教育の方法論

1988年，メリーランド大学（University of Maryland）は，1年次の主要実定法科目（core substantive first year courses）のいずれかの学習手法という位置付けで，理論と実務の習得（LPT〔Learning Theory and Practice〕）プログラムを1年次の必修科目とし，これにより現実の事件を扱う臨床教育（live-client clinic model）を組み入れた[161]。例えば，シェリリン・イフィル（Sherrilyn Iffill）教授の民事訴訟科目（civil procedure course）では，学生達は，低所得地域住民の代理人として，その環境問題を解決するために働いた[162]。学生達は，依頼者や証人から話をきき（interviewed clients and witnesses），宣誓供述書を作成し（prepared affidavits），法調査や事実調査をし（did research and fact investigation），申立書や上級審の趣意書を作成（prepared petitions and appellate briefs）した。つまり，彼らは，法廷に出る以外の実務を全て経験したのである[163]。イフィル教授は，地域住民が，地元の墓地に隣接したごみ集積所建設計画に反対している事件を紹介した。学生達は，地域住民の関心事を探り，それを解決する手段を選ぶために時間を費やした。地域住民達は，第一に，地域の若者達とその子孫に与える有害な影響を懸念していた。住民達は，ごみ集積所が，生命に関わる重大な影響をもたらすと考えていた。同時に学生達は，隣接する墓地に南北戦争の黒人兵士達が埋葬されており，依頼者達にとってこの墓地が地域社会を維持する上で特別に重要な意味をもつことを知った。学生達が行った調査によって，当事者適格（standing），環境法（environmental law），生活妨害（nuisance），諸手続（access）といった法律問題が指摘されたとともに，彼らの独創性により，歴史的遺産（historical landmarks）をめぐる議論までが提起されることとなったのである[164]。このようにして学生達は，面談（interviewing），事実調査（fact investigation），法律相談技能（counseling skills）を磨くとともに，民事訴訟法にとどまらない実に多様な実定法理論（substantive theories）を学んだのである[165]。

こうした初期LPT構想は，学生達や一部の教員達の支持を得ることに成功しなかった。彼らには，こうしたカリキュラムが過度に負担なものと写ったのである。その結果，メリーランド大学ロースクールは，1年次にLPTを組み込むのではなく，卒業までのいずれかの時期に，LPTあるいは臨床科目をとるよう義務付けることとした[166]。とは言え，学生達の成長が抑制されあるいは間違った方向にいくことのないよう，1年次の主要科目に臨床経験を組み込もうとしたメリーランドの試みは，なお賞賛に値すると言える[167]。

ニューヨーク大学（NYU〔New York University〕）も，同様に1年次のカリキュラムに着目したが，そのアプローチ方法は，メリーランドとはまた異なったものとなった。1980年代初め，NYUは，従前から試行的に実施していたローヤリング（Lawyering）[*30] 2科目を1年次の必修科目とした。学生達は，これを履修して6単位取得することが義務付けられた。そこではシミュレーション（simulations）の手法が利用され，これを通じて学生達は，法律

[*30] lawyering。法実務（法曹実務）それ自体，あるいは法実務技能を養成するプログラムを意味する。カリキュラムや科目の名称として使われている場合には「ローヤリング」とし，他は概ね「法実務」と訳した。

相談（counseling），交渉（negotiation），事実調査（fact investigation），法調査（research），証人尋問の準備（preparation of witness testimony）といった経験を積んだ。この科目の到達点としては，次の2点が挙げられていた。1つは，実務に必要な能力を備える法律家を養成すること，もう1つは，法律家の役割に対する社会的理解を深めるということである。そこでは，学生の仕事ぶりに対する，教員からのあるいは学生同士の評価に力点が置かれた。[168] またこの科目は，インハウス・クリニックや，シミュレーション・コース，訴訟法や法実務理論（lawyering theory）をテーマにしたゼミなど幅広い上級科目の基礎的素養を涵養するものとなった。[169][170]

同じように，ニューメキシコ大学ロースクール（University of New Mexico School of Law）では，1年次に法律と代理活動科目（Law and Advocacy course）の履修が義務付けられた。この科目では，法文書作成と法調査に関する伝統的な指導が行なわれたが，それにとどまらず，面談・交渉といった技能を中心に扱うゼミが，2学期目に併設された。この科目自体は，NYUのローヤリング科目より射程範囲の狭いものとなっていたが，学生達には，それ以外により幅の広いシミュレーション・コースを選択することが許されていた。その上，NYUと異なり，ニューメキシコ大学の学生達は，現実の依頼者を扱う臨床科目（live-client clinic course）の履修が義務付けられていた。ニューメキシコ大学の構想で重要なのは，事実上，教員全員が臨床科目に関与することが期待されていたという点にある。このアプローチにより，多くの臨床コースの開設が実現しただけではなく，それ以外の伝統的な科目に臨床的手法を持ち込むこととなったのである。[171][172][173][174][175]

メリーランド，NYU，ニューメキシコは，必修科目を通じて，法律を現実に利用する機会を提供し，これを理解させることによって学生に法実務技能を教え，その視野を広げようとしたという意味で，いずれも画期的な試みだったと言える。メリーランドの試みは，1年生を代理人活動に参加させようとしたという意味で賞賛に値するが，それは同時に，臨床にただふれるというプログラムになりかねないリスクをはらんだものでもあった。法律家として必要とされる技能のセンスや責任感などを充分に養成しないまま，学生達がエネルギーを使い切ってしまうことにもなりかねなかった。NYUは，上級の臨床科目などを通じて，メリーランドよりも更に充実した経験的学習

の場を提供したと言える。しかし，こうした上級科目が選択科目であったということ，そして1年次のローヤリング科目がシミュレーション形式であったということから，学生達が，現実の事件にふれることのないまま卒業するという事態をもたらすことにもなった。いずれのロースクールも，1年次科目を履修した後に臨床経験を継続することを義務付けなかったため，引き続き（臨床）科目を選択しない学生達に対しては，ロースクール側が企図したほどの影響を与えることはできなかった。ニューメキシコは，1年次の法実務科目の必修化に加え，卒業前のインハウス・クリニックの履修を義務付けたことによって，全ての学生が幅広い法実務技能を身につけ，そしてその技能を実際に依頼者のために役立てる機会を確保することを可能にしたのである。

B　上級年次の臨床科目

ロースクールの中には，2, 3年次にこそ臨床教育を行なうべきと考えるところもあった。例えば，シカゴ・ケント・ロースクール（Chicago-Kent Law School）は，マクレイト・レポートが法実務に必須と説いた基本的な技能と価値（fundamental skills and values）を教えるために，2, 3年次の継続コースとして臨床科目を設置した。この科目は，シミュレーション，インターンシップ，そしてエクスターンシップを混合したものであった。しかし，残念なことに，これは選択科目であり，かつ与えられる単位も限られていた。また，こうした科目は，他のロースクール科目と明確な連携をもつものでもなかった。とは言え，なおそこには，経験に学ぼうとする姿勢を垣間見ることができたと言える。

シアトル大学ロースクール（University of Seattle School of Law）は，これまでの授業のやり方に正面から異議を唱えることなく，実務経験が授業を豊かにするというアイディアを巧みに採り入れた。同大学は，「並行的，統合的科目（Parallel, Integrative Curriculum）」を開設し，一定数の学生に，関連実定法科目（related substantive courses）と並行して設置される臨床科目やシミュレーション科目を履修して1単位を取得することを認めた。これらの科目は，関連授業を補完する選択的科目として開講されたものである。それが

---

*31　括弧内は，訳者挿入。

シミュレーションの場合，24～50人の学生を収容できるが，現実の依頼者を扱う授業（real-client course）となると，その登録学生は12人に限定される。[181]そして，衛生保健法（Health Law），移民法（Immigration Law），法と精神医学（Law and Psychiatry），専門職責任（Professional Responsibility），信託と不動産（Trusts and Estates），そして住宅関連法（Housing Law）などの科目で，現実の依頼者を扱う授業が展開されている。なお，刑事訴訟法（Criminal Procedure）あるいは証拠法（Evidence）を履修する学生達は，判例を題材にしたロールプレイングのローヤリング演習（lawyering exercises）を履修することが認められている。また，「起案実習（Drafting labs）」と呼ばれる演習は，関連科目の起案演習を通じて，実に多くの授業を補完している。[182]

並行的授業が教義科目（doctrinal courses）の体系を侵すものでなかったこと，そして，それが実験的に進められたものであったことから，シアトルの臨床教員は，他の教員陣から多くの支援を受けてその改革を進めることができた。こうした支援の恩恵もあって，これらの科目はその後間もなく常設のカリキュラムとなっていった。[183]このようなやり方は，時間不足を嘆き続けてきた伝統的な教員達に，限られた時間の中で臨床目的まで達成しなければならないという不安を与えることなく，臨床教授法の効用を伝えることに成功した。[184]また，こうしたプログラムは，既存の臨床教員を酷使することを予定するものでもなかったようである。[185]臨床経験と教室授業の融合（fusion of clinical experience with the classroom agenda）が明確な到達点となっている場合や，臨床授業が関連科目の補完授業として必修化される場合などはとりわけ，臨床経験を本体授業から切り離し，それに責任をもつ臨床教員を新たに雇い入れることが，価値ある解決策となり得る。[186]わずか1単位の授業によって，伝統的な理論的・教義的学習（theoretical and doctrinal study）の効用を完全に手放すことのないまま，実定法科目の授業（substantive law courses）に多様な経験や事実が採り入れられたのである。並行的授業と伝統的授業が共存し続けることによって，両者の目的が融合され，教室授業に臨床的要素を採り入れることが，一層実現される。このようなシアトルの並行的カリキュラムは，臨床的手法をあらゆるカリキュラムに取り込ませる堅実な方法とされ，その意味で，1つの有用なモデルを示すものとなった。とは言え，教室授業の応援を本質とする授業が，4単位，6単位の臨床授業に代わり得る

と考えるとしたら，それはやはり誤りと言うべきであろう。

C 「普及」のアプローチ——組織的・連続的臨床教育——

　ロースクールの開講授業のすみずみに臨床的手法を採り入れながらも，同時に継続的発展的臨床経験を構築することが，臨床教育研究にとって最も有用なアプローチである。こうした中で，幅広い法実務能力（a broad range of lawyering capabilities）が涵養され，学生達は，授業で学んだことを実証・検討する場として臨床を経験することとなる。それは単なる理想に過ぎないとも思われるが，実際いくつかのロースクールがこうした方向を目指して目覚しい前進をとげてきている。

　その１つに挙げられるのが，ウィリアムアンドメアリ（William and Mary）大学である。ここの学生達には，１年次と２年次に，４段階にわたる９単位の法技能科目（Legal Skills program）を履修することが義務付けられている。法技能Ⅰ，Ⅱ（Legal Skills I and II）は，小規模事務所を想定した法調査（legal research），文書作成（writing）を内容とする１年次の科目である。法技能Ⅰは，依頼者からの聞き取り（client intake），法的メモの作成（writing legal memoranda），法律相談（client counseling），示談交渉（negotiation），文書作成（document drafting），調停（mediation）などを手がけ，法技能Ⅱ（Legal Skills II）は，図書調査方法（library research strategies），プロボノ活動（pro bono work），準備書面作成（drafting pleadings），証拠開示手続（discovery）などを手がけるものである。そして，法技能Ⅲ（Legal Skills III）では，申立実務（motions practice），説得的な法文書作成（persuasive writing），口頭による弁論（弁護）活動（oral advocacy），司法取引の交渉（plea negotiations），法廷活動の計画（trial planning），法廷活動の実践（trial demonstration），主尋問・反対尋問（direct and cross examination），証拠提出（introduction of evidence），冒頭及び最終弁論（opening and closing statements）を，法技能Ⅳ（Legal Skills IV）では，誤審の認定・評価（error identification and evaluation），事実認定意見の作成（drafting proposed findings），非陪審審理（bench trials），行政法に関する調査（administrative law research），上級審の書面作成（appellate brief writing）が行われた。授業の中では，利益相反（conflicts of interest），弁護士広告（advertising），客引き行為（solicitation），監督弁護士・被監督弁護士の関係（supervisor/subordinate relationships），上級審の口頭弁論活動

(appellate oral advocacy)，信認義務（fiduciary duties），弁護士費用（fees），裁判所での行動（judicial conduct），といった職業倫理に関する教育も行われた。[187]

ウィリアムアンドメアリは，（少なくとも１，２年次における）連続的なプログラムの効用を高く評価していたと思われる。しかし，授業を９単位に限定したことに照らせば，こうしたテーマをくまなく教育するには，もっと教える範囲を絞り込むことが必要だったと言えよう。また，理想を言えば，こうした法技能Ⅰ～Ⅳといった一連のカリキュラムは学内外の臨床プログラムと連携すべきであり，こうした科目以外のカリキュラムでも，法実務技能や価値を網羅的に教えることに力が注がれるべきである。こうしたコンセプトに最も近づいた大学と言えば，ニューヨーク市立大学（CUNY）ということになるだろうか。

CUNYは，「理論（theory）を実務（practice）から切り離すことはできない。教義に関する抽象的な知識（abstract knowledge of doctrine）を実務技能（practical skill）から切り離すことはできない。そして専門職としての役割に対する理解を専門職としての経験から切り離すことはできない。」という基本的な考えを公に示した。[188] CUNYにおいては，１年生は，通年の法実務のゼミ（lawyering seminar）を履修することが義務付けられ，２年生は，公益的なテーマに関する１学期間のゼミを選択することとされ，３年生は，（理想としては，両方を履修することが望まれるのだが）学外活動（field placement）かインハウス・クリニックのいずれかを選んで履修することになっている。[189] CUNYは，「技能コース（skills courses）」とされるものが通常抱える枠を超えることにも，心を砕いている。現にCUNYは，「これまで，実務や専門職責任が実定法の研究と切り離されてきたこと」の欠陥を認識しつつ，法実務技能の教育（lawyering skills instruction）を理論や教義の探求（exploration of theory and doctrine）と融合しようとしている。[190] 例えば，１年次の，契約法：法と市場経済Ⅰ，Ⅱ（Contracts: Law and a Market Economy I and II）においては，事実分析（fact analysis），事例分析（case analysis），制定法の解釈（statutory interpretation）などが教義的な分析（doctrinal analysis）と結び付けられ，あるいは，問題解決（problem-solving），批判的理論分析（critical theoretical analysis）と結び付けられている。[191] CUNYにあっても，臨床教

育の外では，こうした技能を統合することは決して一般的ではなかったが，同大学が臨床教育にかくも広範かつ全面的に力を注いだことにより，法学教育の未来に向けた1つのモデルが示されることになった。[192]

このCUNYの先駆をなしたのが，コロンビア特別区（District of Columbia）のデビッド・A・クラーク（D.C.）ロースクール（David A. Clarke〔D.C.〕School of Law）の原型となったアンティオク・ロースクール（Antioch School of Law）である。アンティオク・ロースクールは，臨床教育と正義に関する教育（justice education）とをカリキュラムの中心に位置付けた最初のロースクールである。[193] アンティオク・ロースクールの前学校長であり現在D.C.ロースクールの教授をしているエドガー・カーン（Edgar Cahn）は，次のように述べる。

「もし，法実務能力の養成（lawyering competency）が単に1つか2つの科目の追加によって行われるに過ぎないとしたら，それがもたらす（教育）制度に対する影響はごくわずかなものにとどまるだろう……臨床教育を単純に1つ追加すること以上のものがそこに引き起こされる，それが私の基本的な問題提起である。実際，その1つとして，『（教育）制度のあり方（system design）』をめぐる議論が引き起こされることになる」*32 [194]

カーン教授は，カリキュラムのあり方（course design），学生評価（student evaluation），教員評価（faculty review），在職期間（retention）やテニュア（tenure）といった，法学教育において体系的に改革されるべき諸要素を指摘している。[195] 彼は，こうしたシステムの変革の一貫として，異なる学習環境やバックグラウンドをもった人々を広くロースクールに受け入れることの価値を訴えている。これは，アンティオクで実践され，D.C.ロースクールに受け継がれ，CUNYがこれに習うことになった。[196] 彼は，ときの情勢が必ずしも制度改革に寛容でないことを認識しつつ（かつ，アンティオクのカリキュラムに対する適格認定過程に現われた評価に照らしながら），ロースクールの常識を変えるため，法学教育の改革を検討する独立の委員会（a separate committee for reviewing innovations in legal education）を組織し，偏見や圧力を取

---

*32 括弧内は，訳者挿入。

り除いていくことを推奨している。[197]カリキュラム見直しに向けたアンティオクの大胆な取り組みによって，法実務教育の重要性，臨床教育の手法，入学審査，適格認定，司法試験が相互に関係するものであることが明らかになった。そして，それは，大いなる変革への警告にはなったが，その障害になるものではなかった。

D 進化

臨床教育を必修としているロースクールも，また全ての学生に臨床教育を履修可能としているロースクールも今なおわずかではあるが，臨床教育は，教義や理論（doctrine and theory）に偏重する実定法科目がこれまで大方のところ無視してきた，法学教育における広大な領域（vast areas in legal education）に——1学期間かあるいはせいぜい2学期間の授業を通じて——取り組むものとなった。臨床体験に有用性を見出す学生がいる一方で，その仕事量の多さから，これを負担と感じる者もいるようである。こうした現象は，学生達が自分に不足しているものを自覚しないまま，臨床教育を重要な専門職教育と捉えられずにいることに起因すると言える。[198]そしてそれは，各州の司法試験が，専門職としての実務能力を備えているかどうか，あるいは司法アクセスを充実させる専門職の職責を十分に理解しているかどうかを試さずにいることで，一層増幅されるのである。[199]とは言え，法学教育者達は，現に，司法試験の発展に大いなる影響力を及ぼしており，司法試験の目標を変える上で多大な貢献を果たしてきたと言うべきであろう。

このように法学教育の変革の過程を総覧すると，臨床教育の手法をカリキュラム全体に導入しようとする動きがあること，そしてこうした動きが今後も続くであろうことが明らかとなってくる。こうした動きによって，ロースクールは，授業の到達目標の再検討を迫られることになろう。NYUのジョン・セクストン（John Sexton）学校長は，こう語っている。「我々は『範囲（coverage）』というパラダイム（paradigm）を捨てるべきだ。つまり，絶対におさえなければならない，決まった教義（fixed body of doctrine）があるという考えを放棄しなければならず」，それに代わり，学生達が習得すべき一連の技能を教える場として実定法の授業を活用すべきだ，と。[200]それは，理論教育の授業に一定の実務のノルマ（a series of practice norms）を課し，極く限られた技能的要素を加える，というようなものにとどまるべきではない。[201]

臨床的手法をあまねく活用するということは，臨床教育が提供するダイナミックな機会を最大限利用し，そこで取り組む数々の難題を通じて，法的支援を必要とする人々や，それに応える法律家の使命と正面から向き合うため，カリキュラム全体を見直すことを意味するのである。[202]

Ⅲ　将来に適応すること

A　デジタル時代に適応すること

　新たな技術開発は，近未来の法学教育の性質を根本的に変容させる希望（見方によっては，恐れとも言えるが）をもたらすものである。[203]前世紀の法学教育は，明らかに時間——と場所——に依存していたが，益々洗練され廉価になる視聴覚の通信教育技術は，あるロースクールの教授が遠く離れた複数の場所にいる学生を教え彼らと交流することを可能にし，場所に依存しない「拡張された教室」をより広く利用する機会を提供する。加えて，ウェブ・テクノロジーによって，形ある教室（physical classroom）の利用はバーチャルな教室に完全に取って代わられ得るのであり，こうしたバーチャル教室では，複数の様々な場所にいる多数の学生が，学生にとって便利で比較的都合のつく時間に，教室を使わない，時間——と場所——に依存しない指導を受けることができる。近時設置されたバーチャルなロースクール——コンコード・ロースクール（Concord School of Law）[204]——で既に実施されているように，教員は，インターネットで利用可能な教材やビデオ・オーディオテープを作成し，これにより学生は，オンラインの個別指導と試験，Eメール，チャットルームやディスカッション・フォーラムを通じた学生同士及び教員と学生間のコミュニケーションのフォローを受けながら，復習をし，期限内に課題を完成させることができる。[205]

　これらの技術開発は，学界に衝撃を与え，教員という職業の保障について恐怖と不安を与えた。[206]様々な場所に散らばる参加ロースクールの学生をまとめて教える専門家を雇用する共同事業体を発展させ，ロースクールが，教員組織を合併し規模縮小を行うということも起こり得る。[207]有名ロースクールが，教室をもたない分校を設立することによって，多くのロースクールに廃校を余儀なくするということもあるかもしれない。[208]トップ校のスター教授にあっ

ては，教員組織に対する忠誠心が薄れ，複数のロースクールで働くためその契約を破棄し，ひいてはそのことによって既存の教員達の地位を脅かすことにもなるだろう。[209]

　こうしたハイテク・シナリオが，近い将来に広く実現されることは，まずないだろう。ABA認定基準は，現在，遠隔教育を試みる機会を制限しており，同基準は，ウェブ上のものにせよその他の方法によるものにせよ，通信（場所と関わりない〔place independent〕）教育を禁止している。[210]加えて，法学教員は，「組織に護られた（within the institution）人生の快適さを崩壊させ」[211]，あるいは，教員の利益に反するような法学教育の変化に抵抗することにかけては，並外れて熟達している。[212]更に，法学教育の手法として，教員・学生間の定期的な人間的ふれ合いを減らし，あるいはなくすことには，明らかに教育上の限界がある。

　拡大型教室（extended classroom）における教育，あるいは教室を使わない（classroom-free）教育が，伝統的な大教室でのケースブック授業に取って代わる望ましさについていろいろと言うことができたとしても，それが臨床教育ということになると，明らかに問題は別と言わざるを得ない。新たなデジタル時代におけるロースクールのシナリオの中で，臨床的手法を何かで代替することや，これを再現することの難しさについては，論者達もこれを早くから認識してきた。[213]

　能動的かつ文脈的経験にもとづく学習——それは，臨床的手法に不可欠な要素であるが——は，サイバースペースで再現することはできない。臨床的文脈（clinical context）の欠如は，現実の法的紛争における2つの重要な要素，即ち人間と事実の，ダイナミックで予測不可能な性質を有意義に理解することを妨げる。[214]それはまた，倫理的判断を下す道徳的な深みや責任，又は正義へのアクセスといった専門職の価値の重要性を正しく理解することをも制限する。[216]加えて，新しいハイテク・ロースクール環境下で（学生や教員が）*33 物理的に離されることで，クリニックが通常行っている対人関係的かつ協力的な法実務技能の教授が不可能となる。[217]かくして，コンコード・ロースクー

---

　*33　括弧内は，訳者挿入。

ルの運営管理部門のトップ——カプラン・テスティング・サービス（Kaplan Testing Service）のCEOであるアンドリュー・ローゼン（Andrew Rosen）は、「学生に臨床経験を提供するという意味で、ロースクールは、（なお）その効用を維持している。」と認めている。実際、ロースクールが、「教室をもたないロースクールと競争しなければならない世界にあって、自らの存続を正当化するために」、臨床教育により多くの資源と勢力を集中させていく可能性を示唆する論者もいた。皮肉なことに、学界における身分保障（security）やステータスや地位を臨床教員と分け合わなければならないことへの恐れなどを理由に、過去に臨床教育を支持しなかった非臨床教員の中には、今や、少なからず自分の利益をはかるために、その教育方法（teaching regimen）に臨床的要素を加えようとする者もいると言われている。

　ミレニアムにおける臨床教育環境への影響はさておき、テクノロジーの進歩は、今までにない新しい教育とサービスの機会及び臨床モデルを可能にさせ、臨床教育の手法に影響を及ぼすであろう。遠隔学習技術とビデオ会議技術の改良とコスト低減は、地域や州や国の境界を越えた臨床作業を実施する機会をこれまで以上に提供するであろうし、より多くのロースクール（multi-school）、より多くの場（multi-venue）の連携を可能にするであろう。このテクノロジーは、エクスターンシップ科目を拡大し洗練化する上でとりわけ有用であろう。監督教員（faculty supervisor）は、ビデオ会議やEメールを通じて、ロースクールから離れた実習場所の状況をこれまで以上に把握し、より強固なつながりを維持ことができる。実際、ABAの1997年の遠隔教育に関する暫定ガイドライン（Temporary Distance Education Guidelines）は、特に以下のことを認めている。

　遠隔教育の利用は、とりわけ、エクスターンシップや臨床プログラムを強化する一手段として有用であり得る。例えば、こうしたエクスターンシップや臨床プログラムでは、ロースクール敷地内のキャンパスでは実現し難い教室授業が可能となる。そのようなかたちで遠隔教育技術を利用することにより、ロースクール学生の教育を強化し、より高い効率性を提供することを目指し得るのだ。

　こうした科目においても、学生と教員間の交流は実施されなければならず、

通信教育に単位を付与することを禁ずるABA基準304(g)に従わなければならないことに変わりはない。

　1997年，ノバ・サウスイースタン大学（Nova Southeastern University）は，臨床教育において遠隔学習技術を試みる国内最初のロースクールになった。[223] ノバ・サウスイースタン大学の臨床ディレクターであるキャサリン・アーカバシオ（Catherine Arcabascio）は，以下のように説明している。

　ローセンター（Law Center）の臨床プログラムでは，学生達は，セメスターのはじめの3週間にキャンパスに集まることを義務付けられる。その間，学生達は，3つの異なるクラス，即ち「法理論（doctrinal）」クラス，「技能（skills）」クラス，及び「学際的（interdisciplinary）[*34]」科目から6単位を取得するという，集中したスケジュールに取り組む。これを無事修了すると，学生は，彼らのそれぞれの配置先（それは国内中だけでなく世界中に散らばっている）へと出発する。続く配置先での12週間の間，学生は，ビデオ会議クラスを通じて，週2回彼らの講師やクラスメートに会う。[224]

　テクノロジーの強化は，実践型臨床経験の指導及び論評を「人工的」（bionic）に補完するものとして，双方向的なコンピュータ・ソフトウェアを通じたより効率的かつ広域的なシミュレーションによる技能教育を提供するであろう。[225] コンピュータ・シミュレーションは，特定技能の基礎の基礎を教えるのに役立ち，コントロールされた環境において難度を徐々に増しながら行うシミュレーションによる技能演習や復習を実施する上で，より豊富な機会を提供するのに役立つ。[226] 学生は，初めての現実の公判（trial），審問（hearing），交渉や証言録取に臨む前に，例えば任天堂ゲームボーイのように入手しやすく価格が手ごろなテクノロジーを通じて，これらのシミュレーションを数え切れないほど行うことができるだろう。

　臨床教育は，法実務の中で起こり得る劇的な技術的進歩にもついていかなければならないだろう。[227] 例えば，臨床教育は，パワーポイントその他のプレ

━━━━━━━━━━━━━━━━━━
＊34　interdisciplinary。「2つ（以上）の専門分野にまたがる」，「学際的な」と訳される。本論文では，文脈に応じて，「複数の分野にまたがる」，「学際的な」などの訳語をあて，あるいはそのまま「インターディシプリナリー」とした。

ゼンテーション・ソフトウェア，音声認識ソフトウェア，ハイパーリンキング，ウェブサイト作成，電子ケースファイリング，ならびに公判及び証言録取を行うための技術的進歩の利用の指導に取り組む必要があろうし，ロースクール学生を，法律事務所経営のためのより効率的かつ洗練された事件管理プログラム，予算プログラム，ティクラー・プログラム（tickler program）[*35]，利益相反プログラムにふれさせる必要があるだろう。

　臨床教育が，長年にわたって社会正義に貢献してきたこと，法制度における正義へのアクセス，公平，及び非差別という専門職の価値が熱心に説かれるようになってきたことを考えると[228]，臨床教育者は，必ずや，蔓延する情報格差・技術格差から生じる，配分的正義の問題に取り組もうとするだろう。技術革新のマイナス面の1つとして，いわゆる「技術格差」が挙げられる。コンピュータやインターネットへ日常的にアクセスしていると回答するのは，収入7万5000ドル以上の世帯で75%であるのに対して，低所得世帯にあってはその20%に過ぎない[229]。また，低所得かつ被支配的集団の法律問題に取り組む者達（survice providers）は，その相手方に比べて，彼ら自身，法実務の技術的進歩に相当に疎い傾向にある[230]。

　コロンビア・ロースクール（Columbia Law School）のコンラッド・ジョンソン（Conrad Johnson）教授とメアリ・ズラック（Mary Zulack）教授は，近年，おそらく国内で初めて，技術に重きを置きかつ技術格差問題に取り組む臨床プログラムを開始した。ジョンソン教授によれば，このクリニックの目標は以下のとおりである。

　テクノロジーがいかに我々の法実務の手法を変化させているかを学生に教えることであり，学生が公益弁護士と実際に協働する中で修得したものを彼らと分かち合い，彼らと共に司法における技術昂進に向けて取り組めるよう，（事件又は個別のプロジェクトを通じた）仕事に学生を従事させることである。（このクリニックは），当校の学生が，学習したことを現実の事件の状況（case settings）の中で活用し，依頼者のために働く中で公益的法律や法実務を学ぶにふさわしい共生関係をつくり出すものとなる（略）（であろう）。同

＊35　他に列挙されたものと同様，事件管理をはじめとする法律事務所の業務に特化したプログラムである。

時に我々は，科学技術が，弁護士の伝統的職務を一層的確に処理する上でいかに役立ち，弁護士の仕事の達成点をいかに引き上げていくかということに関し新たなアイディアを持ち込むことを通じて，弁護士の役に立つことができるだろう。そうすることを通じて，我々は，公益的実務の担い手（public interest legal provider）の具体的ニーズに応える技術を提案し，彼らが依頼者のために活動する土壌を整え，彼らが仕事上技術的な手法を考え出しこれを実践するためいたずらに時間を費やすことがないよう，取り組んでいくつもりである。[231]

最後に，新たなテクノロジーは，プロボノ・コミュニティ法教育，青少年法教育臨床プログラムといった，一定のコミュニティや個人，集団に法情報を提供することを通じてロースクール学生を教育する新しい臨床モデルの手法に利用される場合，とりわけその価値を発揮する可能性がある。[232]これらのクリニックは，「コミュニケーションは弁護士の仕事の核心であり，弁護士が提供できるあらゆるサービスの中心である」[233]ということ，そして，「弁護士のプロフェッショナルとしての仕事の中核部分には，人々に法というもの（the law）と法制度を教えることが含まれる」[234]ということを前提としている。これらの新しい臨床モデルの中には，貧困者への法的サービスの提供が益々危機的となっている状況に対応するものもあり，法的サービスを必要とするより多くの人々に手を差し伸べるために限定的又は「単発的」（unbundled）な法的サービスを利用しようとする動きに応じるものもある。[235]クリニックの学生は，上述のウェブ・ベースや視聴覚技術を使って指導を受け，これによって，法的サービスを必要とする人々へ，大量の法情報，書式，資料及び事実上の時間（virtual time）*36を提供する。こうしたコロンビア・ロースクールの最新モデルに倣えば，臨床教育は，新しい技術を知らず，これまでそれにふれる手段をもたなかった依頼者，コミュニティ・グループ，そして財政が逼迫した公益法実務の担い手に，新しい技術の利用を奨励し，かつこれらを彼らに利用可能なものとする手助けをすることができるのである。[236]

B　グローバル時代に適応すること

このミレニアムに生きる中で避けられないものの1つに，我々がグローバ

＊36　virtual time。情報等を提供するなどして，事実上の時間を供する意味と思われる。

ル・コミュニティの一員であるという認識の高まりがある。コミュニケーションと交通技術の進歩は——より相互依存的となってきた，世界の経済的，政治的，社会的取り決めと相まって——この現象に一役買ってきた。結果として，ほとんどの重大な法的問題や社会問題が，国境を越えるものとなる（transnational implications）ことは，もはや避けられない事態となっている。[237]

こうした変化は，法実務の進化，法学教育全般，そしてとりわけ臨床法学教育にとって避け難い意味（implication）をもっている。移民や移民に関する刑事問題，家族法（女性に対する暴力法〔Violent Against Woman Act〕），公益論（public benefits），労働法，環境法，公民権・人権法，そして発展的国際人権規範の創設といった臨床プログラム（clinical settings）が伝統的にカバーしてきた題材の中で，国境を越える問題が生じているのである。

近隣諸国や他の開発途上国の移民又は労働・経済条件，あるいはそれら諸国の権利の濫用といったものと不可避的に関係する開発傾向と条件を題材とするコミュニティ開発クリニックのようなプログラム（settings）においても，一見明白ではないものの，グローバルな変化がクリニックの関わり方（involvement）に影響を及ぼしている。例えば，サンアントニオにあるセントメアリ・ロースクール（St. Mary Law School）にある国際人権及びコミュニティ開発クリニックの臨床教員は，「国境地域におけるメキシコ及び中央アメリカの政治的及び経済的傾向が及ぼす疑う余地のない影響によって，貧困と人的被害（human suffering）の問題に取り組む上での，臨床的弁護活動（clinical advocacy）や国際法と国際機構の実務的役割を研究する稀有な機会がもたらされている」と判断し，メキシコ国境地域を中心とするプログラムを創設した。[238]

NYUは，最近，臨床的特徴をもったグローバル・パブリック・サービスLL.M.プログラム（global public service LL.M program）を創設した。[239]このプログラムは，外国人学生に公益活動に関する教育を実施することによって，個人の自由，人権及び環境を保護するための法的インフラを欠く新興経済国に対し，法の支配，民主主義及び持続的成長を増進しようと試みている。[240]このプログラムの卒業生は，彼らの出身国や出身地域又は国際的公共サービス機関での公益活動に戻ることを期待されているのである。[241]このプログラムの

中心となる必修科目は，NYUの臨床教員及びグローバル・ファカルティ（global faculty[*37]）が担当する「グローバル・パブリック・サービス：理論と実務（Global Public Service Lawyering: Theory and Practice)」と題されたセミナーである。[242]

　伝統的な貧困法を題材としていたクリニックでさえ，今後国境を越えた事件や問題に一層取り組んでいく可能性がある。ルーシー・ホワイト（Lucie White）教授は，以下のように主張している。

　「21世紀における貧困コミュニティのための法実務（Lawyering for Poor Communities in the Twenty-first Century)」を現実的に論ずるために，我々は，従来の貧困法実務の代理活動によるサービスを受ける資格を認められてきた依頼者集団の世界を踏み超えて，我々の視野（frame of reference）を広げなければならない。彼らがその瞬間合衆国を始めとする先進諸国の中にいるのか外にいるのかにかかわらず，世界的な経済統合という近時の政策によって窮乏にさらされている全ての人々に目を向けるよう，我々はその視野を広げていかなければならない。そして我々は，視野を広げるだけでなく，我々の仕事の動機づけとなる規範的責務（normative commitments）の中心に，国際的公平（global equity）という理念を加えなければならない。我々は，反体制的な依頼者――及びその弁護士――が，セクション・エイト・アパート（Section 8 apartment[*38]）から立ち退かされて敗訴するどころか，拘留され消されてしまうという世界に目を向けなければならない。こうしたグローバリゼーションというものが単に我々をかく乱させるだけのものにすぎないと信じたいところではあるが，21世紀の貧困コミュニティのための法実務について本気で考えるならば，我々は，視野を広げ，公民権を侵害された住民達（disenfranchised populations）が日毎増えていく地域に目を向けざるを得ない。[243]

　私法と国際経済の関係に焦点をあてるにせよ，公法と国境を越える問題に焦点をあてるにせよ，又は公益法や貧困法の意義（implications）に焦点をあ

---

　*37　NYUロースクールのハウザー・グローバル・ロー・プログラム（Hauser Global Law Program）では，世界中の著名な法学者から構成されるグローバル・ロー・ファカルティが，定期的に講座を担当している。
　*38　低所得者層が住むアパートで，収入の30％以上の家賃分はクーポンで補助されている。

てるにせよ，避け難いグローバリゼーションの波によって，法曹は，新しい実務環境に必要な技能を習得することを求められるであろう。[244]同時に，ロースクールは，新たなグローバル・コミュニティに貢献するに必要な新しい技能を授ける方法を構築するという，難題を抱えることになるだろう。[245]臨床教育は，日々進行するグローバリゼーションがもたらす環境や状況に適応した，倫理的かつ内省的な法実務を行うに必要な新しい技能と価値を授ける上で，専門技能の向上に力を注ぐ学界の一部門として，必然的に極めて重大な役割を果たすであろう。

国際実務弁護士が最も重要な技能と認識するもののうちいくつかは，既に臨床的手法を通じて最も効果的に（そしておそらく臨床的手法のみを通じて）教えられているし，臨床法学教育研究を通じてその内容が明らかにされている。「ロースクール学生がグローバル化した環境下で効果的主体たり得るよう教育を実施するためには，『法というものを教える』手法を考えるのと少なくとも同程度に，異文化への配慮や世界に関する知識について深く考える必要があろう」。[246]異文化における技能指導のための臨床的アプローチが，新たなニーズによって，これまで以上に注目されることになるであろう。[247]目前に差し迫った「国境を越える法的サービスの革命により，ロースクールは，超国家的な形式の法及び法制度，外国の法制度及び法源の機微，ならびに交渉や紛争解決手法における文化的差異に敏感なアンテナをもったロースクール学生を輩出することを求められるであろう」と，より明確に示唆した論者もいる。[248]

臨床法学の教育者達は，国際的な実務あるいは国境を越える実務の場を開拓し，国際的な法組織又は非政府組織に関わる臨床実務環境をつくり，学生を外国の実務にふれさせるエクスターンシップやクリニックを創設し，更に近時出現しつつある他国の臨床プログラムと連携・交流することによって，こうしたグローバリゼーションの影響に対処するつもりである。[249]このような対応にもう既に着手しているロースクールは，ほんの一握りではある。[250]こうした新しい環境によって，教育上，プログラムの計画・実行上，サービス上の課題がもたらされることが見通される。臨床教員は，これらの課題に取り組む上で，一般に認められているアメリカ型の法的アプローチが不適切な場合があり得るということ，あるいは，それが国際人権的文脈においては他国

の依頼者の命を潜在的に脅かすものとなり得るということを，心に留めることが重要であろう。[251]

C　21世紀の人口統計に適応すること

　21世紀には，合衆国は「マイノリティ」が過半数を占める国になるだろう。連邦国勢調査局（U.S. Census Bureau）は，2050年までに，合衆国の人口に占める有色人種の割合が白人の割合と概ね同数になるだろうと予想する。[252] 他の予想によれば，早ければ2030年に，これが到達されると見込まれている。[253] 変わりゆくアメリカの人口統計は，政治的・社会的に広範な影響を及ぼし，法制度そして究極的には法実務へもその影響を及ぼす。[254] 言い換えれば，これは，法学教育，臨床的手法，ならびに法制度や学界を担うあらゆる主体の人口統計にもたらされる変化の前兆でもある。

　こうした人口統計の変動の結果，多文化環境と異文化環境に焦点をあてる臨床指導は，グローバルな法実務環境のみならず国内においても益々重要になるであろう。チャールズ・カレロス（Charles Calleros）教授は，以下のように述べている。

　ロースクール学生の中には，人種，ジェンダー，性的指向，年齢，宗教，肉体的・精神的能力，経済的階級，その他特筆すべき個人的特徴が全く取り沙汰されない分野で法実務にあたることを望む者もいよう。その結果，卒業生によっては，多様性（diversity）に対する配慮をもつことが自分が法曹として成功するための必須条件でないと信じ続けることができる，限られた法分野を見つけ出そうとする者もいるかもしれない。しかしながら，法システムが客観性を備えるべきとの要求（claims of objectivity）に正面から取り組もうとしない者といえども，我国のナショナル・アイデンティティの文化的多元性を否定し，あるいはそこから逃れることが難しいと気付くであろう。なぜなら，多元性というものによって，往々にして法的紛争は一段とその複雑さを増し，多様な依頼者を代理する中で特別な課題がもたらされ得るからである。[255]

　臨床教育者は，学生に彼らと異なる依頼者といかに付き合うかを指導する既存の教育的アプローチを拡大し磨きをかけることによって，この難題に対

応する必要があるだろう。2000年5月のニューメキシコ州アルバカーキにおけるAALSの臨床法学教育会議で同時開催されたセッションでの、「異文化コミュニケーション：教え方の実演（Cross-Cultural Communications: A Teaching Demonstration）」と題するセッションにおいて、ジーン・コウ・ピータース（Jean Koh Peters）教授とスー・ブライアント（Sue Bryant）教授は、依頼者に対する先入観や誤解を減らし、究極的に異文化コミュニケーションと法実務能力を向上させることの検討を学生達に促す、系統的アプローチを明確に示した。ピータース教授が以下に述べるように、このアプローチは、5つの素養の涵養と促進を内容とする。

- 「遠近の度合い」：弁護士と各依頼者との類似点・相違点を洗い出すこと；
- 「3つの環」：依頼者、弁護士、そして「法」が、当該事件に関していかなる文化的理解を抱いているかについて、ベン図つまり全体像を示す図形を使って表し、これにより事件の概観を描き出すこと
- 「パラレル・ワールド」：「一見弁護士を当惑させ困惑させる依頼者の行動について、他にどういう説明が成り立ち得るかブレインストーミングすること」
- 「危険信号（red flags）と修正策」：「コミュニケーションが行き詰まるきっかけを知ること、そして、弁護士が依頼者自身の声で依頼者のストーリーを理解することを可能にするコミュニケーションを回復するため、これを修正する方策を講じること」、そして
- 「ラクダの背」：過去失敗に終わった依頼者との関係（encounters）を思い返すこと、そして、将来その再発を避けるため事前の積極的対策を講じること[256]

これらの5つの素養は、「文化的理解を通じて優れた法実務を更に向上させる手法に法律家を覚めさせると同時に、他の優れた法実務技能に磨きをかけこれを補完する」ものとなっている。[257]

また、新しい人口動態（demographics）は、最初の2つの波の場合より更に臨床教員の多様性をもたらすであろう。教員が多様性をおび、クリニックの現場に「内部者」と「外部者」双方の視点が備えられることによって、多

文化的な教育が，一定の授業や事件の議論にとどまらずクリニックの参加者間の継続的議論を通じて推進されるなど，その教育機会が一層豊かに実現される。[258]より一般的なことを言えば，多様性は，追加的視点とアイディアをもたらし，創造性，才能及び経験の供給源を拡充することによって，臨床プログラムの教育上の成果と法律上の成果の両方を高めることができる。[259]それこそが，多様性を備える組織や集団が，多様性の乏しい団体の力を往々にして上回る理由なのである。[260]

20世紀末には，アメリカのロースクールの約70％には有色人種の臨床教員がおらず，有色人種の総合クリニック・ディレクターがいるロースクールはわずか5％で，有色人種の臨床教員が2人以上いるロースクールはわずか6％だった。[261]こうした問題は，新世紀の人口動態を通じてより真摯に認識されるようになり，事務担当者（administrators）や教員達は，効果的な対応策を講じることを余儀なくさせられるだろう。[262]

D　法実務の性質の変化に適応すること

学界（academy）が，ケース・メソッドや自己完結的な（self-contained）諸法理の同化に基礎を置く法学教育モデルを脱却していく中で，[263]法学教育者は，縦割りの法律問題という視点から依頼者の問題を扱うことが，法実務モデルと法実務教育モデルの双方に似たような限界をもたらすことを認識するべきであろう。より新たな法実務モデル，それは，法的権利と侵害の証明（vindication）ということから創造的な問題解決へとその視点を移行させるものであり，そこでは，依頼者の問題に十分に取り組むために，既存の法理領域（doctrinal areas）や，紛争解決の場（legal forum），あるいは法曹の専門領域を超越する必要性が強く主張される。[264]公益的な仕事に取り組む弁護士も民間実務で働く弁護士も，[265]依頼者の問題により全体的・包括的に，かつ費用効果的に取り組むため，他分野のプロフェッショナルと連携し協働して働くことが益々多くなっている。[266]例えば，老人福祉法に取り組む実務家（advocate）は，高齢の依頼者の法律問題は，往々にして，孤独，恐怖，加齢に伴う不安，財政問題，家族に関する心配事を伴うため，依頼者の法律問題に取り組むにあたって，財政問題や精神的問題，医療問題，宗教的問題を切り離すことに警告を発してきた。[267]こうした理由から，高齢の依頼者のために働く弁護士は，「医師，精神科医，ソーシャルワーカー，会計士や聖職者を含む

各専門分野にまたがるチームの一員として働くべきであろう。」[269]このような，依頼者の問題に対する「ワンストップ・ショッピング」アプローチは，中小企業の依頼者のニーズに応える際にも同様に効果的たり得る。「弁護士，会計士，ファイナンシャル・プランナー，税務アドバイザー，テクノロジー・リソースのエキスパート，グラフィック・デザイナー及びウェブサイト・デザイナー」が連携する専門的サービス組織（professional service entity）は，依頼者が新事業を立ち上げる際に，効果的な協働を実現するであろう。[270]

　異業種間共同経営（MDP〔multidisciplinary practice〕)[*39]の問題は，近年，ABAや評論家達から相当な注目を集めてきた。[271]ABAは，異業種間共同経営委員会（Commission on Multidisciplinary Practice）を創設し，同委員会は，近年，パートナーシップ活動の一部にわずかでも法実務が含まれる場合に非弁護士とのパートナーシップを禁じる懲戒規程の規制について，その緩和を勧告した。[272]MDPに反対する者達は，法的サービス市場に参入しようとする強力な5大会計事務所の影響を指摘する。[273]こうしたMDPの批判者達は，会計士やソーシャルワーカーのような他の専門家とパートナーを組むことやこれに雇用されることを弁護士に認めるならば，弁護士は非弁護士たる協力者の不適切な影響力に屈し，依頼者を裏切り，依頼者の秘密を漏らし，依頼者を不適切に代理し，勧誘（solicitation）ルールに違反し，一般市民としての義務を軽視する傾向に向かうため，専門職の基本的価値が危険にさらされると示唆する。[274]MDPの支持者は，MDPが妥当な考えであると主張し，ヨーロッパその他の外国市場における緩和されたMDP規制を引き合いにMDPに向けた市場の圧力を指摘し，会計事務所及び外国のMDPがそれらの市場に参入しつつあることを重視し，複雑な問題に効率的かつ費用効果的に取り組む法的サービスに対する消費者の需要を強調し，多分に経済保護主義に動機付けられる実務の倫理規制の廃止の必要を主張する。[275]委員会の勧告の当面の結論がどうあれ，多くの評論家達は，MDPに向けた動きは避けられず，法律専門職（legal profession）の関係者全員がMDPの受け入れに備える手段を講じなければならないと信じている。[276]

---

*39　multidisciplinary。「多くの専門分野にわたる」，「学際的な」と訳される。本論文では，文脈に応じて，「総合的な」，「異業種間の」といった訳語をあてたり，そのまま「マルチディシプリナリー」とした。

メアリ・ダリー（Mary Daly）教授は，今後ロースクールの卒業生を受け入れるMDPの職場（settings）が不可避的に激増していくことは，法学教育全般，とりわけ臨床法学を変容させる影響をもたらすであろうと示唆して[277]きた。彼女は以下のように述べる。

　これまで，ロースクール・クリニックは，依頼者のために働くにあたって，複数の学問分野にまたがる問題が生じ得ることを無視してきたわけではないが，MDPが市場にその存在感を強めるにつれ，依頼者のニーズに内在するこうした要素をより強く意識することを迫られるであろう。その結果，依頼者のためチームがいかに連携すべきかを学生に教えることの重要性が，新たに認識されることになるのである。依頼者と学生，学生同士，学生と臨床教授の関係を検証することは随分古くからの臨床教育の伝統ではあるが，こうした作業は，新卒にしろ他の実務で数年就業した後にしろ，一層多くの弁護士が専門サービスを提供する事務所（firms）に就職するようになるつれて，益々重要になるだろう。概念的観点から言うなら，「チームによる法実務」は，今日一般的な「異業種間法実務（multidisciplinary lawyering）」に取って代わられるべきだろう。即ちそこでは，他分野の専門家は依頼者のニーズのために働く対等なチームメンバーであって，弁護士を補助するメンバー[278]（adjunct member）ではもはやないのである。

　複数の専門分野にまたがる臨床プログラムは，グループを組み，他分野と協働し，他分野の文化や専門職としての強み・限界にふれることを通じて，[279]有益な技能習得の機会をより豊かに提供する。他方で，単に専門家を寄せ集めるだけでは，彼らがチームとしてうまく機能し適切な共同決定を行うこと[280]を保証するものとはならない。ジャネット・ワインスタイン（Janet Weinstein）教授が指摘するように，効果的な連携には，十分なコミュニケーションとリスニング技能，グループプロセスやチームビルディングに対する理解，そして「自分の行動が他者に及ぼす影響を始めとする自己と他者に対する認識，[281]及びリーダーシップ技能」が要求される。ワインスタインは，弁護士が，以下を含む様々な理由のため，他分野との協働関係（collaborative settings）の中で往々にしてうまく行動できないことを発見した。即ち，他の専門職の文化を知らないことにもとづく誤解と衝突，コミュニケーション技能及び協働技能訓練が不十分であること，「ロースクールと法実務環境の競争的かつ偏

狭な性質，ならびに……協働技能の習得を妨げる弁護士及びロースクール学生の人格的問題。」[282] この他，他分野との成功的な協働関係を妨げる要素として，複数の専門家チームの象徴とも言える，異なる専門職同士の懲戒規程上の倫理的義務の衝突可能性などが挙げられる。[283]

　臨床教育の次の波において，ロースクールは，このように他の専門分野と連携する臨床機会を開拓するため，その課題を克服する必要があるだろう。こうした実験のプロセスは，既に始まっている。即ち，他分野との連携型臨床プログラムをスタートさせるロースクールが，日毎に増えているのである。[284]

おわりに

　幸福なことに……我々が，我々の周りに起きている変化にいかに適応すべきかという議論は既に始まっている。それは驚くことではない。驚くべきは，むしろ，実務界の激しい変化にもかかわらず，この議論が始まるまでに長い時間がかかったということ——そして，我々の教育方法が100年以上も変わらぬままであったということである。[285]

　我々は，このミレニアムの出発点にあって，今まさに第三の波に乗ろうとしている。この波は，これまで広く深く浸透してきた変化によってもたらされたものではあるが，この変化は，今日に至るまで，法学教育を専門職と時代の両方が求める方向に導くことができずにいた。クリニックは，様々な経験的文脈の中で実施可能な手法を採用しつつ，特定の題材を超える教育目標に導かれるものであるということが，学界内で理解され始めている。例えば，学界は，家庭内暴力クリニックに参加する学生がその分野の実務家としてのみ訓練されるものではないということに，気付き始めているのである。学生は，インタビュー，カウンセリング，交渉，法廷活動（trial advocacy）といった法実務技能，ケースマネージメント，技術的リソース，倫理的配慮，政治的及び構造的影響力，社会科学，心理学及び人種的・文化的・経済的影響力，そして手続からサービスを引き出しかつ手続を変革する原動力としての弁護士の役割といったものを学ぶ。言い換えれば，学生は，依頼者のための効果的な問題解決者となる手法を学んでいるのである——それは法の価値と限界を認識し，この急速に変化する世界の複雑な状況の中で法の役割を認識

する技能である。学生はまた，実務のあらゆる側面，そこでなされる1つ1つの判断，そして，これら各々の手順が臨床経験の一部としていかに進められるかを熟考することの重要性を学ぶのである。ロースクールが，このように多様な段階の中で行われるべき経験的学習を，技能指導という狭いカテゴリーに押し込め続けるなら，あるいは特定の題材にのみ結び付け続けようとするなら，その潜在能力を発揮することはかなわないだろう。幸いにも，臨床法学教育に対する理解は，徐々に深まりつつある。

　第三の波がその威力を増すにつれて，上訴審判例の分析が事例研究や増え続ける実定法科目中のシミュレーション・エクササイズに取って代わられてきているのと同様に，ソクラティック・メソッドは，教員・学生間のより連携的な学習法に取って代わられることになるだろう。ロースクールは，法曹に不可欠な法実務技能と専門職の価値を，コア・カリキュラムの中で教えるようになるだろうし，ロースクールの教員は，21世紀の実務家に欠かせない技能と価値を習得し発展させる十分な機会の提供を学生に保証するため，カリキュラム全体を通じて教授する内容を調整していくであろう。このプロセスは，臨床的手法に多分に依拠した教室授業（classroom experience）というものに帰着していくだろう。その結果，教室は，国境だけでなく，宗教的，文化的，人種的境界なども超越する，急速な社会的，政治的，技術的変化に学生をふれさせることができるだろうし，学生をこうした変化に関与させることができるだろう。

　既に述べたように，遠隔教育反対論の論拠の1つとして，少なくとも現在利用可能な技術では，遠隔地から臨床プログラムを効果的に教えることが難しいという点が挙げられる。[286] より多くの技能と価値の修得が科目目標とされるにつれ，こうした方法で臨床科目以外のロースクール科目を教えることさえ同様に難しくなるであろう。なぜなら，学生と教員間の学習の様相をそこに再現することが，一層難しいものとなるからである。それは，ロースクールの学生に，「法知識，価値及び技能の指導」ならびに「専門的技能の指導の適切な機会」を提供しかつ義務付けるための，理にかなった教育的理由にもとづくものである。[287] ロースクールは，実務で必要となるであろう法実務技能の全てを，ロースクール学生に教えるべきである。それは，マクレイト・レポートで述べられた項目別の能力（competencies）を扱うという狭い意味

においてではない。弁護士，依頼者，そしてその双方が依頼者の問題を解決する上で考慮しなければならない社会的義務との複雑な関係という位置付けで，法を教授することを意味するのである。マクレイト・レポートからほぼ10年が経つが[288]，現在も，ABAと法学界（legal academy）は，ロースクールが法実務及び依頼者の問題解決のため正しい判断行使が可能となるよう学生を教育すべしという基本原則（essential tenet）に関し，いまだに態度を決めかねている。[289]

臨床法学教育者の将来の課題としては，次の3つが挙げられる。第一に，我々は，我々の方法論に磨きをかけ，我々の理解を深めてくれる様々な作用を注意深く統合するという，難しい仕事を続けていかなければならない。そのためには，経験的学習手法に対する我々の見識を高め，他の学問分野の研究成果を参考にすることが求められる。こうした試みがなされることによって，臨床教育方法に着目した臨床研究が一層充実していくことが，併せて期待される。

第二に，我々は，臨床プログラムの質を測る指針となる基準をいかに定めるべきかを検討しなければならない。例えば，その1つとして，臨床教員が非臨床科目の担当を義務付けられることで臨床プログラムにもたらされる軋轢を，分析することが挙げられる。もし，そのような義務付けにより，利用可能な臨床プログラムの数が減少したり，臨床プログラムの拡大が抑えられるとすれば，こうした要件を重要視することは見当違いである。ロースクールが臨床科目への適切なスタッフの配置を保証する手段を構築しないかぎり（例えば，教員の大多数にクリニックの担当を義務付けるニューメキシコ大学のアプローチ[290]，あるいは，例えば，学生の需要を満たすために十分な数の臨床教員を雇用する方針），臨床教員に非臨床科目を担当させることは，ロースクールの臨床法学教育プログラムの質，そしておそらくその実行可能性さえも低下させ得る。この他，こうした基準の評価作業の1つとして，教員と学生組織双方の観点から，我がプログラムにおける多様性というものにどう取り組むかを真剣に考えること，そしてそのような取り組みに向けた挑戦の意義を認識することが挙げられる。

第三に，我々は，この論文で述べてきた変化に向かって，法学教育の舵と

りをする上で必要な準備をしなければならない。ロースクールは，実務家，裁判官及び一般人に攻撃されてきただけでなく，ジェローム・フランクやカール・ルウェリンの時代以来の偉大な法学教育者達からも攻撃されてきた法学教育の手法に固執してきた。法学教育は，20世紀の大半にわたってケース・メソッドにのみ着目してきた結果，新人弁護士向けのギャップ・ブリジング・プログラム（gap bridging program）や集中的監督・訓練といった手段によりその不足を補うことを迫られ，それらに依存してきた。このようなアプローチによって，ロースクールが実務に向けた適切な準備を行う場であるという意義ある前提（operative assumption）に，疑いが差し挟まれることにもなった。臨床教員は，法学教育が，専門的資格を有するに価する理論や法理に関する基礎知識を含む，全ての技能と価値を教えるためにそのカリキュラムの改革に取り組む上で，法学教育のパートナーで居続けなければならない。そのようなパートナーシップにおける役割に照らすなら，臨床教員は，対等なパートナーとして学界内に定着し続けることであろう。臨床教員の地位が学界内の他の法学教員と完全に対等にならないなら，それは，臨床的手法がカリキュラム全体に及ぼすべき影響力や臨床プログラムがロースクールの構造内で果たすであろう役割に矛盾した事態と言うべきであり，こうした事態は，必ずや克服されなければならない。

　臨床法学教育の第三の波は，今まさに高まりつつある。この波は，新たな環境の求めに即応して我々が前進するにつれ，そのエネルギーを増していくであろう。しかし，その本当の力は，より良質の法学教育を目指して邁進する我々が求めるもの，その展望によってこそもたらされるのである。

＊40　この場合は，新人集合研修を指す。アメリカの州や地域の弁護士会の一部では，新人弁護士の集合研修を行っており，一例として，メイン州弁護士会（Maine State Bar Association）は，毎年2日間のブリッジング・ザ・ギャップ（Bridging the Gap）プログラムを主催している。

原注

[1] この引用は，20世紀の技術的進歩の方向を形作ることに貢献した1900年代初期の自動車の自動作動装置，安全ガラスその他多くの発明品の発明家である，チャールズ・F・ケタリング（Charles F. Kettering）の言葉である。Quotation Center（visited June 27, 2000）〈http://www.cyber-nation.com/victory/quotations/subjects/quotes subjects a to b.html〉．ケタリングの将来に関する見解は，「長期的には我々は皆死ぬ」のだから将来を心配すべきではない，と言ったとされる経済学者のジョン・メイナード・ケインズ（John Maynard Keynes）の見解と対照をなす。

[2] 将来を予測することの難しさに関するコメントであり，科学者の言葉というよりはヨギ・ベラ（Yogi Berra）[*41]の言葉のようにも聞こえるが，ニール・ボーア（Niels Bohr）[*42]は以下のような所見を述べた。「予言はとても難しい，とりわけ，将来については。」The Quotation Guide（visited June 27, 2000）〈http://life.bio.sunysb.edu/ee/msr/quotes1.html#Future〉．

[3] Alvin Toffler, Future Shock 1 (10th prntg. 1970). アルビン・トフラー（徳山二郎訳）『未来の衝撃——激変する社会にどう対応するか』（実業之日本社，1971年）2頁。

[4] 現代の法律家（lawyer）のルーツは，古代ギリシャの訴訟において他人を援助した者達とされている一方で，法的手続における弁護士（advocate）の役割は，約2000年前の古代ローマにその役割が生じ始めるまで，明確に定義されることはなかった。See, e.g., William Forsyth, The History of Lawyers, Ancient and Modern 13-15, 20-26, 80-92 (1875); Roscoe Pound, The Lawyer from Antiquity to Modern Times 31-33 (1953). 5世紀には，ローマ帝国の弁護士（advocate）は，法やレトリックも学び，特定の裁判所と連携するにつれ，単なる雄弁家以上のものになった。See Pound, supra at 50. ローマ法は476年のローマ帝国滅亡の後衰退の道をたどったが，中世には教会法が出現した。See id. at 62-63. 12世紀までに，イタリアの大学（Universities）でローマ法研究が復活し，ヨーロッパの他の中世の大学にも広がった。See id. at 63-64. 同時期に，神学，法学，医学，教育学が，中世の大学における4つの学問分野として出現した。See Bruce A. Kimball, The "True Professional Ideal" in America 6 (1992).

[*41] ニューヨーク・ヤンキース全盛期の名捕手として，ワールド・シリーズを10回制し，リーグMVPにも3度輝き，また，ヤンキースとニューヨーク・メッツの監督も務めた伝説的人物である。

[*42] 1922年にノーベル物理学賞を受賞した理論物理学者である。

[5]　1607年という年は，合衆国の植民地化の年と一般に理解されている。See Pound, supra note 4, at 130.　17世紀の植民地では，イギリス法に関する情報を得ることはほとんどできなかったし，多くの植民地と立法府は，アメリカ革命の少し前まで法実務というものに敵意を抱いていた。See id. at 135-39（とりわけ，弁護士による法実務の実施を一定数の裁判所に限定し，弁護士の数を制限し，そして，弁護士費用の受領を非合法化又は厳しく制限した立法について詳しく述べている）。イギリスのインズ・オブ・コート（Inns of Court）で法曹資格を付与されたバリスタは，通常，植民地において実務を行う資格があった。See id. at 156-57.　植民地の人々は，法曹資格を付与されるために，弁護士の事務所で「法を学ぶ」ことや家で勉強することができたが，「18世紀には，金銭的な余裕のある親にとって，インズ・オブ・コートで法を勉強するために息子を送り出すことが益々習慣的になった。」See id. at 157.

　アメリカ革命から南北戦争までの期間は，合衆国における法律専門職（legal profession）変容の時期であった。アメリカ革命の後，イギリス法及びインズ・オブ・コートで訓練された弁護士に対する敵意が生まれ，イギリスに忠誠を誓った弁護士の多くが国を離れたか，法実務をやめた。See id. at 177-78. この革命からまもなくの間に，正式な徒弟制度（apprenticeships）やいくつかの私設ロースクールが設立され，これらが以前インズ・オブ・コートで提供されていた訓練に取って代わった。See Robert Stevens, Law School: Legal Education in America from the 1850s to the 1980s 3 (1983).　1920年代初期までに，私設ロースクールは大学と提携し始め，そしてこれらの合併は「『学問』と『実用的な』法を最高のものにまとめたものと考え」られた。Id.　しかしながら，これとほぼ同時期に，各州における法曹資格付与の要件は，以前に増して軽いものとなった。例えば，1860年に，一定の準備期間をなお法曹資格付与の要件としていたのは，39の法域のうち9だけであった。See Pound, supra note 4, at 227.　ミシガン州を始めとするいくつかの州では，「善き性格」の人であれば誰にでも，法実務を行う権利を付与しさえした。例えば，ニューハンプシャー州は，21才以上の市民であれば誰にでも実務を行うことを認めた。メイン州では，全ての市民に法曹資格を与えることを認めた。インディアナ州は，全ての投票権者に法曹資格を与えることを認めた。そしてウィスコンシン州は，全ての居住者に法曹資格を与えることを認めた。See id. at 225-26, 231.　法曹資格を付与される前に何らかの専門的訓練を受けることがなお要件とされていた州でさえ，予備的な一般教育をほとんどあるいは全く受けていない者や，正式な徒弟教育を一切受けていない者に法曹資格を与えるよう，その要件を軽減した。See id. at 229-31.　19世紀の前半，しばしば，大学附属のロースクールが形

---

*43　ロンドンにあるバリスタの自治組織であり，バリスタの養成についても中心的な役割を演じている。田中英夫編『英米法辞典』（東京大学出版会，1991年）451頁参照。

*44　イギリスの弁護士。やはりイギリスの弁護士であるソリシタの依頼を受けて，訴訟手続のなかで必要になることがある法廷弁論の仕事を行う。田中英夫編『英米法辞典』（東京大学出版会，1991年）91頁参照。

成され，解体された。See Stevens, supra at 7-8. しかしながら，1850年には，ロースクールで制度化された法学教育の再生が始まるようになった。See id. at 10, 21. 南北戦争の後，こうした正式な訓練要件をほとんど又は全くもたないリベラルな法曹資格付与慣行が好まれる傾向が変わり始め，徒弟制度からロースクールによる弁護士教育・訓練へと移行していった。See id. at 24-25. 「1890年には，39法域のうち23が正式な学習期間又は研修期間を法曹資格付与の要件とした。」Id. at 25. 1896年には，アメリカ法曹協会（American Bar Association）（以下，「ABA」という）が，高校の卒業証書と2年間の法の学習を法曹資格付与の要件として承認し，1897年までに，ABAは，「州の立法部が，参加ロースクールの学習方法を容認するだけではなく規制するであろうという見通しをもって」，その要件を3年間に延ばした。Id. at 96 (footnote omitted).

[6]　臨床法学教育の歴史を物語り，論じ，検証することをテーマとした数々の著作，シンポジウム，論文，報告書がある。See, e.g., American Bar Association, Section of Legal Education and Admissions to the Bar, Report and Recommendations of the Task Force on Lawyer Competency: The Role of Law Schools (1979); Association of American Law Schools-American Bar Association Committee on Guidelines for Clinical Education, Clinical Legal Education (1980); Clinical Education and the Law School of the Future (E. Kitch ed., 1970); Council on Legal Education for Professional Responsibility, Clinical Education for the Law Student: Legal Education in a Service Setting (1973) [hereinafter "Clinical Education for the Law Student"]; William Pincus, Clinical Education for Law Schools: Essays (1980); Philip G. Schrag & Michael Meltsner, Reflections on Clinical legal Education (1998) (hereinafter "Reflections"); Jon C. Dubin, Clinical Design for Social Justice Imperatives, 51 S.M.U. L. Rev. 1461 (1998); William P. Quigley, Introduction to Clinical Teaching for the New Clinical Law Professor: A View from the First Floor, 28 Akron L. Rev. 463 (1995); Symposium: The American Bar Association's National Conference on Professional Skills and Legal Education, 19 N.M.L. Rev. 1 (1989); Symposium: Clinical Education, 34 UCLA L. Rev. 1 (1987); Symposium: Clinical Legal Education and the Legal Profession, 29 Clev. St. L. Rev. 1 (1980); Symposium: Clinical Legal Education: Reflections on the Past Fifteen Years and Aspirations for the Future, 36 Cath. U. L. Rev. 337 (1987) [hereinafter "Reflections on the Past Fifteen Years and Aspirations for the Future"]; Symposium: Fifty Years of Clinical Legal Education, 64 Tenn. L. Rev. 1 (1997); Report of the Committee on the Future of the In-House Clinic, 42 J. Legal Educ. 508 (1992) [hereafter "Future of the In-House Clinic"].

[7]　クリストファー・カランバス・ラングデル（Christopher Columbus Langdell）は，ケースブック・メソッドを始めたというわけではなかったが，1870年から1895年までのハーヴァード・ロースクール（Harvard Law School）の学校長在任中，一貫してその活用を推進したことで一般的に高い評価を得ている。See Joel Seligman, The High Citadel: The Influence of Harvard Law School 32-42 (1978). ニューヨーク市大学（University of New York City. 現在のニューヨーク大学

〔New York University〕）教授のジョン・ノートン・ポメロイ（John Norton Pomeroy）は、ラングデルがハーヴァードでこの方法を紹介する数年前に、ケース・メソッド教授法を活用していた。See, e.g., Stevens, supra note 5, at 52 n.14; Anthony Chase, The Birth of the Modern Law School, 23 Am. J. Legal Hist. 329, 333 n.18 (1979).

[8] See Charles R. McManis, The History of First Century American Legal Education: A Revisionist Perspective, 59 Wash. U. L.Q. 597, 617-18 (1981). 最も有名なリッチフィールド・ロースクール（Litchfield Law School）を始めとした私設ロースクールのモデルが、18世紀の終わり、徒弟制度を母体に誕生した。See Stevens, supra note 5, at 4. 最初に「法学教授（professor of law）」というものを創ったのは、1779年ウィリアムアンドメアリ（William and Mary）であった。その後、他のいくつかの大学がこれに続き、学術的分野として法律を教えるようになった。Id. at 4-5. 18世紀後半から19世紀前半にかけてのアメリカの大学における法学教育は、ヨーロッパのモデルを基礎にしており、一般的な教育に重きをおいていた。「市民社会における法学教育は、基本的には、専門職教育ではなく一般的な教育である……専門職的側面は大学卒業後に手当すればいい」。John Henry Merryman, Legal Education There and Here: A Comparison, 27 Stan. L. Rev. 859, 865-66 (1975).

[9] McManis, supra note 8, at 597.
[10] こうしたボランティアによる法律相談所は、1890年代から1900年代の初めにかけて、シンシナティ（Cincinnati）、デンヴァー大学（University of Denver）、ジョージ・ワシントン（George Washington）、ハーヴァード（Harvard）、ミネソタ（Minnesota）、ノースウェスタン（Northwestern）、ペンシルヴァニア大学（University of Pennsylvania）、テネシー大学（University of Tennessee）、イエール（Yale）などで立ち上げられた。See John S. Bradway, The Nature of a Legal Aid Clinic, 3 S. Cal. L. Rev. 173, 174 (1930); Robert MacCrate, Educating a Changing Profession: From Clinic to Continuum, 64 Tenn. L. Rev. 1099, 1102-03 (1997); William V. Rowe, Legal Clinics and Better Trained Lawyers - A Necessity, 11 Ill. L. Rev. 591, 591 (1917).
[11] See Rowe, supra note 10, at 591.
[12] Id. at 595 (emphasis in original).
[13] See id. at 591-96.
[14] See id. at 596, 606 (emphasis in original).
[15] Id. at 606-07.
[16] Id. at 611 (emphasis in the original).
[17] Id. at 614.
[18] Alfred Z. Reed, Training for the Public Profession of the Law (1921).
[19] See id. at 276.
[20] See Stevens, supra note 5, at 172.
[21] See id.

[22] See generally John S. Bradway, The Beginning of the Legal Clinic of the University of Southern California, 2 S. Cal. L. Rev. 252 (1929) [hereinafter "The Beginning"]; Bradway, supra note 10; John S. Bradway, The Legal Aid Clinic as an Educational Device, 7 Am. L. Sch. Rev. 1153 (1934); John S. Bradway, Legal Aid Clinic as a Law School Course, 3 S. Cal. L. Rev. 320 (1930); John S. Bradway, Legal Aid Clinics in Less Thickly Populated Communities, 30 Mich. L. Rev. 905 (1932); John S. Bradway, The Objectives of Legal Aid Clinic Work, 24 Wash. U. L.Q. 173 (1939); Jerome Frank, A Plea for Lawyer-Schools, 56 Yale L.J. 1303 (1947); Jerome Frank, Why Not a Clinical-Lawyer School?, 81 U. Pa. L. Rev. 907 (1933).

[23] サザンカリフォルニア大学（University of Southern California）は，ブラッドウェイ（Bradway）の努力により，1928年には，経験的な6週間の臨床コースを創設した。See Bradway, The Beginning, supra note 22, at 253. ブラッドウェイがデューク（Duke）大学に移籍すると，デュークは，1931年に初めての本格的なインハウスの臨床プログラムを創設した。See Bradway, Legal Aid Clinics in Less Thickly Populated Communities, supra note 22, at 906. テネシー大学ロースクールは，全米で2番目に，継続的なインハウス・クリニックを擁するロースクールとなった。1950年代後半には，インハウス・クリニックをもつロースクールはほんのわずかしかなかった。See Douglas A. Blaze, Deja Vu All Over Again: Reflections on Fifty Years of Clinical Education, 64 Tenn. L. Rev. 939 (1997).

[24] See Stevens, supra note 5, at 214; McManis, supra note 8, at 650.

[25] See Stevens, supra note 5, at 214.

[26] AALS Proceedings 168 (1944), quoted in Stevens, supra note 5, at 214 (emphasis in original). これに続く，1947年のAALSの教え方と試験方法に関する委員会（Committee on Teaching and Examination Methods）は，「法律家のごとく考える（thinking like a lawyer）」という言葉により，次に述べる技能を絶対的なものと特定した。即ち，事案の結論を見出す能力（法分析〔legal analysis〕），事案の結論（判決）から理論を引き出す能力（法的な組立〔legal synthesis〕），複雑な事実関係を把握する能力（法的所見〔legal diagnosis〕），制定法や規則を解釈し，問題解決のため法理論をあてはめる能力（法的解決〔legal solution〕）」であるとした。Id. at 227 n. 70, citing AALS Handbook 76-79 (1947).

[27] その基準のほとんどが，将来ロースクールに入学する全ての学生にロースクール前の大学教育の経験が必要であること，ロースクールの年限をフルタイムなら3年パートタイムなら4年に延長させること，より多くのフルタイムの教員が必要であること，ロースクールの図書館のための基準を設定すること，あるいはより多くの州が法曹資格を取得する条件としてABA認証のロースクールの履修を要求することの必要性を説いていた。See Stevens, supra note 5, at 172-80.

[28] Quintin Johnstone, Law School Clinics, 3 J. Legal Educ. 535, 535 (1951).

[29] Robert G. Storey, Law School Legal Aid Clinics: Foreword, 3 J. Legal Educ. 533, 533

(1951).

[30] Id. at 534.

[31] Johnstone, supra note 28, at 535.

[32] See id. at 535. 1951年，ジョンストーン（Johnstone）は，28のクリニックのほとんどは1947年以降に開始されたものであると述べているが，個別のロースクールについてその正確な開始日を特定することはしなかった。Id. at 541.

[33] See id. at 541-42.

[34] See id. at 542.

[35] See id. at 543.

[36] See id. at 543.

[37] See id. at 544.

[38] See id. at 546.

[39] AALS Proceedings 121, 121 (1959).

[40] See id. at 122.

[41] 1959年のAALS法律扶助クリニックに関する委員会報告（Report of the AALS Committee on Legal Aid Clinics）によれば，法律扶助の臨床活動は，オハイオのカランバスにあるオハイオ州大学ロースクール（Ohio State University College of Law）やフランクリン大学ロースクール（Franklin University School of Law）で必修とされていた。See id. at 121-22. ノースウェスタン大学ロースクール（Northwestern University School of Law）では，正式な意思決定を経なかったものの，法律扶助活動や弁護士事務所での仕事が全ての学生の修了要件とされていた。ミネソタ大学ロースクール（University of Minnesota Law School）は，法律扶助活動を3年次の手続法科目の必修とし，メリーランド・ロースクール（University of Maryland School of Law）は，必修科目の「法廷実務（practice court）」の代わりに法律扶助クリニックを履修することを認めていた。See id. at 121-22. 全国法律扶助協会（NLAA〔the National Legal Aid Association〕）とアメリカロースクール学生協会（ALSA〔the American Law Student Association〕）が，AALS加盟の全ロースクールを対象に1956年に実施した調査によれば，クレイトン大学（Creighton University），ドレイク大学（Drake University），ノースウェスタン大学（Northwestern University），オハイオ州立大学（Ohio State University），そしてウィラメット大学（Williamette University）が，法律扶助クリニックを修了要件としていた。See Junius L. Allison, The Legal Aid Clinic: A Research Subject, 2 Student Lawyer J. 19 (Dec. 1956). フランクリン大学ロースクールは，AALSのメンバーではなかったので，この調査には参加していない。See AALS Proceedings, supra note 39, at 121 n.6. 同調査によれば，31のAALS加盟ロースクールが，選択科目あるいは必修科目として臨床科目又は学外授業を擁するとされている。See Allison, supra, at 20.

[42] See AALS Proceedings, supra note 39, at 122.

[43] これら5つのロースクールとは，1959年9月にこれを中止したデューク大学ロ

ースクール（Duke University School of Law），インディアナポリスのインディアナ大学ロースクール（Indiana University School of Law），サザンメソジスト大学ロースクール（Southern Methodist University School of Law），テネシー大学（University of Tennessee），そしてテキサス大学ロースクール（University of Texas School of Law）である。Id. at 122 n.8. ダグラス・ブレイズ（Douglas Blaze）教授も，同じ資料を引用し，この5つのロースクールが1950年代後半に確立された「インハウスの臨床プログラム（in-house clinical programs）」を有していた唯一のロースクールであると指摘している。Blaze, supra note 23, at 941 n.14. その論文中，インハウスの臨床プログラムを「ロースクールの学生が，教員の指導・監督のもと，『現実の状況（real situations）』で『現実の依頼者（real clients）』を代理することを実現させる，単位取得の認められた科目」と定義している。Id. at 939-40 n.2. 電話取材において，ブレイズは，この「単位取得の認められた科目（for-credit curricular offering）」とは，学生の単位のみならず教員のティーチング・クレジットをも含むものと説明してくれた。Telephone conversation with Prof. Douglas A. Blaze (June 27, 2000).

　1956年の臨床プログラムに関するデータは，1957年AALS年次総会の手続の一貫として出版された「法律扶助クリニックに関する委員会報告（Report of the Committee on Legal Aid Clinics）」に収録されている。See AALS Proceedings 200-18（1957）. 54のロースクールが，1度も「法律扶助クリニックや相談所（a legal aid clinic or bureau）」を設置したことがないと回答し，2つのロースクール，即ちカリフォルニア大学バークレー校（University of California-Berkeley），カリフォルニア大学ヘイスティング校（University of California-Hastings）が，以前は有していたものの現在はもはやクリニックを継続していないと回答している。See id. at 202. 34のロースクールが，「学内の何らかのかたちの法律扶助クリニック（some form of legal aid clinic in their school）」を有していると回答しているが，これには，ロースクール内に設置されたクリニックや，法律扶助事務所や公設弁護事務所などで行われるものの他，純粋な学生のボランティア活動も含まれていた。Id. at 210-11. 残念なことに，これらの調査においては，こうした様々なタイプの現実の実務と接する臨床経験（real-life experiences）の間に，いかなる線引きもなされていなかった。

[44] See Johnstone, supra note 28, at 548-52.
[45] See, e.g., Stevens, supra note 5, at 211.
[46] Id. at 215.
[47] Schrag & Meltsner, supra note 6, at 5.
[48] Charles E. Ares, Legal Education and the Problem of the Poor, 17 J. Legal Educ. 307, 310（1965）. フィリップ・シュラグ（Philip Schrag）教授とマイケル・メルツナー（Michael Meltsner）教授は，「臨床法学教育は1960年代の社会的熱情によって誕生した」と結論づけている。Schrag & Meltsner, supra note 6, at 1.
[49] Reflections on the Past Fifteen Years and Aspirations for the Future, supra note 6, at 340（remarks of Dean Hill Rivkin）.

[50] Ares, supra note 48, at 310.
[51] Arthur Kinoy, The Present Crisis in Legal Education, 24 Rutgers L. Rev. 1, 7 (1969).
[52] 「批判的法学研究（critical legal studies）は、以前のアメリカ・リーガル・リアリズム（American legal realism）に似ているが、それが、時代遅れの運動を再び開花させる時代錯誤な試み以上のものとなるかどうかを判断するのは、まだ時期尚早であろう。」Ronald Dworkin, Law's Empire 272 (1986). ロナルド・ドゥウォーキン（小林公訳）『法の帝国』（未来社、1995年）。
[53] Id. at 271-72.
[54] See id.
[55] Martin Guggenheim, Fee Generating Clinics: Can We Bear the Costs?, 1 Clin. L. Rev. 677, 683 (1995). グッゲンハイム（Guggenheim）教授は、シカゴ・ケント・ロースクール（Chicago-Kent College of Law）の弁護士費用徴収型の臨床教育に表される、貧困層の代理活動からの乖離を批判している。See id. シカゴ・ケント・ロースクールでは、ロースクールの臨床法学教育プログラムは、まず、臨床教員がその給与の少なくとも150％を上回る弁護士費用を稼ぐことを予定している。See Gary Laser, Significant Curricular Developments: The MacCrate Report and Beyond, 1 Clin. L. Rev. 425, 437-42 (1994); Richard A. Matasar, The MacCrate Report from the Dean's Perspective, 1 Clin. L. Rev. 457, 488-91 (1994).
[56] See American Bar Association Section on Legal Education and Admissions to the Bar, Legal Education and Professional Development - An Educational Continuum, Report of the Task Force on Law Schools and the Profession: Narrowing the Gap 207-21 (1992) [hereinafter MacCrate Report]. アメリカ法曹協会（宮澤節生、大坂恵里訳）『法学教育改革とプロフェッション──アメリカ法曹協会マクレイト・レポート』（三省堂、2003年。以下、「マクレイト・レポート」という）。このABAの報告書は、報告を作成した特別委員会の委員長のロバート・マクレイト（Robert MacCrate）氏にちなんで、マクレイト・レポートと呼ばれている。
[57] Schrag & Melstner, supra note 6, at 313.
[58] 中には例外もある。例えば、コロンビア特別区のデビッド・A・クラーク・ロースクール（the David A. Clarke School of Law. 以下、「DCSL」という）は、紛れもなく公的なサービスに力を注いでおり、全てのロースクール入学者に、新学期の冒頭2週間、法と正義に関するセミナー（Law and Justice seminar）を受講することを義務付けることで、こうした責務を象徴的に推進している。この科目は、学生間の連帯を築き、基本的な法学概念と正義を実現するための戦略を教えるために設置された。この科目を通じて、学生は、1年次の4月までに40時間の社会奉仕を行うことを内容とするDCSLの社会奉仕プログラム（Community Service Program）を推奨される。そこで学生達は、各人、社会奉仕活動をとりまとめ監督するアドバイザー教員のもとに配置される。この社会奉仕は、必ずしも法律に関係する必要はなく、学生達は、ワシントン地域公共住宅協議会（the Fair Housing Council of Greater Washington）の行う運用限界調査（redlining investigations）の調査員になる訓練を受けたり、調査員としての

活動に関わることでこれを履修することができる。法と正義は 1 単位の科目になっているが、この奉仕プロジェクトは、それ自体成績や単位に直結するものではない。それは、むしろ、専門職となるに必要な準備の過程に直結するものであり、学生達を、リーガル・アクセスの拡充やより広い社会奉仕に関する専門職としての責務と向き合わせるための、ロースクールの試みと言える。Interviews with DCSL Dean Catherine Shelton Broderick (Oct. 20 and 28, 1999). See also CUNY School of Law Brochure 6 (2000) [hereinafter CUNY Brochure] (そこでは、ニューヨーク市立大学ロースクールの任務を、「公的サービス提供のため学生を訓練すること (training students for public service)」と定義しており、「人間に必要なサービスのための法律 (Law in the Service of Human Needs)」を、その座右の銘としている。) (on file with authors).

[59]　Section of Legal Educ. and Admissions to the Bar, American Bar Ass'n, Standards for Approval of Law Schools, Standard 302 (e) (1999) [hereinafter "ABA Standards"]. (日本弁護士連合会司法改革調査室編『アメリカ法曹協会 (ABA) ロースクール認定基準――法科大学院第三者評価基準のあり方を求めて』〔現代人文社、2002年〕に、「アメリカ法曹協会ロースクール認定基準〔2001年8月現在〕(抜粋)」が所収されている。以下、「ABA基準」という)。この条文を単に「プロボノの価値の教育が、新法曹育成の重要部分を占めると認識されている (instruction in the value of pro bono service is recognized to be central to the preparation of new members of the profession)」ことを意味するに過ぎないものと位置付けて302(e)の文言を弱体化させようとする最近の動きを、ABA法学教育・法曹資格付与部会 (ABA Section of Legal Education and Admissions to the Bar) は退けた。American Bar Association Section of Legal Education and Admissions to the Bar, Final Commentary on Changes in Chapters Three and Four of the Standards for Approval of Law Schools, 1998-1999, 30 Syllabus 8, 9 (Summer 1999).

[60]　Margaret Colgate Love, Update on Ethics 2000 Project and Summary of Recommendations to Date, at item 29 "Mandatory Pro Bono Service," (Revised June 15, 2000) <http://www.abanet.org/cpr/mlove061400.html>. See Margaret Martin Barry, Accessing Justice: Are Pro Se Clinics A Reasonable Response to the Lack of Pro Bono Legal Services and Should Law School Clinics Conduct Them?, 67 Fordham L. Rev. 1879, 1884-88 (1999) (法的サービスに経済支援をほどこすのでなく、プロボノサービスを義務化するという方法をとることが、法的サービスのニーズを充たすための対応として最善なのかどうか、疑問を投げかけている)。

[61]　「対応能力を超える仕事にあふれ、高騰する給与を支払うためビラブル・アワーを増やすよう弁護士に圧力をかけるような、全国的な大規模事務所の多くが、極めて明確にプロボノ活動を削減し、その結果、貧困者のために仕事をするという専門職としての行動指針に全く沿わない状況に陥っている。全国トップ100の大事務所に勤務する約5万人の弁護士が、プロボノ活動に費やす時間は、1999年で1日たった8分であり……（あるいは）年間約36時間であって、1992年の年間56時間を大きく下回っている……」Greg Winter, Legal Firms Cutting

Back on Free Services to Poor, N.Y. Times, Aug. 17, 2000, at A1; see also Mark Hansen, Trickle-away Economics?, A.B.A. J., July 2000, at 20.

[62] Gary Bellow, On Teaching the Teachers: Some Preliminary Reflections on Clinical Methodology, in Clinical Education for the Law Student, supra note 6, at 374, 375.

[63] Id.

[64] See id. at 377-78.

[65] 網羅的とは言えないものの，1970年代から1985年にかけて出された初期の重要論文を列挙したリストには，下記が挙げられている。Gary Bellow & Bea Moulton, The Lawyering Process: Materials for Clinical Instruction in Advocacy (1978); David A. Binder & Susan A. Price, Legal Interviewing and Counseling: A Client-Centered Approach (1977); Clinical Education for the Law Student, supra note 6; Jane Aiken, David A. Koplow, Lisa G. Lerman, J. P. Ogilvy & Philip G. Schrag, The Learning Contract in Legal Education, 44 Md. L. Rev. 1047 (1985); Anthony G. Amsterdam, Clinical Legal Education - A 21st Century Experience, 34 J. Legal Educ. 612 (1984); John L. Barkai, A New Model for Legal Communication: Sensory Experience and Representational Systems, 29 Clev. St. L. Rev. 575 (1980); David Barnhizer, The Clinical Method of Legal Instruction: Its Theory and Implementation, 30 J. Legal Educ. 67 (1979); Frank Bloch, The Andragogical Basis of Clinical Legal Education, 35 Vand. L. Rev. 321 (1982); Edgar S. Cahn, Clinical Legal Education from a Systems Perspective, 29 Clev. St. L. Rev. 451 (1980); Robert Condlin, Clinical Education in the Seventies: An Appraisal of the Decade, 33 J. Legal Educ. 604 (1983); Robert Condlin, Socrates' New Clothes: Substituting Persuasion for Learning in Clinical Practice Instruction, 40 Md. L. Rev. 233 (1981); Peter Toll Hoffman, Clinical Course Design and the Supervisory Process, 1982 Ariz. St. L.J. 277 (1982); Kenneth R. Kreiling, Clinical Education and Lawyer Competency: The Process of Learning to Learn from Experience through Properly Structured Clinical Supervision, 40 Md. L. Rev. 284 (1981); Michael Meltsner & Philip G. Schrag, Report from a CLEPR Colony, 76 Colum L. Rev. 581 (1976); Michael Meltsner & Philip G. Schrag, Scenes from a Clinic, 127 U. Pa. L. Rev. 1 (1978); Carrie Menkel-Meadow, The Legacy of Clinical Education: Theories about Lawyering, 29 Clev. St. L. Rev. 555 (1980).

[66] See generally Kreiling, supra note 65.

[67] Peter A. Joy, Clinical Scholarship: Improving the Practice of Law, 2 Clin. L. Rev. 385, 393 (1996).

[68] Donald A. Schön, Educating the Reflective Practitioner 31-36 (1987).

[69] Future of the In-House Clinic, supra note 6, at 511. この報告は，1990年に完成し，臨床教員に広く普及した。1991年には，寄せられた意見をもとにいくつかの解説と改訂がなされ，1992年発刊版となった。See id. at 508-10.

[70] See Orison S. Marden, CLEPR: Origins and Programs, in Clinical Education for the Law Student, supra note 6, at 5.

[71] See id. at 6-8.
[72] See Richard Magat, The Ford Foundation at Work: Philanthropic Choices, Methods, and Styles 51 (1979). 後に，この本の中で，マガット（Magat）は，フォード財団がCLEPRに対し，1090万ドルを与えたと指摘している。See id. at 110 n.55.
[73] See John M. Ferren, Prefatory Remarks, 29 Clev. St. L. Rev. 351, 352 (1980).
[74] See William Pincus, Clinical Education for Law Students: Essays 415 (1980) [hereinafter Pincus, Essays]. 1968年から1970年にかけて，CLEPRは，総計約275万ドルに上る71の助成を行った。See id. at 28. 続いて出版されたCLEPR刊行物では，CLEPRが，90校以上のABA認定ロースクールに対して，1968年から1972年の間に，400万ドル余りの116の助成を実施したと報告されている。See Marden, supra note 70, at 9. フェレン（Ferren）は，1968年から1978年の間のロースクールに対するCLEPRの助成の総額は，650万ドル以上に上ると報告している。See Ferren, supra note 73, at 352. ロースクールに対する助成に加えて，CLEPRは，教育のための資料の準備，出版物，会議，一般事務などの出費のためにも支出をした。See Pincus, Essays, supra at 6.
[75] See U.S.C. 1136 (1977). 1966年高等教育法（Higher Education Act of 1966）は，「全国のロースクール学生のための，臨床法学プログラム設置・拡充を目的とした」最大年間750万ドルの資金提供の実施を目指し，1968年に，タイトルXIを含めたかたちで改定された。AALS Proceedings 8 (1970). しかしながら，実際には，1978年までは，臨床プログラムのために，いかなる予算も配分されることがなかった。See U.S. Department of Health, Education, and Welfare, Office of Education, Annual Evaluation Report (1979).
[76] See Pub.L. 96-374, 94 Stat. 1374 (Oct. 3, 1980).
[77] See U.S. Department of Education, Biennial Evaluation Report for FY95-96, Law School Clinical Experience Program (CFDA No. 84.097) (on file with authors).
[78] 連邦教育省のロースクール臨床経験プログラム（Law School Clinical Experience Program）は，公式には，1997年秋に終了した。143 Cong. Rec. S8632, S8639 (Sept. 2, 1997). 1997年秋，「AALS臨床教育セクションのインハウス・クリニックに関する委員会が収集したデータによれば，全米で147校のロースクールにおいて，現実の依頼者を扱う臨床教育が実施されていた」。Submission of the Association of American Law Schools to the Supreme Court of the State of Louisiana Concerning the Review of the Supreme Court's Student Practice Rule, 4 Clin. L. Rev. 539, 547 (1998).
[79] ABA Model Rule (1969, reprinted in Bar Admission Rules and Student Practice Rules 993-95 (Fannie J. Klein, Steven H. Leleiko & Jan H. Mavity eds., 1978).
[80] See Joan W. Kuruc & Rachel A. Brown, Student Practice Rules in the United States, 63 B. Examiner, No. 3, at 40-1 (1994).
[81] Warren E. Burger, The Special Skills of Advocacy: Are Specialized Training and Certification of Advocates Essential to Our System of Justice?, 42 Fordham L. Rev. 227, 233-34 (1973).

[82] See, e.g., Final Report of the Advisory Committee on Proposed Rules for Admission to Practice, 67 F.R.D. 161, 164, 167-68 (1975); Final Report of the Committee to Consider Standards for Admission to Practice in the Federal Courts to the Judicial Conference of the United States, 83 F.R.D. 215 (1979); Report and Recommendations of the Task Force on Lawyer Competency: The Role of the Law Schools, supra note 6, at 3-4 (Recommendation 3).
[83] See MacCrate Report, supra note 56, at 234-36, and 331-32.
[84] ABA Standards, supra note 59, Standard 302 (d).
[85] See, e.g., Herbert L. Packer & Thomas Ehrlich, New Directions in Legal Education 46 (1972) (その「費用の高額さ」を前提として，臨床法学教育に疑問を投げかけている).
[86] See Peter del Swords & Frank K. Walwer, Cost Aspects of Clinical Education, in AALS-ABA Guidelines for Clinical Legal Education, supra note 6, at 133, 139-43.
[87] See id. at 139-43.
[88] See id. at 140-68.
[89] See Future of the In-House Clinic, supra note 6, at 518-23.
[90] 回答した70のロースクール中，57校がインハウスの臨床プログラムを設置しており，13校が設置していなかった。See id. at 518.
[91] 予算（47％が回答）あるいは安定した予算（35％が回答）の不足に加えて，インハウス・クリニックをもつロースクールのうち57校が，教員への支援不足（46％）や学生への支援不足（32％），あるいは事務的支援の不足（14％）を指摘した。See id. at 522.
[92] See, e.g, Arthur B. LaFrance, Clinical Education in the Year 2010, 37 J. Legal Educ. 352 (1987). ラフランス（LaFrance）教授は，より安価な「シミュレーション，プレースメント，エクスターンシップ」が，インハウスの臨床プログラムに取って代わるだろうと予想した。Id. at 355. その未来予測の中で，ジェイムズ・モリテルノ（James Moliterno）教授は，2010年までに，「現実の依頼者を扱う臨床教育（live-client clinics）はその重要性を減退させるだろう……（そして）現実の依頼者を扱う臨床教育への公的支援は，より効果的なエクスターンシップ・プログラムへと，特に低所得者へのサービスを含むプログラムへと，その支援先を変えていくだろう。」と予想している。James E. Moliterno, On the Future of Integration Between Skills and Ethics Teaching: Clinical Legal Education in the Year 2010, 46 J. Legal Educ. 67, 70 (1996). ジョン・C・コストニス（John C. Costonis）学校長は，マクレイト・レポートの提案はコストがかかり過ぎて実現不可能であると批判する中で，「技能訓練に要する財政的需要の高まりは，授業料収入の予算によって吸収できないばかりか，多くのロースクールがより高い価値を置いている教育事項を阻害することにすらなる。」と述べている。John C. Costonis, The MacCrate Report: Of Loaves, Fishes, and the Future of American Legal Education, 43 J. Legal Educ. 157, 194 (1993). 最後に，ビヴァリー・バロス（Beverly Balos）教授は，1993年のマクレイト・レポートをテーマ

にした会議での報告の中で,「全ての発言者が——そのほとんどが学校長であったが——, マクレイト・レポート専門委員会の奨励にかかわらず, インハウスの臨床プログラムはほとんど増加することはないだろうと予想した。」と述べている。See Beverly Balos, Conferring on the MacCrate Report: A Clinical Gaze, 1 Clin. L. Rev. 349, 351-54(1994). バロス教授の報告によれば, 協議会では, 学生に「安く」経験を授けるものとして, ロースクールにおけるプロボノ活動, 法学雑誌の編集, 模擬法廷といった活動の美徳を強調する者もあれば, コストの低い非常勤教員を活用することによってより多くのシミュレーション科目をもつことができると提案する者もいたとされている。Id. at 351-52. バロス教授は, 発言者がコストにばかり目を向け, 教育目標や内容に対する配慮が不足していることに鑑みて, ロースクールが臨床プログラムの相対的な教育的効用に重きを置くことなく,「技能教育プログラムの提供内容として, シミュレーションやエクスターンシップに回帰し, 現実の依頼者を扱う臨床教育を行わないまま済ませるのではないか」と, 懸念を表明している。Id. at 354.

[93] See John R. Kramer, Who Will Pay the Piper or Leave the Check on the Table for the Other Guy, 39 J. Legal Educ. 655, 661(1989). これらの数字は, クレマー (Kramer) 論文の表Dに従い, 156の認定ロースクールから回答を得たABA年次質問票にもとづいて計算されたものである。See id. at 658-61. マクレイト・レポートは, ロースクールへの専門教育に関わる資源配分について議論する際, このデータを引用している。See MacCrate Report, supra note 56, at 249-50.

[94] MacCrate Report, supra note 56, at 249-50. 1991年から1992年にかけて実施されたインハウス・クリニックの財源に関する調査によれば, その68.4％がロースクールあるいは大学の予算から支出されており (ハード・マネー〔hard money〕), 8.6％がタイトルIXプログラムから, 3.4％が法律扶助機構から, 2.7％が弁護士報酬から, 2.3％が州が運営する法律家信用取引利息 (IOLTA〔Interest on Lawyer Trust Accounts〕) プログラムから, 8 ％がその他の助成から, 3.8％が他のロースクール以外の団体から, 0.8％が卒業生の寄付金の割り当てから支出されている。Id. at 250.

[95] Mark V. Tushnet, Scenes from the Metropolitan Underground: A Critical Perspective on the Status of Clinical Education, 52 Geo. Wash. L. Rev. 272, 273(1984).

[96] See MacCrate Report, supra note 56, at 254 n.36. インハウス・クリニックの将来に関する特別委員会が収集したデータによれば, これとほぼ同時期にロースクールを修了した者の約30％がインハウス・クリニックを履修している。See Marjorie Anne McDiarmid, What's Going on Down There in the Basement: In-House Clinics Expand their Beachhead, 35 N.Y.L. Sch. L. Rev. 239, 280-81(1990). マクダイアミド (McDiarmid) 教授は, インハウス・クリニックの将来に関する委員会のデータ収集小委員会 (Data Collection Subcommittee of the Committee on the Future of the In-House Clinic) の議長を務めた。

[97] See MacCrate Report, supra note 56, at 254 n.6.
[98] MacCrate Report, supra note 56, at 254 n.36.

[99] See Kramer, supra note 93, at 661, Table D.
[100] Id. 他の予算項目としては，調査に2760万ドル，学生支援に8700万ドル，雑支出（旅費，電話代，日用品，学生活動など）に１億2400万ドル，その他分類不能費目に3050万ドルとなっている。Id.
[101] See MacCrate Report, supra note 56, at 241.
[102] デビッド・バーンハイザー（David Barnhizer）教授は，現行の法学図書館の造りが「エレクトロニクス世代にとっては，本質的に過剰装備である」として，限られた数の「スーパー図書館（superlibraries）」をつくるべきだと提案した。David Barnhizer, Of Rat Time and Terminators, 45 J. Legal Educ. 49, 57 (1995). バーンハイザーは，ロースクール予算は5～10%の節約が可能であり，それによって，技能と価値の教育に利用できる資金を拡充することができると指摘している。See id.
[103] 広い視野から費用対効果を分析することは，以前から推奨されていた。See, e.g., Balos, supra note 92, at 352（「費用に関する議論は，もっと柔軟にして視野を広げるべきであり，カリキュラム全体を見渡し，現行の資源配分の実態を分析できるようにするべき……私は，これまで，例えば担当教授の個人的な学問的関心を追及することを目的とした小規模の授業や，担当教授の関心分野を題材とするも，学生がほとんど見向きもしないような非臨床教育授業を視野に入れた，コスト問題をめぐる議論にお目にかかったことがない」）。See also Peter A. Joy, The MacCrate Report: Moving Toward the Integrated Learning Experiences, 1 Clin. L. Rev. 401, 404 (1994)（「現実の依頼者を扱う臨床教育（real-client clinical education）に対するコスト面の批判は，その内実を見ると，大抵の場合近視眼的であることが分かる。セミナー授業や，法調査の指導，論文を必須とする上級クラスのコストや，コンピュータ時代にあって大変な蔵書を抱えるロースクールの図書館を維持する費用の高さについては，批判の埒外に置かれることが多い。そして，こうしたプログラムを実質的に評価するためには，各プログラムがその費用に照らしどの程度の効用を期待できるものかを検討する必要がある。」）。
[104] 1960年代まで広くロースクールに普及していた旧来のスタイルを維持することなく，ロースクールは，常勤教員の規模を拡大し，教育と研究に多くの時間を捧げる教員達を惹きつけとどめるために高サラリーを提示し，教育の負担を軽くする試みをし，多くの科目で担当上限制を認め，１年生向けの小規模グループの授業を設置したり平均学生数8～16人の小規模セミナークラスを増設することで，ロースクール教員のほとんどが少なくとも１つの小規模セミナーを毎年担当することを可能にし，非常勤教員の数に制限を設けたり，非常勤教員を１年生向け授業や他の「コア」科目から排除するなどした。こうした変化に加えて，多くのロースクールが（コンピュータ・ラボや高価なオーディオ・ビジュアル設備といった）テクノロジーを導入し，優秀な学生を惹きつけるために奨学資金を拡充し，ロースクール学生達の夏休みや卒業前の就職活動を支援するキャリア・サービス・オフィスを拡充する出費の増大を容認した。このよう

なコストを高騰させる各種の変化は，おそらく，法学教育の質を後退させるどころか向上させることになったであろう。

[105] ここで示す数字は，筆者が，この3年間に勤務した5つのロースクールでの典型的な非常勤教員の報酬や給与にもとづいて見積もったものである。他のロースクール教員との対話によれば，こうした数字は標準的のようであった。

[106] Society of American Law Schools（以下，「SALT」という）による1998年から99年の給与調査（salary survey）によれば，常勤のロースクール教授の平均的な給与と福利厚生費は，大体12万5000ドルであった。全米の92のロースクールの学校長がこの調査に回答し，うち49のロースクールの常勤教授の平均的給与が10万ドル以上，福利厚生が平均してその25％にのぼった。22のロースクールが常勤教授の平均給与は9万以上10万ドル未満と答え，16のロースクールが8万以上9万ドル未満，2つのロースクールが7万以上8万ドル未満，1つのロースクールが6万以上7万ドル未満と答えている。See 1997-99 SALT Salary Survey, The Salt Equalizer（March 1999）．

[107] もちろん，全ての科目が非常勤か常勤の教授によって教えられているわけではない。科目によっては，常勤教授より高い給与をもらっている学校長が担当している場合も，常勤教授より給与が低い準教授（associate professor）や助教授（assistant professors）が担当している場合もある。学校長の平均給与に関するデータはないが，準教授や助教授の平均給与に関するSALTのデータが存在する。準教授について言えば，1998年度の平均給与は約7万ドルであり，助教授の平均給与は約8万ドルである。福利厚生については，平均的にはその25％とされている。See id.

[108] ABA基準によれば，1年目の学生を迎えるため，ロースクールは，少なくとも「6人の常勤教員と1人の学校長と，常勤の図書館長」を必要とする。supra note 59, Standard 402. 同基準によれば，「常勤教員は，フルタイムの履修過程の1年目で，学生達に対し，実質的な教育の全て……あるいは全教育内容の中核部分を授けるべきである。」とされている。Id., Standard 403. 学生・教員比率というものも，ロースクールが認定基準に従っているかどうかを判断する材料として利用されている。比率が20対1あるいはそれを下回れば，同基準の適合が推定され……それが，30対1あるいはそれ以上になった場合，そのロースクールには同基準違反が推定される。Id., Interpretation 402-2. この学生・教員比率を計算するため，非常勤教員の数は，常勤教員の20％を越えてはならないことになっている。See id., Interpretation 402-1. その結果，ロースクールは，教育の中核部分を非常勤教員に頼ることができなくなっている。

[109] 「理想的な比率は，臨床教育の目標，臨床教員の指導を不要とする要素，学生が取得する単位数，そしてクリニックが扱う事件のタイプに左右される」。Future of the In-House Clinic, supra note 6, at 552. インハウス・クリニックの将来に関する委員会（the Committee on the Future of the In-House Clinic）は，「それも，臨床教員が1セミナーで4単位を取得する学生達の指導のためその全精力をそそいでいるということが前提であり，臨床教員がそれ以上の負担を負う

としたら，学生10人につき教員は1人では足りない」としながら，学生・教員比率を10対1以下とすべきと勧告している。Id. at 510. 同委員会は，「教員・学生比率が高いほど，好ましい比率であると言えよう……教員・学生比率が1対8であれば，それは，1対10より高比率ということになる……」。Id. at 510 n.4. マクレイト特別委員会の収集したデータによれば，現実の依頼者を扱うインハウス・クリニック（real-client in-house clinical programs）については，「8人の学生に対し1人の常勤教員というのが，平均的な比率である」。MacCrate Report, supra note 56, at 250.

[110] しかしながら，上級学位の取得や奨学金制度を伴わない研究員制度（fellowships）でさえも，研究員に永続的臨床教員の身分を獲得させることを目指して，彼らの市場価値を高める経験を提供している。現在，これについて調査をしている者がいないため，研究員制度の志願者達が，臨床教育研究員制度によってどの程度彼らのキャリア・ゴールを向上させたかを理解するためには，更なる調査が必須である。

[111] E-mail posted to lawclinic@lawlib.wuacc.edu by Scott Hughes, University of Alabama, Sept. 3, 1997 (on file with authors).

[112] Wallce J. Mlyniec, The Intersection of Three Visions - Ken Pye, Bill Pincus, and Bill Greenhalgh - and the Development of Teaching Fellowships, 64 Tenn. L. Rev. 963, 984 (1997).

[113] シアトル大学ロースクール（Seattle University School of Law）は，1990年代の初期，従前のシミュレーション技能科目，インハウスやエクスターンシップのみならず，上級生用の関連実定法科目に，1単位取得の現実の依頼者を扱う授業を付加した際に，この方法を採用した。See generally John B. Mitchell, Betsy R. Hollingsworth, Patricia Clark & Raven Lidman, And Then Suddenly Seattle University Was on its Way to a Parallel, Integrative Curriculum, 2 Clin. L. Rev. 1 (1995). シアトル大学ロースクールの臨床教室モデルに関する詳細な説明については，see infra note 180 and accompanying text.

[114] See Barnhizer, supra note 102, at 56-58.

[115] 2000年5月6日から9日開催の，ニューメキシコ州アルバカーキにおけるAALSの臨床法学教育に関する合同会議（a concurrent session at the AALS Conference on Clinical Legal Education in Albuquerque, New Mexico, May 6-9, 2000）は「臨床教育は必修とすべきか（Should Clinics be Required?）」と題され，40以上のロースクールから約50名の教員が参加した。ニューメキシコ（New Mexico）や，メリーランド大学（University of Maryland），バルティモア大学（University of Baltimore），ニューヨーク市立大学（CUNY）といったわずかなロースクールが，少なくとも1単位の臨床科目を必修としていると報告した。ワシントン大学セントルイス（Washington University-St. Louis）やイエールを始めとするより多くのロースクールが，少なくとも1つの臨床科目を学生達に提供することを約束していた。その他の多くのロースクールが，自分のロースクールには，臨床科目の提供を正式に約束する規定はないとし，しかし，自分

達の臨床教育プログラムは，ロースクールの学生の需要を充たすに十分であると述べた。Notes from 2000 AALS Conference（on file with authors）．

[116] See, e.g., LaFrance, supra note 92, at 355（学外の経済支援の不足やテニュアでない臨床教員層の脆弱さから，現実の依頼者を扱うインハウス・クリニック〔in-house, live-client clinics〕は，左程の過重労働を伴わない〔less labor-intensive〕エクスターンシップ，プレースメント，シミュレーション科目にとって代わられるだろうと，予測している）。Moliterno, supra note 92, at 77–78（2010年までには，インハウス・クリニックは臨床科目のわずか10％となり，90％がシミュレーションを組み合わせたエクスターンシップとなるだろうと予測している）．

[117] 臨床法学教育のデータベースは，インターネットによって，http://www2.wcl.american.edu/clinic/に保管されている。このデータ収集のために使われた書式も，このサイトで入手可能である。デビッド・チャブキン（David Chavkin）教授によりこのデータベースがつくられる前は，AALSの臨床法学教育セクション（Section on Clinical Legal Education）が，臨床プログラム要覧を編纂しており，最初は，ピーター・ジョイによって1993年から1995年版が編集され，1995年から1996年版についてはデビッド・チャブキンが編集を担当した。

[118] See e-mail from David Chavkin to Peter Joy（Sept. 23, 1999）[hereinafter "Chavkin e-mail"]（on file with authors）．

[119] See id.

[120] See Report of the Committee on the In House Clinic, supra note 6, at 518.

[121] See Chavkin e-mail, supra note 118.

[122] See id. 本文中のデータ・バランスも，同資料をもとにしている。

[123] ここでの平均年数は，中間（mean）あるいは平均値（average value）によるものである。常勤教員経験年数の中央値（the median, or middle value）（その上と下が同数である値）は，テニュアあるいはテニュア・トラックで13年，臨床テニュア，テニュア・トラックで9年半，長期契約教員で8年，短期契約教員で1年半となっている。See id.

[124] ここでのロースクール外の平均経験年数は，データの中間値によるものである。各種教員のロースクール外の経験年数の中央値は，テニュアあるいはテニュア・トラックで23年，臨床テニュア，テニュア・トラックで23年，長期契約教員で20年，短期契約教員で14年となっている。See id.

[125] See Amsterdam, supra note 65, at 618.

[126] 「もはや，ケースブック・メソッドを使うロースクール教員同士を結びつけるものは，それが生み出す科学的な教義の数々ではなく，『ソクラテス的問答（Socratic dialogue）』というプロセスが（たとえ，それが今や何らか歪められたものになっていたとしても），法律家固有の思考方法を養成するということに対する信頼であると言える。」Carrie Menkel-Meadow, Narrowing the Gap by Narrowing the Field: What's Missing From the MacCrate Report-Of Skills, Legal Science and Being a Human Being, 69 Wash. L. Rev. 593, 600（1994）．ジャニー

ン・カーパー（Janeen Kerper）教授は，「法律家のごとく思考する（thinking like a lawyer）」とのコンセプトは，学生達を，法理論の支配する裁判所がなすべきことにのみ関心を向けさせ，問題が発生する事実関係やそれが解決されるべき方法を無視することを教えるものになる，と指摘している。カーパーは，ロースクールの1年生に法律家の思考方法を教えるのであれば，法律家が現にどうやって思考しあるいはどう思考するべきかという質問に誰かが答えてやらねばならない，と主張する。上級審の裁判官のように思考するということは，その答えにはならないのだ。See Janeen Kerper, Creative Problem Solving vs. The Casebook Method: A Marvelous Adventure in Which Winnie-the-Pooh Meets Mrs. Palsgraf, 34 Cal. W. L. Rev. 351, 358-59 (1998).

ウィリアム・レンキスト（William Rehnquist）連邦最高裁首席裁判官は，ロースクールが，学生が以後遭遇するあらゆる分野を教えることは不可能であるが，分析的な思考を教授することは，学生達に実定法の多様性や変化にうまく対処する資質を涵養することになると指摘している。See William H. Rehnquist, Remarks Made at Temple University School of Law Centennial and Convocation, Philadelphia, Pennsylvania, April 2, 1996, 69 Temp. L. Rev. 645, 651-53 (1996). レンキストは，ロースクールが，これまで意義ある法曹教育の要件を錯覚していたことに気付いた結果，科目の「専門化が，以前より格段に流行するようになった」と指摘している。Id. at 651.

[127] リチャード・ニューマン（Richard Neumann）教授は，以下のように述べている。

能力ある法律家は，法律を実践するのではない。彼らは，数ある専門的道具の1つである法律を利用して，問題を解決するのである。「法律家のごとく思考する」とは，「専門職のごとく問題解決する」ことと同義ではない。「法律家のごとく思考する」とは，法理論好きの教員が，原典解釈の技術や，誇張された批判手法を駆使する際に使う標語に過ぎない。

Richard K. Neumann, Jr., Donald Schön, The Reflective Practitioner, and the Comparative Failures of Legal Education, 6 Clin. L. Rev. 401, 404 (2000).

[128] See Lawrence S. Krieger, What We're Not Telling Law Students - and Lawyers - That They Really Need to Know: Some Thoughts-In-Action Toward Revitalizing the Profession From Its Roots, 13 J.L. & Health 1, 4 (1998-1999).「ロースクールにおける勉強は，在学中の学生達に苦痛をもたらし，法律家に対する否定的な認識や，法律家の行動様式に関する単純な理解——法律家という人種は，ストレスの多い，どちらかと言えば不幸な人達だという理解——を追認するものとなった。」。Id.

[129] See Kerper, supra note 126, at 371（「教義対その他技能（doctrine-versus-other-skills），という図式で二分化されることは，法律家が適切に実務をこなすときに見られる総合的能力の形成を損なうものである」と指摘している。）.

[130] ハリー・T・エドワーズ（Harry T. Edwards）裁判官は，学界は，自らを見当違いの方向に理論づけしてしまっているとし，教義（doctrine）教育と研究とい

う基本に戻るべきである，と説く。See Harry T. Edwards, The Growing Disjunction Between Legal Education and the Legal Profession, 91 Mich. L. Rev. 34 (1992)（教義を活用する能力〔the capacity to use doctrine〕の養成をおろそかにすることにより，法学教育にもたらされる損失について論じている）。エドワーズ裁判官は，理論（theory）を過剰に詰め込んだ上，法教義（legal doctrine）をおろそかにしてきたことによって法学教育が後退したと，多くの論者が認識していると指摘している。See id. at 34 n.2, 41 nn.13-14. ポール・レインゴールド（Paul Reingold）は，法教義も理論も共に重要であり，臨床プログラムは，これらそれぞれが，あるいはそれ以上のものが実務上必要とされる事実関係に焦点をあてることで，これらにバランスをもたらすと論じている。See Paul D. Reingold, Harry Edwards Nostalgia, 91 Mich. L. Rev. 1998, 1999 n.3 (1993)（エドワーズ裁判官に対する批判）。 See also Barbara Bennett Woodhouse, Mad Midwifery: Bringing Theory, Doctrine, and Practice to Life, 91 Mich. L. Rev. 1977 (1993)（やはりエドワーズ裁判官を批判し，臨床的状況が設定されれば教義と理論は共存できると指摘している）。レインゴールド教授は臨床科目を教え，ウッドハウス（Woodhouse）教授はシミュレーション授業による臨床的手法の活用について述べている。See also Menkel-Meadow, supra note 126（マクレイト・レポートは，現行の教義的アプローチ〔doctrinal approach〕に限定した技能訓練の基準を設定したに過ぎないと批判し，法実務の人間的側面に対する広い視点——それは，これまでの技能あるいは法原理アプローチで無視されてきたものであろう——をもつべきと主張している。）。

[131] See Neumann, supra note 127, at 426.
[132] Amsterdam, supra note 65, at 612.
[133] ウッドハウス教授は，以下のように述べている。「法学教育と法曹実務の乖離という病理現象は，過剰な理論教育（too much theory）や教義・実務教育の不足（too little doctrine and practice）に起因したものではなく，複雑で相互につながり合う現代社会に必然的な，相互作用というものに対する関心の欠如によるものである。」。Woodhouse, supra note 130, at 1997.
[134] 法律に対してこのようにアプローチする姿勢は，格闘家の反射神経を養うがごとく，これを柔軟なものとするため，全教育過程を通じて教えられるべきである。
[135] Amsterdam, supra note 65, at 612-13.
[136] See generally David A. Binder & Susan C. Price, Legal Interviewing and Counseling: A Client-Centered Approach (1977).
[137] Menkel-Meadow, supra note 126, at 616.
[138] そればかりか，学生達には，いずれかの段階で，コンフリクトの判断（conflict checks），弁護士費用（retainers），ティクラー・システム（tickler systems），依頼者預り金（maintaining client accounts），記録管理（files），守秘義務（confidentiality）といった，法律事務所運営に欠かせないルールの意味を考える機会が与えられなければならない。実務家となるにあたり，学生達は，事務所運

営という側面と、法実務のその他の側面との関係を理解しておく必要がある。

[139] See, e.g., Woodhouse, supra note 130, Reingold, supra note 130, and Kerper, supra note 126（ケースブック・メソッドに依存する標準的手法の限界を指摘し、それに代わる手段を推奨している）。See also Jennifer L. Rosato, All I Ever Needed to Know About Teaching Law School I Learned Teaching Kindergarten: Introducing Gaming Techniques into the Law School Classroom, 45 J. Legal Educ. 568 (1995)（ゲームの活用は、教育方法を多様化し、専門職の技能や価値を、より迅速により深く理解することを可能にすると論じている）。

[140]「なぜなら、ロースクールの教授の大多数が、これまで一度も実務を経験したことがないか、あるいはほんの短期間、大事務所で依頼者と最小限に接触するような実務を経験したに過ぎず、個人と個人の関係に関わる法実務に精通し、あるいは関心のある教授はほんの少数に過ぎないからである。」Rodney J. Uphoff, James J. Clark & Edward C. Monahan, Preparing the New Law Graduate to Practice Law: A View From the Trenches, 65 U. Cin. L. Rev. 381, 397 (1997).「学生達のほとんどがその後の人生を実務家として生きるにもかかわらず、（あらゆる修士課程の中で）ロースクールだけが、その第一次的な関心を理論に向け続ける教授達を雇用している。」。Reingold, supra note 130, at 2001.「現代のエリート養成機関では、教育方法を研究する時間が、教員達のプロボノ活動——つまり、職務外のものであって、愛情にもとづいて行われる作業——という位置付けをされる傾向が顕著になっており、それが克服し難い制度的阻害要因となっている。」Woodhouse, supra note 130, at 1993.

[141] 最近ロースクールを修了した修了生の話によると、彼らは、在学中の3年間、「ここは職業学校ではないのだから、我々は、あなた達に法律家になるための教育を授けるわけではない。我々は、あなた達に理論を授け、理論的に思考する方法を教える。あなた達が弁護士になりたいのであれば、そういうことは見習いの間に学ぶものであり、ここを出てからやることなのだ。」と聞かされ続けた、とのことである。Uphoff et al., supra note 140, at 392（理論と実務のギャップ〔gap between theory and practice〕に関する研究の一部として筆者が実施した、ケンタッキー公設弁護人新人弁護士訓練プログラムでの調査に協力した新人弁護士の言葉を引用している。）。See also id. 381 n.3, ここでは、法学界が実務を無視した態度をとり続け、専門職教育を怠ってきたことを指摘するいくつかの論文が紹介されている。See also Edwards, supra note 130, at 69.

[142] 1972年カーネギー委員会報告（Carnegie Commission Report in 1972）、1971年AALSカリントン報告（Carrington Report for the AALS in 1971）、そして、1979年クランプトン報告（Crampton Report in 1979）は、アメリカの法学教育が提供しているのは、せいぜい2年制プログラムと言うべきものであり、3年次のカリキュラムには法律家としての能力を向上させるものは何ら見受けられない、と結論づけた。See LaFrance, supra note 92, at 359-60.

[143] マクレイト・レポートは、ロースクールに対し、修了生を司法試験に合格させる以上のことをすべきとたしなめている。同レポート中に挙げられた法実務能

力（lawyering competencies）のリストは余りに有名であるが，学界からは長らく無視され続けてきた。このリストは，これを不完全と批判する論者がいるものの，現在まで法学教育者の指針と賞賛され続けている。See MacCrate Report, supra note 56, at 261-62.

[144] ハリー・T・エドワーズ裁判官は，雄弁かつ頻繁に，法学教育を告発している。ロースクールが，実務家養成のための研究・教育というその中核的使命から目を背け続けるとしたら，法学教育と法実務との間の乖離は深まり続け，これにより法曹界が損害を被ることになる，というのが彼の考えである。See Edwards, supra note 130; Harry T. Edwards, The Growing Disjunction Between Legal Education and the Profession: A Postscript, 91 Mich. L. Rev. 2191 (1993)（エドワーズ裁判官の前掲論文に多大な関心が寄せられた結果編集された論集への寄稿である）Harry T. Edwards, Another "Postscript" to "The Growing Disjunction Between Legal Education and the Profession," 69 Wash. L. Rev. 561 (1994); Harry T. Edwards, A New Vision for the Legal Profession, 72 N.Y.U. L. Rev. 567 (1997).

[145] See Andrew J. Rothman, Preparing Law School Graduates for Practice: A Blueprint for Professional Education Following the Medical Profession Example, 51 Rutgers L. Rev. 875, 879 (1999)（ロースクールのカリキュラムに対する批判について論じている）．

[146] See Lori Tripoli, Filling Law Firm Needs... Second-Drawer Schools Create Topnotch Litigation Training, 12:4 Inside Litig. 1 (1998)（経験的学習を重視する質の高い法律事務所に言及し，ロースクールの技能訓練や臨床プログラムを紹介している）．

[147] もしそれが事実でないとすれば，ロースクールの認証機関であるABAが，もっと積極的に変化を求めなかった理由を説明できない。何にせよ，ABAの法学教育法曹資格付与部会の評議会（Council of the Section of Legal Education and Admissions to the Bar）は，学界に支配されている。評議会は，ほんの最近になって，ロースクールの適格認定基準と評価において終局的な権限をもつようになった。1999年以前は，ABAの代議員会（ABA House of Delegates）が，適格認定とその基準に関する最終的な権限を維持していた。ABAの（認定）基準検討会（ABA Standards Review）や適格認定委員会（Accreditation Committees）も，認定基準やロースクールの適格認定の発展に寄与する役割を積極的に演じてはいるものの，その調査結果や助言は，評議会の議決対象となっている。このように，法曹界と学界とは強固に結びついているが，ロースクールに対する批判を意識した基準づくりには，これまでほとんど力が尽くされてこなかったというのが実情である。

[148] See ABA Standards, supra note 59, at Standard 301 (a) and accompanying text. ビヴァリー・モラン（Beverly Moran）教授は，法実務に必要な多様な技能が日々発展しているにもかかわらず，司法試験が実定法に重点を置いていることにふれ，「司法試験によって，学生達は臨床技能ではなく試験科目の修得に時間を割くようになり，法実務に向けた準備は不十分なものとなっている。」と結論

づけている。Beverly Moran, The Wisconsin Diploma Privilege: Try It, You'll Like It, 2000 Wis. L. Rev. 645, 651 (2000)（ロースクールの修了特権を否定する動きのある各州については、これを再検討すべきであるとし、州によっては、マイノリティの出願者に一貫性のない影響を及ぼし、かつ、1）資質の高い法曹を確実に輩出し、2）法実務に必要な技能を十分備えない者を選別し、3）勤勉な学生集団を形成するという目標を達していない司法試験を、改革すべきと指摘している。）。

[149] ABA基準301は、1997年に改定されている。それ以前は、ロースクールが、法曹資格を取得し法曹実務に参画する資質を授けるために策定された教育プログラムを提供していれば、同基準はクリアされるものとされていた。同基準の文言は、「単に教育プログラムがどう策定されたかではなく、その効用を重視する（focus on the results of an educational program rather than merely its design）」ものに改定されている。Final Commentary on Changes in Chapters Three and Four of the Standards for Approval of Law Schools, 1998-1999, Syllabus, ABA Sec. of Legal Education and Admissions to the Bar, Vol. XXX, No. 3 (Summer 1999), at 8. そればかりでなく、基準302(a)(1)と302(a)(2)は、「教育プログラムの効用（the results of an educational program.）」を重視せんがため、「コア・カリキュラムという曖昧なコンセプト（the vague concept of the core curriculum）」に関する個所を削除した上統合されている。Id. これによって、ABAが何を訴えようとしているのかは、明らかでない。ABAは、アメリカロースクール学校長協会（ALDA〔American Law Deans Association〕）による、「現実の依頼者を扱い、あるいはそれ以外の方法で現実の実務経験を手がける」ことを求めた基準302(d)を削除すべきとの意見に従うことはしなかったが、同時に、全てのロースクール学生にこうした機会を提供することを求めることもしなかった——そうしなかった理由は、おそらく、それが経済的負担を強いるものとなるからである。Id. at 8-9. 既にPart I (B)で述べたように、こうしたプログラムを全学生に提供可能にすることは、最優先事項と言える。その教育的使命を達成するために、こうしたプログラムが必須ということになれば、ロースクールはその目的を遂げるため、カリキュラムや経営のあり方を見直す決断をすることになろう。

[150] 近年、マルティステイト・パフォーマンス・テスト（MPT〔Multistate Performance Test〕）を通じて、司法試験で実務的な問題を出す動きが見られる。MPTは、現在24の州で採用されている。インディアナとミネソタは2001年2月に、ニューヨーク、オハイオ、ペンシルヴァニアは2001年7月から、MPTを採用する予定である。デラウェアでは、MPT採用を検討中であり、アイダホでは、裁判所の承認を得ているところである。このMPTは、多様な実務的場面において、受験生がどのように法実務技能を駆使するかをみるものである。受験生のどのレベルの能力を試し、MPTにどのくらいの配点をするかということについては、各州がその決定権を有している。See National Conference of Bar Examiners, The MPT (last modified June 16, 2000), http://www.ncbex.org/Tests/mpt.htm. このようにMPTの利用は拡充しているものの、他の司法試験問題か

ら区別可能な実務的問題はなおわずかである。See id.
[151] See Mary Jo Eyster, Designing and Teaching the Large Externship Clinic, 5 Clin. L. Rev. 347, 348-52 (1999)（エクスターンシップの役割を論じ，これをインハウス・クリニックと区別している）．See also Nira Hativa, Teaching Large Law Classes Well: An Outsider's View, 50 J. Legal Educ. 95 (2000)（数学教育の博士であり，テルアビブやスタンフォード・ロースクールの教育を見てきた筆者は，ロースクールの，特に大教室での授業は，明瞭で組織化されたものとなるよう配慮し，学生をシミュレーションやロールプレイ，問題解決作業に従事させ，教室に積極的な雰囲気をつくることによって，有益なものとなると述べている）．
[152] See supra notes 63-69 and accompanying text（問題解決型の教育を実施するものとして，臨床的手法を解説している）．
[153] See Thomas Armstrong, Multiple Intelligences In the Classroom 2-3 (1994). アームストロング（Armstrong）は，ハワード・ガードナー（Howard Gardner）の掲げる7つの知力（seven intelligences）に言及している。即ち，言語能力（linguistic intelligence）（「口頭あるいは文書において，言葉を効果的に駆使する能力」），論理・数学的能力（logical-mathematical intelligence）（「数字を効果的に使う能力」），空間的能力（spatial intelligence）（「視覚・空間的な世界を正確に認知し，その認識にもとづいて変換する能力」），運動感覚的能力（bodily-kinesthetic intelligence）（「アイディアや感覚を表現するに際して体全体を使う能力」），音楽的能力（musical intelligence）（「音楽的様式を知覚し，識別し，変換し，表現する能力」），人間関係能力（interpersonal intelligence）（「自分以外の人間の気分や，意志，動機や感覚といったものを知覚し，識別する能力」），そして内面的な能力（intrapersonal intelligence）（「知識にもとづいて，的確に行動する自覚と能力」）である。アームストロングは，ベンジャミン・S・ブルーム（Benjamin S. Bloom）の「分類法（Taxonomy）」についても論じている。ブルームの分類では，6つのレベルの教育目標があるとされている。知識（knowledge），理解力（comprehension），応用力（application），分析力（analysis），統合力（synthesis），評価力（evaluation）である。「この6つのレベルの複合こそが，この40年もの間，教育者がその教育によって学生の思考能力を刺激し高めているかどうかを確認する尺度として使われてきたのである。」Id. at 153-56.
[154] Mitchell et al., supra note 113, at 21.
[155] See Woodhouse, supra note 130, at 1981-86. ウッドハウス教授の論文では，彼女が担当した「子どもと親，そして国家（Child, Parent and State）」という授業の中で，シミュレーションやロールプレイ，裁判官・弁護士・他の専門職からコメントをもらうなどして，理論，教義，実務の融合（the confluence of theory, doctrine and practice）を成功させたと紹介されており，これを，他の科目でも応用可能な1つのモデルとして推奨している。ウッドハウスは，経験的な学習方法を活用するその他のロースクール教員を何人か紹介している。See id. at

1982 n.18.

[156] See id. この他にも、一定の状況設定の中で学生の関心を涵養するものとして、民事訴訟の授業において、弁論記録（pleading compilations）やジョナサン・ハー（Jonathan Harr）の A Civil Action (1995)（ジョナサン・ハー〔雨沢泰訳〕『シビル・アクション——ある水道汚染訴訟（上）（下）』（新潮文庫、2000年。以下、『シビル・アクション』という）で紹介された訴訟にもとづいて作られた教育手引、これとセットになったビデオを活用した例が挙げられている。See Lewis A. Grossman and Robert G. Vaughn, A Documentary Companion to a Civil Action (1999)（民事訴訟の他の教材を活用するための補充的な記録や手引きを掲載している）; William Glaberson, Best-Seller Account of a Lawsuit Spurs Law School Change, N.Y. Times, December 26, 1998, at A1（50以上ものロースクールにおいて、『シビル・アクション』が民事訴訟の授業で必読書となっていることにふれている）; Kevin E. Mohr, Legal Ethics and a Civil Action, 23 Seattle U. L. Rev. 283 (1999)（『シビル・アクション』が提示する倫理問題が考察されている）. See also Gerald M. Stern, The Buffalo Creek Disaster (1977)（『シビル・アクション』と同様、民事訴訟の教授達の教育ツールとして利用された）; Elizabeth M. Schneider, Violence Against Women and Legal Education: An Essay for Mary Joe Frug, 26 New Eng. L. Rev. 843, 846 (1992)（1年目の民事訴訟科目の中で、The Buffalo Creek Disaster を題材としたシミュレーション型授業が行われたと紹介されている）.

[157] See C. John Cicero, The Classroom as Shop Floor: Images of Work and the Study of Labor Law, 20 Vt. L. Rev. 117 (1995)（労働法を教えるにあたって筆者が利用するシミュレーション、ロールプレイ、問題、議論を紹介している）.

[158] シセロ（Cicero）教授は、「労働者・雇用者間と学生・ロースクール間の、本質的な類似関係」を明らかにし、学生達が、取り扱うテーマをより身近に感じられるような機会を提供している。See id. at 120. See also Part II supra.

[159] 第一次的に問題解決型のアプローチを採る専門職責任の教材として、Nathan M. Crystal, Professional Responsibility: Problems of Practice and the Profession (2nd ed. 2000); Stephen Gillers, Regulation of Lawyers: Problems of Law and Ethics (5th ed. 1998); Thomas D. Morgan & Ronald D. Rotunda, Problems and Materials on Professional Responsibility (7th ed. 2000); Mortimer D. Schwartz et al., Problems in Legal Ethics (4th ed. 1997); Richard A. Zitrin & Carol M. Langford, Legal Ethics in the Practice of Law (1995).

[160] See e.g., http://www.law.columbia.edu/clinics（「コロンビア（Columbia）ロースクールに多くある臨床プログラムは、それぞれ異なる利益に資するものではあるが、同時に共通の目標をもっている……」コロンビアは、子ども代理活動クリニック（a Child Advocacy Clinic）、住宅問題クリニック（Fair Housing Clinic）、収監者と家族のクリニック（Prisoners and Families Clinic）、法律と芸術の臨床セミナー（Clinical Seminar in Law and the Arts）、調停クリニック（Mediation Clinic）、NPOクリニック（Nonprofit Organizations Clinic）、人権問題クリニック

（Human Rights Clinic）などを提供している）; http://www.law.nyu.edu/clinicsexperience/index.html（「NYUは，その規模においても多様性においても，全国でも最高位の臨床プログラムを擁している。臨床研究に従事することを望む学生達は，公民権（civil rights）や刑事弁護（criminal defense work）といった分野ばかりでなく，人権（human rights work）や行政訴訟（government litigation），刑事訴追（criminal prosecution），公的団体や私企業での活動（corporate work in both public and private sectors），一般民事訴訟（general civil litigation），低所得者法（poverty law），家族法（family law），少年の権利（juvenile rights），環境法（environmental law），そして国際環境法（international environmental law）といった，実にバラエティに富んだ各分野から選択をすることができる。」）; http://www.law.nwu.edu/depts/clinic（「ノースウェスタン・ロースクールは，全国でも，極めてレベルの高い多様な臨床プログラムを提供している」）; http://www.yale.edu/lawweb/lawschool/clinfp.htm（イエール・ロースクールは，親と子どもの代理活動（Advocacy for Parents and Children），障害者の代理活動（Advocacy for People with Disabilities），地域法律扶助（Community Legal Services），住宅と地域開発（Housing and Community Development），移民（Immigration），不動産賃貸借（Landlord/ Tenant），法的支援（Legal Assistance），刑務所問題（Prisons）といった，多くの臨床プロジェクトを提供している。）。

[161] メリーランド法律扶助機構諮問委員会（Advisory Council to the Maryland Legal Services Corporation）の報告に応えて，メリーランド・ロースクールは，法律家は恵まれない人達の代理活動をする使命を負い，ロースクールはこうした使命の価値を学生に教える役割を担うものであることを認め，こうした役割を全うするには，上級年次の選択制の臨床授業では不十分であることに同意した。See Barbara L. Bezdek, "Legal Theory and Practice" Development at the University of Maryland: One Teacher's Experience in Programmatic Context, 42 Wash. U. J. Urb. & Contemp. L. 127, 128（1992）.

[162] Telephone conversation with Professor Sherrilyn A. Iffill, University of Maryland School of Law（October 4, 1999）.

[163] Id. イフィル（Iffill）教授の上級法廷活動の授業を2年次あるいは3年次に履修する学生達は，メリーランド州学生実務規則の要件を充たす限り，自ら法廷に立つことになる。Id.

[164] Id.

[165] Id. 6単位の1年次LTPコースを選択した学生達は，そのうち5単位分を授業により消化し，残る1単位分を依頼者代理活動に費やす。後者では，毎週8～12時間を代理人としての活動にあてる。成績評価は，その50％が試験により，40％が実務の内容により，そして残りの10％が模擬法廷演習によってなされる。Id.

[166] 10～15人の学生を擁するLTPコースを教えることは，セミナー授業をフルに担当することに等しい負担となるため，メリーランドは，入学してくる学生達全員にLPTコースを提供した場合，教員が多大なストレスを抱えることになると

判断した。こうしたことは，LTPを必修とすることへの学生側の反対とあいまって，本文に述べたようなカリキュラムの変容をもたらすこととなった。このように，当初掲げていた目標から後退したことによって，学校組織としての人的資源や力の注ぎ方という点でも，また，学生の思惑という点でも，幅広い教育手法へ移行することがいかに難しいかを強調する結果となった。See Barbara Bezdek, Power, Pedagogy, & Praxis: Moving the Classroom to Action, Loy. L.A. L. Rev. 707, 712-13 (1999).

[167] 1年次学生向けLTPプログラムの効用は，学生達が，初めてふれる法実務経験を通じて，法学教育の初期段階で，法教義を分析する「資格（permission）」を与えられることの意味を自覚することにある。ケースブックは，学生達の分析力が発達してしまえば，それほど刺激的なものではなくなってしまう。Iffill, supra note 162. See also Bezdek, supra note 166, at 709; Richard Boldt & Marc Feldman, The Faces of Law in Theory and Practice: Doctrine, Rhetoric, and Social Context, 43 Hastings L.J. 1111 (1992)（ロースクールが，「法曹として社会適応していくプロセスを，多分に無力化し」ていると指摘し，LPTコースが，社会と隔絶したメッセージに反撃を加え，その学習過程に，しばしば「法律家のごとく考える」要素をもたらしている，と述べている）.

[168] See Anthony G. Amsterdam, The Lawyering Revolution and Legal Education (unpublished text of speech presented to Canadian Institute for Advanced Legal Studies, July 15, 1985)(on file with authors).

[169] See id. at 19-23.

[170] See id. See also Edwards, A New Vision for the Legal Profession, supra note 144, at 572-73（NYUの学生に，実に幅広いチャンスが与えられていることを論じている）.

[171] Discussion with University of New Mexico Law School Professor Margaret Montoya (October 15, 1999). See also J. Michael Norwood, Requiring a Live Client, In-House Clinical Course: A Report on the University of New Mexico Law School Experience, 19 N.M. L. Rev. 265 (1989)（ニューメキシコの臨床プログラムの発展について論じている）.

[172] Montoya, supra note 171; Norwood, supra note 171, at 279.

[173] Norwood, supra note 171, at 279-80.

[174] 総学生数が320人であるにもかかわらず，ニューメキシコ大学は，学生・教員比率を1対8に保っている。[*45] 常時5～6人の臨床教員がクリニックを担当しており，教員達は，臨床科目と伝統的な科目の間をローテーションしている。教員には，10週間の夏季授業を受け持つことに対し特別給与が支払われ，1年に3学期分の臨床授業の提供が可能となっている。ニューメキシコの臨床科目には法実務クリニック（Law Practice Clinic。大学の職員や学生を中心とする飛び

---

*45 ここは，学生・教員比率ではなく，教員・学生比率の間違いではないかと思われる。つまり教員8人に対し学生1人ではなく，教員1人に対し学生8人ではないか。

入りの相談者を扱う一般的な実務クリニック)，コミュニティ法実務クリニック (Community Lawyering Clinic。学外の依頼者を扱う一般的な実務クリニック)，サウスウェスト・インディアン・ロークリニック (Southwest Indian Law Clinic。刑事，民事，民族問題を扱う)，住宅問題クリニック (house counsel work。都市計画，土地利用，賃貸借及びそれに類似する問題) などがある。サウスウェスト・インディアン・ロークリニックは，現在，プログラム運営のための助成を受けているが，外部からの支援が途絶えたときには，ロースクールがこのプログラムを維持するため資金提供した。Montoya, supra note 171. エクスターンシップは一般的に普及してはいるが，それがクリニックに取って代わることはできない。See Norwood, supra note 171, at 267-68（エクスターンシップにおける経験にムラがあることを論じている）。

[175] Montoya, supra note 171.
[176] マクレイト・レポートは，次に挙げる10の「適切な代理人活動にとって不可欠な，基本的な法実務技能 (fundamental lawyering skills essential for competent representation)」を，特定し，定義し，分析している。即ち，問題解決 (problem solving)，法的分析 (legal analysis and reasoning)，法情報調査 (legal research)，事実調査 (factual investigation)，コミュニケーション (communication)，カウンセリング (counseling)，交渉 (negotiation)，訴訟 (litigation) 及び訴訟外紛争処理 (alternative dispute-resolution procedures)，法律業務の組織化と経営 (organization and management of legal work)，倫理的ディレンマの認識と解決 (recognizing and resolving ethical dilemmas) である。See MacCrate Report, supra note 56, at 135-40.
[177] シカゴ・ケントは，マクレイト・レポートの初期の草案（supra note 56）に影響されながら，同レポートの刊行前に実施されていた従来の法学教育に不足していたものを補うために，訴訟と訴訟外紛争処理 (LADR〔Litigation and Alternative Dispute Resolution〕) プログラムを開発した。このプログラムは，次の点を前提として作られた。1つ目は，学生達には，少なくとも，マクレイト・レポートが法実務に必要とみなした基本的な技能と価値 (the fundamental skills and values) を教えるべきであるということ，2つ目は，ショーンが「実務の技法 (art of practice)」——法律家にとっては，「法実務の技法 (art of lawyering)」と言えるもの——とみなした一連の知恵を授けるべき，という前提である。See Laser, supra note 55, at 426-32（LADRプログラムを論じている）。この基本的な技能と価値，及び「法実務の技法」は，2年次及び3年次の各セメスターにおけるインハウス及びエクスターンシップ・プログラムを通じて教えられている。Id.
[178] See id.
[179] 当初学生達は，LADRの履修資格として，90セメスター単位を取得していることが必要であり，LADR関連コースは26セメスター単位に相当した。現在では，学生達は，87セメスター単位を取得すればよく，うち20がLADR関連コースによってクリアされる。See id. at 429.

[180] 「現在，現実の依頼者を扱うプログラム（live-client components）は，通常の教員が担当する通常科目と連動するかたちで提供されている。通常科目に登録した学生は，抽選により1単位のミニ・クリニック（mini-clinic）を受講することができ，そこで次のような分野の事案を実際に手がけることができる。即ち，衛生保健法（Health Law）（低所得の依頼者を代理し，医療サービス機関に対して行う申立），移民法（Immigration Law。国外退去手続の聴聞を受ける依頼者を代理する），法と精神医学（Law & Psychiatry。拘禁手続の聴聞を受ける精神病患者を代理する），専門職責任（Professional Responsibility。弁護士の懲戒申立について調査及び助言をする），そして信託と不動産（Trusts & Estates。高齢者及びエイズ患者の依頼者のために，遺言書や委任状を作成する）……クリニックで学ぶ学生達は，一定の関連法や手続に関して初歩的かつ集中的訓練を受け，同時に，臨床教員のメンバーから継続的な指導を受けることができる」。Mitchell et al., supra note 113, at 2. こうした現実に依頼者と接する経験の他に，多くの実定法科目に模擬的文書作成実習（simulated Drafting Lab）が併設され，他にも，刑事訴訟法（Criminal Procedure），証拠法（Evidence），ビジネス・プランニング（Business Planning）といった技能に関する実習が提供されている。See id. at 2-3.

[181] See id. at 12.

[182] Id. at 3.

[183] See id. at 6-8. 筆者は，カリキュラム再編を成し遂げるための非公式なアプローチを推奨している。彼らは，教授会を通じてそれを行うことは，再編のプロセスを行き詰まらせるとして，「1対1」の作業を奨めている。See id. こうしたアプローチは，教授会での議論の難点を克服するものではあるが，一定の妥協を伴うものでもある。例えば，1年次のカリキュラムを変更するには教授会の手続が必要であるため，1年次科目については，その検討対象からはずさざるを得ないのである。See id. at 17.

[184] See id. at 15-16 (citing Lewis D. Solomon, Perspectives on Curriculum Reform in Law Schools: A Critical Assessment, 24 U. Tol. L. Rev. 1, 37 (1992)).

[185] See supra note 113 and accompanying text（既存の科目を補完する単位数の少ない実習プログラムをつくることにより，教員を有効活用することを論じている）.

[186] 従来科目との連携を検討する中で，シアトルの臨床教員達は，教室授業を担当する教授達に，彼らのシラバス，教授計画，そして時間を何ら侵すものではないことを理解させた。See Mitchell et al., supra note 113, at 16-17.

[187] James E. Moliterno, The Legal Skills Program at the College of William and Mary: An Early Report, 40 J. Legal Educ. 535 (1990). See also Legal Skills Program, William and Mary School of Law (2000), http://www.wm.edu/law/skills/index.html.

[188] CUNY Brochure, supra note 58, at 6.

[189] See id.

[190] Id. at 6-7.

[191] See id. at 14-15. See also Cicero, supra note 157.
[192] See CUNY Brochure, supra note 58; discussion with CUNY Professor Susan Jane Bryant（June 22, 2000）.
[193] See supra note 58（D.C.ロースクール〔D.C. School of Law〕とCUNYの社会正義に関する基本方針〔the social justice agendas〕について論じている）.
[194] Edgar S. Cahn, Clinical Legal Education from a Systems Perspective, 29 Clev. L. Rev. 451（1980）（カリキュラムのあり方を選択した結果，アンティオク・ロースクールが直面した課題について論じている）.
[195] See id. at 463-84.
[196] カーン（Cahn）教授によれば，「もし，臨床プログラムにおける実務的教育によって，同レベルの能力を養成することができるのなら，旧来型の授業で教えられてきた法分析を扱いきれない者がいたとしても，もはやこれを排除する理由はない。」Id. at 457．続いてカーンは，LSATなどのテストの点数は，専門職としての適性ではなく従来の教室授業における成績を予測するに過ぎないものであり，「疑わしく，かつ予測的な尺度（dubious predictive value）」であると述べている。Id. at 458-59. See also Moran, supra note 148, at 651（ロースクールと司法試験ではなく，司法試験とLSATが互いに相関するものであるから，「各州は，LSATの点数を基準に法曹資格を認定すべきであり，そうすれば，多大な時間と費用が節約できるだろう」と述べている）.
[197] See Moran, supra note 148, at 654-55.
[198] 臨床教員の管理や身分を均一化するためにつくられたABA基準405をめぐって繰り返しなされた論争は，臨床教育という存在に対する学界の抵抗感をやわらげた。マージョリー・マクダイアミッドが指摘するように，この問題は，単に公正性の問題なのではなく，「臨床教員の地位が低いことは，臨床プログラムの強さ，確かさ，そして文化的な地位を減殺する要因となっている」のである。McDiarmid, supra note 96 at 246（臨床法学教育の状況を報告し，そうした阻害要因にもかかわらず，臨床教育は，学界における足がかりを広げていると結論づけている）．臨床教員と臨床プログラムは，マクダイアミッドの論文が発表されて以降もその足がかりを広げていき，授けられる技能，教育に活用される教授法，そしてそこで提供される状況こそが法学教育にとって重要であるという考えが，臨床教員やそれ以外の者にも次第に共有される中，臨床教育が周辺的で一過的カリキュラムであるという考え方は，これと正面から矛盾することになった。See also MacCrate Report supra note 56, at 266.
[199] See National Conference of Bar Examiners, supra note 150 and accompanying text.
[200] John Sexton, "Out of the Box" Thinking About the Training of Lawyers in the Next Millennium 4（unpublished text of speech presented at ABA Conference, London, July 18, 2000）（on file with the authors）.
[201] ルシア・シレンキア（Lucia Silecchia）教授は，1年次の法文書・法調査のプログラムを引き合いに出し，技能教育を他と分離したかたちで導入することは，学生の注意をそらし，授業を不統一で手に負えないものにするとして，警告し

ている。Lucia Ann Silecchia, Legal Skills Training in the First Year of Law School: Research? Writing? Analysis? Or More?, 100 Dick. L. Rev. 245, 288-89 (1996). シレンキア教授は，連絡メモや控訴趣意書の起案に限定することなく，多様な状況と幅広いジャンルの中で文書作成させることの効用にふれ，多様な法実務技能が，互いにいかに関連・密着しながら涵養されるかを説き，そうした技能がいかに統合され得るかを論じている。

　学生に各種の文書作成をさせることで，教育者は，その課題と理論的に関連する幅広い法的問題を議論する機会を得る。例えば，訴状（complaint）の起案を課題とした場合，訴状に関わる倫理的ルール，文書の形式に関わる裁判所のルールや提出期限（filing deadlines），裁判所の選択（choice of forum），審理前の証拠開示（pre-trial discovery）といった問題を議論する機会を得ることになる。同様に，相手方に対する請求のレター（demand letter to adversaries）の起案を課題とした場合，代替的紛争処理手段（alternative dispute resolution）や，訴訟外の紛争処理手段（alternatives to litigation）について議論することになろう。弁護士費用に関するレター（a retainer letter）を課題とすれば，弁護士費用の構造（legal fee structures）や事務所経営（office management）を議論する格好の機会をもたらすことになる。同様に，上程規則案（proposed regulation）に対する意見書を課題とすることにより，行政手続（administrative process）や規則制定作業（task of rule making）を議論する機会が与えられる。

　　Id. at 286-87.

[202] ラトガーズ（Rutgers）の副学校長であるアンドリュー・ロスマン（Andrew Rothman）は，ロースクールと法曹実務（professional practice）とのギャップは，修了生に2年間の研修プログラムを課すことによって架橋すべきとの見解をもっている。彼は，新修了生に相当な給与を支払って法律家や教育者の指導のもとで法実務を手がけさせる「ラトガーズ・ロー特別研究プログラム（the Rutgers Law Fellowship Program）」と称するラトガーズ・ロースクールにおける試験的プログラムを紹介している。See Rothman, supra note 145, at 878. ロスマン副学校長は，そうしたインターンシップによって，「JD学位の伝統的な学究（traditional scholarship of the juris doctor degree）」への批判を免れ得ると見ている。Id. at 880-81. こうした研究プログラムは，疑いなく価値あるものであるが，併せて，学生達に広くローン返済免除制度（loan forgiveness programs）を適用することを考えるべきであり，あるいは，余り評判の良くないロースクール3年次のカリキュラムの代わりに導入することを検討すべきである。See LaFrance, supra note 92. 3年次あるいは4年次にこうしたプログラムを採用することは，確かに検討に値するものではあるが，それは，伝統的なロースクールのカリキュラムを目指すべき専門職養成と効果的に結び付けるという，基本的な要請に応えるものにはならない。

[203] See Stephen M. Johnson, www.lawschool.edu: Legal Education in the Digital Age, 2000 Wis. L. Rev. 85, 85 (2000)（5年から10年の後には我々が知っているような形式のロースクールは全て消滅すること，遠隔地のロースクールに通うため

学生が慣れ親しんだ環境を離れる費用と面倒をかけずに済むようになること，そして全国規模でロースクールの1年生を教育するネットワーク上のバーチャルな法学教員組織（virtual panel of law professors）を創設することなど，「デジタル時代の法学教育の未来」に関する様々な予想を含んだ複数の情報源を引用している）．

[204] 1998年，カプラン教育センター（Kaplan Educational Centers）——全国で1200の試験対策センター（exam review centers）を運営していることで最もよく知られている——は，合衆国初のオンライン・ロースクールとしてコンコード・ロースクール（Concord School of Law）を開校した．See id. at 90 n.38.

[205] See id. at 100. See also Jill S. Chanen, Earn a J.D. On Your Home PC, 85 A.B.A. J. 88 (Aug. 1999).

[206] See Wendy R. Leibowitz, Law Professors Told to Expect Competition From Virtual Learning, The Chronicle of Higher Education, Jan. 21, 2000, at A45.

[207] See John Mayer, Alternate Futures: The Future of Legal Education, 1 J. L. Sch. Computing (1999), available at <http://www.cali.org./jlsc/mayer.html>（visited July 19, 2000）.

[208] See Johnson, supra note 203, at 99.

[209] See id.; Steven Keeva, Stars of the Classroom, Will Top Profs Who Instruct Via the Internet Dominate the Classroom?, 83 ABA J. 18 (Dec. 1997).

[210] See infra note 222 and accompanying text（ABAの遠隔教育に関する暫定ガイドラインについて論じている）．

[211] Uphoff et al., supra note 140, at 421.

[212] See Tim Floyd, Legal Education and the Vision Thing, 31 Ga. L. Rev. 853, 873 (1997); Johnson, supra note 203, at 117-18. See also Thomas A. Mauet & Dominic J. Gianna, Litigation Training for the Next Century, 26 Litigation 10, 13 (Winter 2000).

[213] See, e.g., Johnson supra note 203, at 107（「マクレイト・レポートが認めたように，『効果的な法実務技能の指導を行うには，適切なフィードバックと自己評価（そして）資格ある評価者（qualified assessor）によるパフォーマンスの内省的評価を受けながら，学生が法実務に携わることが必要とされる．』．コンピュータによるシミュレーション又はオンライン・コースを通じてフィードバックや個別の評価を与えることは，不可能である．」）（citations omitted）．

[214] See Ann Juergens, Using the MacCrate Report to Strengthen Live-Client Clinics, 1 Clin. L. Rev. 416-18 (1994)（「コストの検討，倫理的判断，『気難しい依頼者』，及び予め決まっていたが実際は予期していなかった出来事を因子とする」一層洗練されたコンピュータによるシミュレーションにあっても，「新たな情報とアイディア，そして絶えず変わりゆく依頼者の状況の様相に即応したプランニングを維持する」という要請に応えることはできない．）．See generally Dominick R. Vetri, Educating the Lawyer: Clinical Experience as an Integral Part of Legal Education, 50 Or. L. Rev. 51, 59-60 (1970)（「今日のロースクール修了生に欠けている点は，適切な法知識を有していないことにあるのではなく，事実や

人々——事件の要素を実際に構成しているもの——に対応する訓練を，たとえ受けたとしてもわずかしか受けていないということにある」(quoting Chief Justice Warren Burger, Address Before the American Bar Association Convention Prayer Breakfast, Dallas, Texas (Aug. 10, 1969)).

[215] See id. at 418 (成績評点のために模擬の役 (mock role) を演ずるのに必要な責任には，尊厳と信頼を備え，ときに生き残りを賭けて闘っている実際の依頼者のため判断を行うに際してもつべき道徳心の深さや責任感というものは含まれない，と指摘している).

[216] See Jane Harris Aiken, Striving to Teach "Justice, Fairness and Morality," 4 Clin. L. Rev. 1, 30-46 (1997) (臨床的文脈の中で変化に富む経験にふれさせることを通じて，マクレイト・レポートが明らかにした，「正義，公平および道徳性」を向上させる法律専門職の価値を教える方法論を説明している). See also Sandra Day O'Connor, Good News and Bad News, Presentation Before the American Bar Association, Annual Meeting, Pro Bono Awards Luncheon, Atlanta, Georgia 7 (August 12, 1991) (on file with the authors) (臨床科目の履修経験のある，オコナー裁判官の元ロークラーク達は，「自分達が学んでいる技能を利用し，誰かの人生に非常に大きな影響を与えるかたちでそれらを実践に移すことのできる感動」を口にし，これらの臨床経験が「彼らのキャリア全般を通じて（彼らに）影響を及ぼし」，より一層彼らをプロボノへ向かわせた，と詳述している). See generally Future of the In-House Clinic, supra note 6, at 512 (臨床法学教育の明確な目標として，「困窮した依頼者へサービスを提供する義務，そのような代理活動にいかに従事するかに関する情報，そして貧者に対する法システムの影響に関する知識を授けること」を挙げている).

[217] See Johnson, supra note 203, at 108-10.

[218] Tony Mauro, Firing Shots at Concord Law School, Legal Times, Sept. 20, 1999, at 1.

[219] Johnson, supra note 203, at 109 n.147 (citing James L. Hoover, A Vision of Law Schools of the Future, 1 J.L. Sch. Computing (1999), available at <http://www.cali.org./jlsc/hoover.html> (visited July 19, 2000)).

[220] 実際，ワシントンD.C.で開かれた2000年AALS年次総会の後，廊下で次第に膨らんでいった雑談の中で，テニュアを有する常勤の非臨床教員達から，エリート・ロースクールのネットワーク上の教員組織に取って代わられることや，同時放送 (simulcast) やサイバー学習 (cybertaught) では教えられ得ない臨床科目のような授業負担を追加するという要請に応えることに対する，恐れと不安の声が上がっていた。

[221] See Moliterno, supra note 187, at 72-73.

[222] American Bar Association Memorandum D9697-59, Temporary Distance Education Guidelines, Guideline 2 (1997).

[223] See Catherine Arcabascio, The Use of Video-Conferencing Technology in Legal Education: A Practical Guide 35 n.33 (1999) (unpublished draft on file with authors). See also Joseph Harbaugh, Legal Education in 2010, 71 Fla. B.J. 57 (May 1997) (ノ

バ・サウスイースタン大学でのクリニック及びエクスターンシップにおけるビデオ会議技術の実施，ならびに2010年までに期待されるこうした技術の拡張について述べている）．

[224] Arcabascio, supra note 223, at 20.

[225] See Harry G. Henn & Robert C. Platt, Computer-Assisted Legal Education: Clinical Education's Bionic Sibling, 28 J. Legal Educ. 423, 423 (1977)（臨床教育とコンピュータに補助されたシミュレーション技能指導の双方が，伝統的な法学教育によって明らかに克服されずにいた2つの課題，つまり「(1) 学生が一層退屈してきていること，そして (2) 多くの裁判官と実務弁護士が感じているように実践的訓練が不十分であること」に取り組むべきと示唆している）．

[226] See id.; Johnson, supra note 203, at 102 n.109; see e.g., Practicing Law Institute, The Interactive Courtroom (1996).

[227] See Claire Barliant, Learning to plug in, law schools add classes to turn out tech savvy lawyers, N.Y.L.J., May 8, 2000, at T2, col. 1（コロンビア・ロースクールの臨床教授であるコンラッド・ジョンソンが，以下のように述べたことを引用している．「もし真面目にやろうとするなら，我々は，20年前に自分達が学んだように教えるのではなく，学生達に現在存在しているままの法実務を教えるだろう」）．See also Jeffrey M. Aresty, The Virtual Law Office: Reengineering the Practice of Law for the Digital Age, 16 GP Solo and Small Firm Lawyer 8 (Dec. 1999)（ウェブ・テクノロジーと，その結果生まれる法実務の地球規模の相互接続性の影響を論じている）; Tom Stabile, Practicing Law in 2010, 9 Nat'l Jurist 33 (April 2000)（「ドゥビュークにある君の卓上ビデオレコーダーから，北京にいる証人の証言を録取せよ．君の依頼者スクリーニング・ソフトウェア（client-screening software）が選定した10の有力情報（promising leads）にコンタクトをとれ．その文書（brief）を君のポケット・コンピュータに読み込んで——そしてそれを裁判所に直接送れ．あっという間にジェットパックで昼食に行く時間だ[*46]．未来の法実務に対応する準備はできているか．」）; Richard Zorza, Reconceptualizing the Relationship Between Legal Ethics and Technological Innovation in Legal Practice: From Threat to Opportunity, 67 Fordham L. Rev. 2659 (1999)（「7つのテクノロジー革命」について述べ，これらが貧困者への法的サービス提供に関しいかなる意味（implications）をもつかを論じ，倫理的な法実務（ethical practice of law）を損なうのでなく促進する機会を提供するために，新しいテクノロジーを再概念化する必要性を説明している）．

[228] See Jon C. Dubin, Clinical Design for Social Justice Imperatives, 51 S.M.U. L. Rev. 1461 (1998). See also Aiken, supra note 216, at 30-46（マクレイト・レポートの「正義，公平及び道徳性」を向上させる専門職の価値を教える臨床方法を説明している）．

[229] See Anjetta McQueen, Educators divided over push for internet learning <www.new

---

*46 ここでは，小型飛行マシンを指すと思われる．

stims.com/archive990799/cbb.htm.>(visited July 17, 2000).

[230] Robert Hammerstone, Public Interest Lawyering in the Digital Age, Columbia Law School Report 2, 3 (Spring 2000) (「テクノロジーは、過重労働で人員不足となりがちな公益弁護士の活動の地ならしをする上で、大いに役立っている。」(コロンビア・ロースクールの公益センター・ディレクター兼学長補佐のエレン・チャプニック (Ellen Chapnick) の言葉を引用している).

[231] E-mail from Conrad Johnson to Jon Dubin (May 25, 2000) (on file with authors).

[232] See Barry, supra note 60, at 1619.

[233] Id.

[234] Id. (quoting Kimberlee K. Kovach, The Lawyer as Teacher: The Role of Education in Lawyering, 4 Clin. L. Rev. 359, 359 (1998)). See also Johnson, supra note 203, at 124-25.

[235] See generally Special Issue: Conference on the Delivery of Legal Services to Low-Income Persons: Professional and Ethical Issues, 67 Fordham L. Rev. 1713 (1999) (貧困者への法的サービスの提供、及び限られた政府の資金提供に照らしてサービス提供を拡充するアプローチを検証するシンポジウム); Report of the Working Group on Limited Legal Assistance, 67 Fordham L. Rev. 1819-32 (1999) (限定的な法的支援の手法〔例えば、「ホットライン、ウェブサイト (情報のみの場合、インテリジェント・フォーム機能を使わない記入 (unintelligent form fill) やインテリジェント・フォーム機能を使った記入 (intelligent form fill) によるもの、弁護士への「Q&A」式の質問によるもの、そしてオンラインのビデオ会議を使うもの)、代筆、本人訴訟の指導 (pro se clinics)、個別のサービス (unbundled services) 一般、裁判所職員によるアドバイス、ならびにフォーム・プリーディング (form pleadings)[*47]」を論じ、そのような手法に固有の倫理問題を分析し、会議の勧告内容を説明している).

[236] See Alan Houseman, Civil Legal Assistance for the Twenty-First Century: Achieving Equal Justice For All, 17 Yale L. & Pol'y Rev. 369, 422 (1998).

[237] See John E. Sexton, The Global Law School Program at New York University, 46 J. Legal Educ. 329, 329-31 (1996).

[238] Dubin, supra note 228, at 1495. See also Louise Trubek, U.S. Legal Education and Legal Services for the Indigent, 5 Md. Contemp. Leg. Issues 381, 392 (1994) (「発展途上国を研究することは、合衆国における貧困の経済学を完全に理解するために益々重要になっている。」).

[239] See generally <www.law.nyu.edu/globallawschool/gpslp.html.> (visited September 24, 2000) (プログラムを説明している).

[240] See id.

[241] See id.

[242] Id.

＊47 該当項目にチェックを入れるなど、書式が決まっている簡単な訴答書面による訴答。

[243] Lucie E. White, Facing South: Lawyering for Poor Communities in the Twenty-First Century, 25 Fordham Urb. L.J. 813, 814 (1998).

[244] See John B. Attanasio, The Globalization of the American Law School, 46 J. Legal Educ. 311, 311 (1996) (「グローバル・コミュニティのために働くためには，法実務を遂行し法律家を訓練する上で新しいアプローチが必要とされるであろう」).

[245] See Louis F. Del Duca & Vanessa P. Sciarra, Developing Cross-Border Practice Rules: Challenges and Opportunities for Legal Education, 21 Fordham Int'l L. J. 1109, 1109 (1998); see also Mary C. Daly, Thinking Globally: Will National Borders Matter to Lawyers A Century From Now?, 1 J. Inst. For Study Legal Ethics 297 (1996); Alberto Bernabe-Reifkohl, Tomorrow's Law Schools: Globalization and Legal Education, 32 San Diego L. Rev. 137 (1995); Gloria M. Sanchez, A Paradigm Shift in Legal Education: Preparing Law Students for the Twenty-First Century: Teaching Foreign Law, Culture, And Legal Language of the Major U.S. American Trading Partners, 34 San Diego L. Rev. 635 (1997).

[246] Adelle Blackett, Globalization and its Ambiguities: Implications For Law School Curricular Reform, 37 Colum. J. Transnat'l L. 57, 74 (1998). See also Roberta Ramo, A Practitioner's Look at Globalization: I, 46 J. Legal Educ. 313, 314 (1996).

[247] 後掲Part III (D)を参照。外国語を使う能力も，グローバル時代の法律家にとって益々重要になるであろうから，この要請に応えるため，入学者選抜において語学力を重視し，ロースクールに語学学習のカリキュラムを提供するよう提案がなされてきた。Blackett, supra note 246, at 75-78; Ramo, supra note 246, at 313-14.

[248] Daly, supra note 245, at 300. See also Sexton, supra note 200, at 2 (「当校の修了生は，グローバル化した世界で実務を行うであろうから，グローバリゼーションの現実が法的ルールの機能の仕方にどのように影響するかを知らなければならないだろうし，複数の主権国家が存在する複雑なシステムの中で仲裁を行うため，一連の方法を開拓しなければならない。」).

[249] インドで有数の法教育者の1人とみなされている，N.R.マンハバ・メノン（N.R. Manhava Menon）博士は，フルブライト・スカラーとしてコロンビア・ロースクールに1年間滞在したことにふれ，それが「自分にアメリカの経験から学び，アメリカの臨床教員と交流する機会を与えてくれた」，と話している。N.R. Manhava Menon, Clinical Legal Education x (1998). メノン博士は，アメリカの臨床教員，特にフランク・S・ブロック（Frank S. Bloch）教授，ジェーン・E・シュコスケ（Jane E. Schukoske）教授，ケネス・S・ギャラント（Kenneth S. Gallant）教授及びドン・ピータース（Don Peters）教授の貢献について言及した。Plenary Address, Global Alliance for Justice Education Conference, 1999. メノン博士は，インドの法学教育に関して，「1964年の徒弟制度（apprenticeship system）の廃止とともに，あらゆるロースクール修了生に，一切実務的訓練を受けないまま弁護士（advocate）登録する資格が自動的に与え

られるようになった。これにより歯止めが解かれ，能力主義（competence）とプロフェッショナリズムは，思慮のない行為により一撃で駆逐された。」と意見を述べた。Clinical Legal Education, supra at v. ロースクール・プログラムが，適切な「実務的」訓練を通じてその不足を補うことを怠ったため，インド法曹評議会（Bar Council of India）は，1995年に1年間の徒弟制度要件を再び導入した。新しい訓練規則（Training Rules）には，徒弟制度を「事務処理の域を出ない」経験に転落させないことを保証するガイドラインが含まれていた。Id. 同時に，法曹評議会は，ロースクール学生が受けるべき実務的訓練を細かく特定する詳細な計画――ほとんどのロースクールで実行できないと責め立てられ，裁判所にも異議申立がなされている計画――を立案した。Id. at v-vi. にもかかわらず，バンガロールにあるインド国立ロースクール（National Law School of India）は，メノン博士に導かれ，シミュレーション，エクスターンシップ及びインターンシップなどの様々な必修の臨床科目を始めとするプログラムを推進した。See id. メノン博士は，カルカッタにある国立法学大学（National University of Juridical Sciences）から，副総長（Vice-Chancellor）として同様の改革を敢行するよう依頼されている。彼は，これを更に多くのことを実現するチャンスと考えている。彼は，「私は，法制度とは違ったものを熱望する傾向にある。それは，おそらく『司法教育』という目的により近く，人々や彼らの大志に焦点をあてるものである。」と言う。N.R. Manhava Menon, National University of Juridical Sciences: In Pursuit of Quality and Relevance, Global Alliance for Justice Education Conference 46 (1999).

　　フォード財団その他の財政支援によって，カソリック・ロースクール（Catholic Law School）のキャサリン・クライン（Catherine Klein）教授とリア・ワーサム（Leah Wortham）教授は，ポーランドのヤギェウォ大学（Jagiellonian University）の臨床プログラムを整備するため，同大学の教員・学生と共にこれに取り組んできた。ヤギェウォの臨床プログラムは，1997年のヤギェウォ大学リーガル・クリニック（Jagiellonian University Legal Clinic）の開設から始まる。クリニックには4つのセクション，即ち，民事，刑事，労働，人権がある。人権クリニックは，中央ヨーロッパと東ヨーロッパ全体の難民クリニックの手本とされた。民事クリニックの家庭内暴力プログラムは，アメリカの被害者緊急保護制度（emergency protection）の一部をポーランド法に移植することを目的とする立法活動（legislative initiatives）を手がけてきた。この分野の立法改革の可能性を更に追求するために，ヤギェウォ大学主催の会議も企画されている。また，同大学は，学生が運営する臨床法学雑誌，クリニカ（Klinica）を発刊しており，それには最近学生が起案した学生実務規則試案が掲載されており，これが採択されれば，ポーランドの裁判所で学生が法廷活動（lawyering）を行う上で障害となる問題を克服することになろう。ヤギェウォのクリニックの学生は，アメリカのロースクールを訪問し，ヤギェウォの臨床教員は合衆国のAALS，CLEAその他の専門職能力開発会議（professional development conferences）に参加している。ヤギェウォの教員及びスタッフは，会

議や訓練に参加することや，クリニカを地域的発刊物に昇格させることを通じて，中央ヨーロッパ，東ヨーロッパ及び旧ソビエト連邦にある他のロースクールの支援を行ってきた。Discussions with Catholic Law School Professors Leah Wortham and Catherine Klein (July 2000). ヤギェウォの学生は，キャサリン・クラインとマーガレット・マーティン・バリーが担当するカソリック・ロースクールの家族と法クリニック（Families and the Law Clinic）にも交換留学生として参加した。

フォード財団の財政支援はまた，中国のロースクール7校の臨床プログラムの開発を支援している。合衆国の臨床教員達は，ワークショップその他の交流を通じてこれに貢献している。中国政府は，ロースクールの臨床プログラムを，充足されない法的サービスの需要を多少なりとも満足させる手段と位置付け，ロースクールは，これを教育を再活性化させる手段と考えている。しかしながら，現在実施されているクリニックでは，学生達は一般に，事件の主たる責任はもちろん実質的な責任さえ負うことはない。例えば，最も評価を得ている2つのクリニック，即ち北京大学の女性センター（Peking University's Women's Center）と武漢大学の恵まれない市民の権利の保護に関するセンター（Wuhan University's Center for Protection on the Rights of Disadvantaged Citizens (CPRDC)）においても，学生達は，電話や対面相談を通じた助言や書面による回答といった限定的な法的サービスを提供するだけである。北京大学では，クリニックは，代理活動を行うにあたってはスタッフ弁護士にこれを任せ，ロースクール学生には「重要でない」役割をさせるにすぎず，一方武漢大学では，学生は複雑とみなされる事件の担当からはずされるのである。Jing Gu, University Clinical Programs in China, Symposium: Legal Aid and Public Interest Lawyering in East and Southeast Asian Countries 254-63 (1999) (on file with the authors). 中国の臨床プログラムが拡大するかどうかは，ある意味，アメリカのクリニックの発展を悩ませた（そして今なおある程度悩ませている）問題を解決する能力如何と言える。即ち，ロースクールのカリキュラムに臨床プログラムをいかに組み込むか，そして，クリニックの主な任務をコミュニティのために働くことと位置付けるのか，それとも学生に実務経験を提供することとと考えるのか，ということである。この他，中国のクリニックが抱える問題としては，合衆国ではあまり問題とならなかった，政府による法的活動の規制といったものがある。See id. But cf. Peter A. Joy, Political Interference With Clinical Legal Education: Denying Access to Justice, 74 Tul. L. Rev. 235 (1999)（テュレーンの環境法クリニックの活動に干渉しようとする，政治色の濃い政府の取り組みを説明している）。他国のロースクールとの臨床的連携に関し，独特の問題提起をした者もいる。Compare Rodney J. Uphoff, Why In-House Live Client Clinics Won't Work in Rumania: Confessions of a Clinical Educator, 6 Clin. L. Rev. 315 (1999)（旧共産主義圏の東欧諸国における法の支配を強化するため臨床教育を創設しようとする中央・東ヨーロッパ法イニシアティブ〔Central and East European Law Initiative (CEELI)〕の努力にもかかわらず，ルーマニアの法学教育制度のように，必ず

しも全ての法学教育制度が臨床教育の恩恵を受けることができたわけではない、と注記している）with Kandis Scott, Additional Thoughts on Romanian Clinical Legal Education: A Comment on Uphoff's "Confessions of a Clinician Educator," 6 Clin. L. Rev. 531 (2000)（ルーマニアにおける最善のアプローチは，ルーマニアの現行制度に比べれば臨床指導〔clinical supervision〕になじむと思われる，新修了生のための継続的法学教育プログラムを創設することかもしれない，と提案している）．

[250] See Dubin, supra note 228, at 1495-98（メキシコ国境のメキシコ系アメリカ人居住区，メキシコ国内及び中央アメリカの一部で実施されている現実の依頼者を扱うクリニックについて説明している）；Harbaugh, supra note 223, at 63（ベネズエラのカラカス及びイギリスのロンドンでの，ノバのエクスターンシップについて説明している）．

[251] See Rutgers School of Law-Newark, National Conference, The Social Justice Mission of Clinical Education, Breakout Group on Clinics Without Borders: International and Global Clinics (April 8, 2000) (on file with the authors).

[252] See Resident Population of the United States: Middle Series Projections, 2035-2050, by Sex, Race, and Hispanic Origin, with Median Age <http://www.census.gov/Population/Projections/nation/nsrh/nprh3550.txt>.

[253] See David Hall, Giving Birth to A Racially Just Society in the 21st Century, 21 U. Ark. Little Rock L. Rev. 927, 935 (1999)（2030年までに，有色人種人口が初めてアメリカで白人人口を超えること，今世紀中も，一貫して非白人人口の成長のペースが白人人口成長を大幅に上回ることを予測しており，21世紀末のアメリカは，我々が「人種の狭間に横たわる制度的不平等〔systemic inequality〕を修正し」ないかぎり，20世紀の南アフリカのようになるだろうと，意見を述べている。）；id. at 935 n.29（「1992年から2050年までの間に，白人系アメリカ人の成長率がわずか29.4％の増加であるのに比べ，アフリカ系アメリカ人は93.8％増加し，ラテン系は237.5％増加し，アジア系及び太平洋諸島系は412.5％増加し，ネイティブ・アメリカンは109.1％増加する。」(citing Robert Pear, "New Look at the U.S. in 2050: Bigger Older, and Less White," N.Y. Times, Dec. 4, 1992 at A1, A10)）．

[254] See generally Dale Maharidge, The Coming White Minority: California's Eruptions and America's Future (1996)（21世紀の白人がマイノリティになる状況〔white minority status〕の社会的及び政治的意味合いを論じている）．

[255] Charles R. Calleros, Training A Diverse Student Body for a Multicultural Society, 8 La Raza L.J. 140, 142 (1995). See also David Dominguez, Beyond Zero-Sum Games: Multiculturalism as Enriched Law Training For All Students, 44 J. Legal Educ. 175, 177 (1994)（「増加し続ける女性，有色人種，障害者，その他未知のバックグラウンドをもつ専門職の同僚達，依頼者，および法律家（jurist）においてはもちろんのこと，白人男性のコミュニティにおいてさえ日毎混成的になっていく問題を解決する専門職になるための準備が重要であると，学生達は認識して

いる。」）；Kim O'Leary, Using Difference Analysis to Teach Problem-Solving, 4 Clin. L. Rev. 65, 79 (1997)（「アメリカ社会も法律専門職もより多様になってきている。弁護士にとっては，法律問題を見定めてその解決策を編み出すに際し，複数の観点を追及しこれを表現することがその責務とされるようになるだろう。」）．

[256] See Jean Koh Peters, Representing Children in Child Protective Proceedings: Ethical and Practical Dimensions 9-12 (Supp. 2000). See also Michelle S. Jacobs, People from the Footnotes: The Missing Element in Client-Centered Counseling, 27 Golden Gate L. Rev. 345 (1997)（バインダー〔Binder〕とプライス〔Price〕の伝統的な「依頼者中心の」〔client-centered〕カウンセリング・モデル[*48]を解体し（deconstruct），人種の違いが依頼者・弁護士間の対話〔interaction〕にもたらす意義を実証する社会科学者の実験データにもとづく臨床法学指導に向けた，異文化法実務・学生の自己認識〔self-awareness〕訓練モデルを発展させている）；O'Leary, supra note 255, at 66（依頼者に力を貸す場合，学生自身の世界観に由来する選択肢に目を向けるのではなく，常に多様な視点を検討するよう，学生達に教授する「差異分析」〔difference analysis〕アプローチを発展させている）．Cf. Isabelle R. Gunning, Diversity Issues in Mediation: Controlling Negative Cultural Myths, 1995 J. Disp. Resol. 55, 86-87（調停者は「否定的な社会通念や解釈の仕組みから生ずるパワーの不均衡について考える」よう，「異文化間で調停を行う訓練」を受ける必要があると主張している）．

[257] Peters, supra note 256, at 9.

[258] Jon C. Dubin, Faculty Diversity as a Clinical Legal Education Imperative, 51 Hastings L.J. 445, 459 (2000).

[259] See id.

[260] See id. See also George R. Jackson, R-E-S-P-E-C-T, Find Out What it Means to Me, 90 L. Lib. J. 579, 581 (1998); see also id. (quoting Gail Robinson & Kathleen Dechant, Building a Business Case for Diversity, Acad. Mgmt. Executive, Aug. 1997, at 21, 27):

> 態度，認知機能（cognitive functioning）及び信念は，人々に無作為に配分されるのではなく，年齢，人種，ジェンダーといった人口学上の変数によって体系的に異なったものとなる傾向にある。従って，組織の文化的多様性が進行していくと，創造的作業を行う上で有用な多様な考え方が登場することが期待される……。互いに異なる個性をもつことによって，チームのメンバー達がそれぞれの経験にもとづいて多様な視点から問題を捉えることが可能となる。多様な視点とその相互作用によって当然に生じる軋轢により，確実に様々な考え方が現れ，かつそれが論じられていくのである……。多様性を備えた集団は，何が重要であるかを合意し共同作業を行う過程で，当初は一層の軋轢を経験するが，最終的には，問題を特定しその代替案を生み出す上で，同質的な考え方

---

*48　前掲注［65］Binder & Price文献を参照。

もつ者同士の集団を凌ぐことになるのである。

[261] See Dubin, supra note 258, at 450-51. これらの数字には，歴史的に黒人を対象とするロースクール（black law school）や，プエルトリコ島にあるロースクールは含まれない。Id. at 450 n.22.

[262] See id. at 473-76（ロースクールの臨床プログラムにおいて教員組織を益々多様化するための8つの意見を提示している）。

[263] 前掲Part II (A)参照。See also Jay M. Feinman, The Future History of Legal Education, 29 Rutgers L. J. 475, 480（1998）（ゆくゆく法史学者達は，ここ最近の数年を「ケース・メソッドの教訓的で非現実的な分析」を脱却し，「教材の中の法（law-in-books）ではなく，現実に機能している法（law-in-action）に焦点をあてる」「全体的な」教育経験――「それが法的推論，様々な一連の法理，法理論及び法実務技能を全体的に扱うという意味で全体的である」を提供するため，多様なかたちの法実務指導を駆使するロースクールの新モデルに向かう，法学教育の変換期と捉えるようになるだろうと予測している）。

[264] See James M. Cooper, Towards a New Architecture: Creative Problem Solving and the Evolution of Law, 34 Cal W. L. Rev. 297, 312（1998）（「創造的な問題解決をする際，多次元で，しばしば非法律的又は総合的（multidisciplinary）な解決手法が必要と考えられている。」）. See also Janet Weinstein, Coming of Age: Recognizing the Importance of Interdisciplinary Education in Law Practice, 74 Wash. L. Rev. 319, 322（1999）（「全てのアプローチに共通する創造的問題解決の要素として，複数の学問分野にまたがるという（interdisciplinary）性質が挙げられる」）; id at 325-26（「弁護士は，問題を純然たる法律問題，あるいは主として法律的な問題であると思い込んでいては，依頼者のために最善を尽くすことはできない。たとえ依頼者がそれを法律問題と認識し，他の専門家でなく弁護士に相談していたとしても同様である。」）; Symposium, Conceiving the Lawyer as Creative Problem Solver, 34 Cal. W. L. Rev. 267-565（1998）（創造的問題解決のためのアプローチを発展させ提唱する，13の論文からなるシンポジウム録）. See generally Barnhizer, supra note 102, at 53（「また，ロースクールは，全体的な問題解決技能――例えば，診断（diagnosis），概念化，統合（synthesis），問題定義，ならびに問題解決と呼び得るものを発展させることに，よりはっきりと効果的に焦点をあて始めるべきでもある。この種の技能は，多様な専門的技能の指導を行うロースクールにおいてさえ無視されがちである。けれども，これらは弁護士が効果的に活動するために必要な技能である。」）; Robert Seibel, John M. Sutton, Jr. & William C. Redfield, An Integrated Training Program for Law and Counseling, 35 J. Legal Educ. 208, 209（1985）（「弁護士は……彼らの依頼者をより全体的に理解するための識見をもたなければならない。」）。益々人気が高くなってきた法実務の治療法学（therapeutic jurisprudence）及び予防法学（preventative law）的アプローチ――それは，法と法過程が依頼者に及ぼす精神保健的・心理的な影響と，潜在的な紛争を予期し紛争解決が必要になる前にそれを回避することの望ましさに焦点をあてる――は，本質的に学際的な性質を有

する。See David B. Wexler & Bruce J. Winick, Introduction, in Law in a Therapeutic Key: Developments in Therapeutic Jurisprudence xvii（David B. Wexler & Bruce J. Winick eds., 1996）; Dennis P. Stolle, David B. Wexler, Bruce J. Winick & Edward A. Dauer, Integrating Preventative Law and Therapeutic Jurisprudence: A Law and Psychology Based Approach to Lawyering, 34 Cal. W. L. Rev. 15, 17（1997）; David B. Wexler, Introduction to the Therapeutic Jurisprudence Symposium, 41 Ariz. L. Rev. 263, 263（1999）.

[265] 貧困法を専門とするある弁護士は，最近以下の通り説明した。

依頼者をインタビューするとき，貧困法を専門とする多くの弁護士は，依頼者の法律問題を彼らのみで解決できることが稀であることに気付く。同様に，ソーシャルワーカー，カウンセラー及び教育者は，低所得世帯の抱える一連の問題は相互に関連し合う傾向にあると気付くに至った。これらの問題は，一般に，公益（public benefits），住居供給（housing），精神的・肉体的健康及び教育といった論点に関わる。従って，低所得の依頼者のために策定されたプログラムは，依頼者が直面する多岐にわたり相互に強め合う問題に対応することに着手し始めている。

Leigh Goodmark, Can Poverty Lawyers Play Well With Others?: Including Legal Services In Integrated, School-Based Service Delivery Programs, 4 Geo. J. on Fighting Poverty 243, 245-46（1997）. See also Richard C. Reuben, Keeping Legal Aid Alive, 82 A.B.A. J. 20, 21（1996）（「問題を抱えている人の全体像を見渡し，いかなるサービスが，あるいはいかなる複数のサービスの組合せが即座にそして長期にわたって……最も役立つのかを見出そうとする，全体的アプローチ」を実施する低所得者向けのサービスの担い手について説明している。）. See generally Recommendations of the Conference on the Delivery of Legal Services to Low-Income Persons, 67 Fordham L. Rev. 1751, 1766-67（1999）（Recommendations 34-35）（低所得者のための問題解決に向けて学問分野の枠組みを越えたアプローチを奨励すること，及び弁護士とその他の専門家やサービス・権利擁護活動〔advocacy〕の提供者との連携を妨げる倫理規則及び専門職の文化的障壁を除去することを推奨している）.

[266] See Lowell J. Noteboom, Professions in Convergence: Taking the Next Step, 84 Minn. L. Rev. 1359, 1364-74（2000）（合衆国の上位200の大規模ローファームの10％以上が，既に，会計・金融サービス・経営コンサルティング，政府関係〔government relations〕・ロビイング，環境コンサルティング，医療コンサルティング，雇用・人材コンサルティング，知的財産コンサルティング，不動産コンサルティング，エンターテインメント，ならびに保険コンサルティングのような分野で，提携コンサルティング事務所を利用した依頼者への補助的サービスを提供している。）.

[267] 学問分野の枠組みを越えたサービスの利点は，消費者保護運動家によって称えられてきた。ある消費者保護運動家の言葉を借りれば，思うに，法律専門職が，人は弁護士によってのみ解決され得る明らかに法律問題に他ならない問題を抱

えているという古めかしい考えにしがみついたままであるということこそが、彼らの抱える深刻な課題である……。誰だって、アドバイスを得るために、街中を車で乗り回して4人の異なる専門家の事務所に立ち寄り、自分が受けたばらばらのアドバイスやサービスを調整するという往々にして困難な任務に苦しむことで、丸一日中を費やしたくはないのである。しかし、単一事業体（entity）で協働するサービス提供者の共同体から弁護士を締め出すことを通じて、あなた方は、消費者が効率的・包括的でよく調整された消費者問題の解決策を見出す可能性を減殺しているのである。

　　Noteboom, supra note 266, at 1396 (quoting James L. Brown, Director of the Center for Consumer Affairs at the University of Wisconsin-Milwaukee, in his statement to the ABA Commission on Multidisciplinary Practice, March 10, 1999).

[268] See Heather A. Wydra, Notes: Keeping Secrets Within The Team: Maintaining Client Confidentiality While Offering Interdisciplinary Services to the Elderly Client, 62 Fordham L. Rev. 1517, 1517 (1994). Cf. Randye Retkin, Gary L. Stein & Barbara Hermie Draimin, Attorneys and Social Workers Collaborating in HIV Care: Breaking New Ground, 24 Fordham Urb. L.J. 533, 547 (1997) (高齢者問題とHIV問題を専門にしている弁護士は、「財政的問題、心理的問題その他と切り離して法律問題に取り組むのではなく、全体的な方法で依頼者の問題に取り組むことが理想であると気付いた。」).

[269] Wydra, supra note 268, at 1517.

[270] Noteboom, supra note 266, at 1395.

[271] See, e.g., The Future of the Profession: A Symposium on Multidisciplinary Practice, 84 Minn L. Rev. 1083-1654 (2000) (MDPについての賛否、法律専門職の将来におけるMDPの役割、そしてABAの異業種間共同経営に関する委員会の1999年の報告書と勧告の分析に関する14の論文からなるシンポジウム録); Mary C. Daly, Choosing Wise Men Wisely: The Risks and Rewards of Purchasing Legal Services from Lawyers in a Multidisciplinary Partnership, 13 Geo. J. Legal Ethics 217 (1999). MDPは以下のように定義されている。

　　弁護士と非弁護士の双方で構成され、その目的の全てではないもののその一部としてMDP以外に依頼者への法的サービスを提供しているか、法的サービスのみならずそれ以外のサービスを世に提供し続けているパートナーシップ、専門職法人、その他の団体や事業体。MDPは、法律事務所が1つ又は複数の専門職の事務所と共同してサービスを提供する取り決めをその内容とするものであり、その中には直接的又は間接的な利益配分に関する取り決めが含まれている。

　　John H. Matheson & Edward S. Adams, Not "If" But "How": Reflecting on the ABA Commission's Recommendations on Multidisciplinary Practice, 84 Minn. L. Rev. 1269, 1269 n.2 (2000) (ABAのMDPに関する委員会が使用している定義を引用している)。

[272] ABAの弁護士業務模範規則（Model Rule of Professional Conduct）第5.4条は以

下のように規定する。
　(a) 弁護士又は法律事務所は，法律業務の報酬を弁護士でない者と配分してはならない。但し，以下の場合を除く。
　(1) 弁護士とその法律事務所，パートナー弁護士，又はアソシエイト弁護士との間の契約により，その弁護士の死後，相当な期間にわたって，その弁護士の相続財産又は特定の1人もしくは複数の人に対する金銭の支払いが定められている場合。
　(2) 死亡した，障害を負った，又は失踪した弁護士の業務を買い入れた弁護士が，第1.17条の規定に従って，その弁護士の相続財産その他の代理人に対して，契約にもとづく購入価格での支払いを行う場合。及び
　(3) 弁護士又は法律事務所が，その賃金又は退職プランに弁護士でない被用者を含めている場合。そのプランの全部又は一部が利益分配方式にもとづくものであっても，同様である。
　(b) 弁護士は，パートナーシップの活動にわずかでも法律業務を含む場合には，非弁護士との間でパートナーシップを形成してはならない。
　(c) 弁護士は，第三者に法的サービスを提供する目的で，自己を推薦し，雇用し又は報酬を支払う者に，当該法的サービスの遂行における弁護士としての業務上の判断を指図又は統制させてはならない。
　(d) 弁護士は，以下のいずれかの場合には，営利目的で法律業務を行うことを認められた専門職法人又は専門職団体と協働し，又はこれらの形態によって法律業務を行ってはならない。
　(1) 弁護士でない者が，その法人等において何らかの持ち分を有する場合。但し，弁護士の相続財産の受託者が財産管理をしている間の相当期間，その弁護士の出資又は持ち分を保有する場合を除く。
　(2) 弁護士でない者が，法人の取締役又は業務執行者である場合。又は
　(3) 弁護士でない者が，弁護士の業務上の判断を指示又は統制する権利を有する場合。
　Model Rules of Professional Conduct, Rule 5.4 (1983). 50州がMDPに関する同様の制限を採用してきた。See Matheson & Adams, supra note 271, at 1278-79 n.46. ABAのMDPに関する委員会の報告書は，ローファームに適用される全ての弁護士業務に関する規則がMDPにも適用されることを条件に，原則的に，規則第5.4条の修正及びMDPの承認を提言する。See id. at 1286-87.

[273] See Lawrence J. Fox, Accountants, the Hawks of the Professional World: They Foul Our Nest and Theirs Too, Plus Ruminations on the Issue of MDPs, 84 Minn. L. Rev. 1097 (2000). See also James W. Jones & Bayless Manning, Getting at the Root of Core Values: A Radical Proposal to Extend the Model Rules to Changing Forms of Legal Practice, 84 Minn L. Rev. 1159, 1183 n.112 (2000)(「最初のアソシエイトがローファームに雇われたとき，最初のパラリーガルその他法律家以外の専門家が法的サービスを補助するため雇い入れられたとき，そして最初に弁護士のサイドビジネスが開始されたときに，現在の論争の種がまかれた。」).

[274] Bruce A. Green, The Disciplinary Restrictions on Multidisciplinary Practice: Their Derivation, Their Development, and Some Implications for the Core Values Debate, 84 Minn L. Rev. 1115, 1117 (2000).

[275] See Matheson & Adams, supra note 271, at 1298-1302; Noteboom, supra note 266, at 1394-96; Charles S. Wolfram, The ABA and MDPs: Context, History, and Process, 84 Minn. L. Rev. 1625, 1652-53 (2000). ウルフラム（Wolfram）教授は、MDPに関する倫理的制限が、大会計事務所の戦略を妨げてきただけでなく、彼の学生の1人とその配偶者であるソーシャルワーカーが婚姻法実務を手がける2人の異業種提携事務所を設立し、心理療法と結婚に関する相談業務を行うというパートナーシップ案のような、様々な「家族経営のMDP」の創設さえ妨げてきた、と述べている。Wolfram, supra at 1648-49. 彼は、「エステイト・プランニング、ファイナンシャル・プランニング、少年事件の弁護業務（juvenile-defense work）、ならびに家庭相談のような普通の人々を対象とする一連の実務においても、同様の小規模事務所MDPパートナーシップは、間違いなく実現可能である」と指摘する。Id. at 1649.

[276] See Daly, supra note 271, at 281-88; Sexton, supra note 200, at 2.

[277] Daly, supra note 271, at 285. ダリー（Daly）は、市場に影響をもたらすMDPは、ロースクールに所属する教授と大学に所属する教授の拡大チーム・ティーチング、大学に所属する法律学以外の教授がロースクールで教えること、大学内の他の学部が提供する他の学問分野（discipline）の科目に学生が登録すること、そしていくつかのロースクールを「『学際的ミレニアム』に向けた『学際的ロースクール』」として売り込むことを含めて、ロースクールにおけるカリキュラムとマーケティングの変更に拍車をかけるだろうと予測する。Id.

[278] Id.

[279] See Weinstein, supra note 264, at 321-28（学際的教育によって創造的問題解決技能を開発させることの利点を説明している）. See also Paula Galowitz, Collaboration Between Lawyers and Social Workers: Re-Examining the Nature and Potential of the Relationship, 67 Fordham L. Rev. 2123 (1999) (same); Seibel et al., supra note 264, at 209-10（法とカウンセリングにおける全体的な学際的プログラムによって得られるとされる、数々の教育的利点を説明している）.

[280] See Weinstein, supra note 264, at 327 (Elizabeth Cooley, Training an Interdisciplinary Team in Communication and Decisionmaking Skills, 25 Small Group Res. 5, 6 (1994) を引用している). ワインスタイン（Weinstein）教授は、拡大された創造的学際的問題解決アプローチのために必要なことは、「問題解決するに際して、もっぱら他の学問分野の英知を受け入れるよう弁護士に求めること」ではない。そこには、「自己の専門以外の分野に、アマチュアとして単独で手を出すのではなく、専門家の間での学際的連携を結ぶこと」が求められると警告している。Id. at 322. ワインスタインは、他の評論家の提案を引用し、「『連携は、連携し合う者が、各々独立してその専門領域の実務を行い、かつ共同して担当する事件に関する情報を共有するとき、マルチディシプリナリーであると言える』

連携し合う者同士が，複数の専門領域に共通し代替可能な責務を共有しながら，特定の事件における役割をどう分担するか共に決定する場合に，インターディシプリナリーであると言える』」として，インターディシプリナリーな実務と教育とマルチディシプリナリーな実務と教育とを区別している。Id. at 353 (citations omitted). 彼女は，「インターディシプリナリーな教育と言われてきたものの中には，しばしば，単一の専門領域の教育やマルチディシプリナリー・アプローチの形態にすぎず，学生に，特定の専門職文化を超える理解をもたらすものとならないものも含まれていたのではないか」と結論している。Id.

[281] Id. at 327.

[282] Id. at 328. ワインスタインは，ロースクールにおける効果的な学際的教育を妨げるものとして，この他，法律専門職に関するロースクール学生の基礎知識の欠如ということに着目した。このような基礎知識は，自分が選んだ専門領域の十分な理解，専門職の強みと弱みの正しい認識，及び「彼（女）の専門的技能や専門職としての利用価値（merit）全般について防御的にならずに，他者と関わる能力」を必要とする。ワインスタインは，伝統的なケースブックによる法学教育には限界があることから，こうした基礎知識によってこそ，ロースクール学生が臨床経験や他の法実務への目的的な関与（purposeful exposure）のないまま卒業する事態を回避し得る，と指摘している。Id. at 357-58.

[283] See Galowitz, supra note 279, at 2134-40; Gerald F. Glynn, Multidisciplinary Representation of Children: Conflicts over Disclosure of Client Information, 27 J. Marshall L. Rev. 617 (1994); Wydra, supra note 268. See also Ann Moynihan, Ethics and the Multidisciplinary Teams: A Difficult Mix (unpublished draft on file with authors).

[284] 例えば，フォーダム大学は1995年に家族と子供の権利擁護に関する学際的センター（Interdisciplinary Center for Family and Child Advocacy）をつくった。同センターの教室科目，臨床科目及びエクスターンシップ科目は，ロースクール学生，社会福祉専攻学生及び心理学専攻学生に，危険にさらされている子ども達とその家族のニーズに応える共同作業が提起する問題を探求する機会を与えることを，目指してきた。See Ann Moynihan, Fordham University School of Law, Interdisciplinary Work (undated, unpublished) (on file with authors). 1998年以来，ロースクール学生，社会福祉専攻学生及び心理学専攻学生の学際的チームは，子どもの福祉，親密なパートナーの暴力，特殊教育と子どもの障害に関わる事件において家族と子供に全体的なサービスを提供するために，ロースクールの家族の代理活動クリニックで働いてきた。学際センターの共同ディレクターのアン・モイニハン（Ann Moynihan）は，以下のように述べている。

学生達は，法学教員，社会福祉学教員，心理学教員が監督する学際的チームに従事する。チームは，依頼者の法的ニーズとそれらのニーズから生じる精神的問題・社会的問題に取り組む。例えば，学生達は，法的問題と精神的・社会的問題の両方に関わる意思決定において依頼者に力を貸すため共に働いてきた

し，精神衛生の専門家を見つけて裁判の準備をさせてきた。彼らはまた，事件が提起する精神的・社会的問題に最新の実証的研究が確実に活用されるよう，あるいは裁判所指定のサービスを評価しモニターするため，そして，訴訟プロセス全体を通して依頼者に心理的サポートを提供するため，協働する。

Id. 2000年1月，セントルイスにあるワシントン大学ロースクールは，学際的な環境クリニックを創設した。そのクリニックでは，「教員の監督下で働く学生弁護士チーム（2年生と3年生のロースクール学生）及び学生コンサルタント（環境工学プログラム及び環境学プログラムの大学院生と学部の上級生）が，経済的余裕のない個人や団体に対し，環境とコミュニティの健康問題に関するプロボノの法的支援，技術支援を提供する」。See <www.wulaw.wustl.edu/Clinics/Intenv/>(visited August 7, 2000). 2000年8月，ラトガーズ—ニューアーク・ロースクール（Rutgers-Newark School of Law）の臨床プログラムは，看護学部（College of Nursing），行政学部，教育学部，社会福祉学部と連動して，学際的な子どもの代理活動センター（Child Advocacy Center）を開設した。同センターは，ニューアークの困窮した南地区の公営住宅プロジェクトの対象となる子どもをもつ家族に対して，学際的チームを通じ，全体的かつ包括的な法律，社会，健康ならびに教育に関するサービスを提供する。See Mary Hartnett, Description of the Child Advocacy Center（undated, unpublished）(on file with authors). 1999年に，AALSの臨床セクションは，新しく学際的臨床教育に関する委員会を創設し，そこで，全国の臨床プログラムと連動して実施される全ての学際的活動を把握しつつある。See E-mail from Susan Brooks to "fellow clinicians" on the national clinical listserv, LAWCLINIC@lawlib.wuacc.edu, dated May 16, 1999 (on file with authors). 新委員会の中間まとめ は，なんらかのかたちで学際的クリニック又は関連プロジェクトを実施する30のロースクールをリストアップしている。See chart of interdisciplinary clinical activities at U.S. law schools (undated) (on file with authors).

[285] Sexton, supra note 200, at 4（ロースクールの「顕著な保守主義」を論じている）。
[286] See supra Part III.A.
[287] ABA Standards, supra note 59, at Standard 302(a)(1) and (3)。
[288] MacCrate Report, supra note 56（マクレイト・レポートによって特定された10の技能と4の専門職の価値をリストアップしている）。マクレイト・レポートが特定した技能と価値の概要は，これまで批判され続けてはいるものの，ロースクールがそのほとんどを無視している広範な専門的技能の基礎が，学生に必要なしと主張する者はいない。See Menkel-Meadow, supra note 126, at 595（弁護士は，「広範な特殊技能を備えた専門家」であると同時に，「判断を下し，依頼者のみならずこの広い社会に住む仲間である人間達をいつくしみ，訴訟の枠を超え，専門家の仕事とはどうあるべきかというビジョンをもっている人間である」べきだから，マクレイト・レポートの勧告の範囲はあまりに狭すぎる，と主張している）。
[289] See ABA Standards, supra note 59, at Standard 301. ジャニーン・カーパー

（Janeen Kerper）教授は次のような意見を述べている。「多数の実務家，学者，及び教育理論家が指摘してきたように，教えられる法（law as taught）と実践される法（law as practiced）との間には大幅なずれがある。1つの帰結は，2つの間の『ブリッジ・ザ・ギャップ（架橋）』を目的とした継続的法曹教育コースの急増である。」Kerper, supra note 126, at 353. 彼女は，ケース・メソッドがそのギャップに寄与しているのかどうかを問い，ケース・メソッドが法学教育の中心に長年維持してきた地位に今なおふさわしいものであるかどうかを判断するため，ケース・メソッドの限界を組織的に検討する時期にきているかどうかを問うている。Id. まさに同教授の論文は，その疑問を明瞭に修辞的なものにしている（plainly rhetorical）。彼女は，以下のように指摘する。

我々は，ケース・メソッドに関する真実を認識すべきである。即ち，それが，ロースクール学生に弁護士らしく考えさせることを教えず，裁判官という役割に内在するあらゆる制約とともに，彼らに裁判官らしく考えさせることを教えているということである。これは，決して悪いことではない。適切な（competent）助言者であるために，弁護士は，裁判官がどう考えるか理解しなくてはならないからである。しかし，学生達が弁護士という立場で採り得る選択肢はもっと多様であり，それゆえ彼ら自身の思考過程はもっと広範になり得るということを，彼らが理解することも必要である。学生達が創造的問題解決者として思考する場面を増やし，最終的な意思決定者として思考する場面を減らしたならば，彼らは，依頼者を代理する上でより有能たり得るであろう。

Id. at 371. もちろん，裁判官も，創造的な解決策を見出す必要に絶えず直面している。他の法律家達と同様に，裁判官も，積極的な役割を演ずるため，彼らが受ける正式訓練の域を超えていく必要がある。

マクレイト・レポートは，ギャップなどはなく，「全ての法律家志望者がプロフェッショナルとして成長するために辿るべき，一本の険しい道」があるだけ，と断言している。MacCrate Report, supra note 56, at 8. どう表現するかはさておき，実務とそのための準備との間に横たわる断絶は架橋されるべきであり，一連の学習の場が，適切に訓練された弁護士を輩出するものにならなければならない。

[290] See supra notes 171–75 and accompanying text.

ミレニアム論文筆者による追加説明
――ABA学生実務模範規則の説明――

ピーター・A・ジョイ

　1969年，アメリカ法曹協会（ABA）は学生実務模範規則案を採択し，ロースクール学生は，法曹有資格者の監督の下，法律問題を抱える依頼者を代理することが可能になりました。模範規則によれば，その目的は，弁護士を雇う経済的余裕のない者に適切な法的サービスを提供することと，ロースクール学生に臨床訓練を提供することです。模範規則の全文は以下のとおりです。

ロースクール学生による法的支援に関する模範規則案

Ⅰ　目的

　裁判所及び弁護士会には，適切な（competent）法的サービスを有償で享受する経済的余裕のない者を始めとする全ての人に，こうしたサービスを提供する第一次的な責任を負う。そのような経済的余裕のない依頼者を代理する弁護士に支援を行う手段の一つとして，そして，ロースクールが様々な種類の法廷活動に関して臨床教育を提供することを奨励するために，以下の規則が採択される。

Ⅱ　活動

　A．適格な（eligible）ロースクール学生は，以下の事件において，貧困者を代理して，当州の裁判所または行政審判所に出廷することができる。但し，依頼者が学生の出廷に書面で同意しており，かつ，監督弁護士も学生の出廷を書面で承認している場合に限る。

　　1．民事事件。民事事件において，監督弁護士は法廷に同席する必要はな

い。但し，依頼者が監督弁護士の欠席に同意している場合に限る。

　２．被告人が，憲法の条項，制定法，又は当裁判所の規則の下で弁護士を選任する権利がない刑事事件。そのような刑事事件において，監督弁護士は法廷に同席する必要はない。但し，依頼者が監督弁護士の欠席に同意している場合に限る。

　３．被告人が，憲法の条項，制定法，又は当裁判所の規則の下で弁護士を選任する権利がある刑事事件。そのような刑事事件において，監督弁護士は，当該手続の全体にわたって同席しなければならず，かつ，手続が行われる方法に関して全面的に責任を負うものとする。

　B．適格なロースクール学生はまた，刑事事件において，検察官又はその授権代理人の書面による承認及び監督弁護士の書面による承認を得て，州を代理して出廷することもできる。

　C．各事件において，上述の書面による同意及び承認は，当該事件の正式記録に保管され，そして，裁判所の担当裁判官または行政審判所の審判長宛てに提出されるものとする。

Ⅲ　要件及び制限

当規則に従って出廷するために，ロースクール学生は，以下の状態でいなければならない。

　A．当州において，ABAによって認定されたロースクールに正式に在学していなければならない。

　B．総計で最低4セメスターになる，あるいは，当該ロースクールがセメスター制以外の制度にのっとっている場合にはそれに相当する，法律の学習を修了していなければならない。

　C．学生のロースクールの学校長によって，善き性格および適切な法的能力を有し，かつ，法学研修生として行動するために十分に訓練されていると認証されていなければならない。

D. 学生が出廷する裁判所で実務を行うことを認められている弁護士によって、当該裁判所に紹介されなければならない。

E. 学生がある者のために働く場合に、その者に対し学生の労働に関していかなる種類の賃金または報酬も請求してはならないし、これを受領してはならない。しかし、このことは、弁護士、法律扶助機関、ロースクール、公設弁護機関、又は州が適格なロースクール学生に賃金を支払うことを妨げるものでもないし、そのような機関が、同様の業務の対価として通常要求する適当な額を、（依頼者に）請求することを妨げるものでもない。

F. 学生がABA弁護士倫理典範（Canons of Professional Ethics）を学び、かつ、よく理解しているということを、書面で証明しなければならない。[注1]

Ⅳ 認証

ロースクールの学校長による学生の認証は、以下のとおりである。

A. 当裁判所の書記官に提出されるものとし、それは、それ以前に取り消されない限りは、提出から18ヶ月が経過する日と、学生の（ロースクール）修了後最初の司法試験の結果発表の日のいずれか先に到来する日まで、有効とする。その最初の司法試験に合格し、又は司法試験を受験しないで法曹資格を付与される学生に関しては、その認証は、その学生が法曹資格を付与される日まで有効であり続けるものとする。

B. ロースクールの学校長によって、当裁判所の書記官へその旨の通知を郵送することで、いつでも取り消されうる。その通知に取消の理由を記載する必要はない。

C. 通知も聴聞もなく、そして理由を示すこともなく、当裁判所によっていつでも終了されうる。終了の通知は、当裁判所の書記官に提出してもよい。

---

*1　原文ではcertify。主語は学生なので、学生自身がこれを証明（あるいは「誓約」と言った方が適当かもしれない）することを意味する。

V　その他の活動

　A．更に，適格なロースクール学生は，当裁判所で実務を行うことを認められている弁護士の全般的監督の下で，その弁護士が同席しなくとも，以下をはじめとする活動に従事することができる。

　１．当該学生が出廷する資格がある事件において提出される訴答やその他の文書の準備。但し，そのような訴答または文書は，監督弁護士によって署名されなければならない。

　２．当州の上訴裁判所に提出される趣意書，要約書やその他の文書の準備。但し，そのような文書は，監督弁護士によって署名されなければならない。

　３．当該事件で弁護士の選任が憲法の条項，制定法または当裁判所の規則によって義務づけられる場合を除いて，有罪判決に対する非常救済手続の申請書及び関係書類の準備の援助を求める貧困な矯正施設被収容者やその他の人々に対する援助。当該事件において正式記録に記載された弁護士がいる場合，そのような援助は全て，当該弁護士によって監督されなければならず，かつ，そのような依頼者を代理して当裁判所に提出される文書は全て，正式記録に記載された弁護士によって署名されなければならない。

　４．文書又は訴答はそれぞれ，その作成に関与した適格なロースクール学生の氏名を含まなければならない。彼がその一部のみの作成に関与したのならば，その事実に言及してもよい。

　B．適格なロースクール学生は，上訴裁判所の口頭弁論に参加することができる。但し，監督弁護士が同席する場合に限られる。

VI　監督

　適格なロースクール学生は，以下のような弁護士の下で，当規則によって許可されたことを行う。

　A．当プログラムの監督弁護士として働くことが，当該ロースクール学生が在学するロースクールの学校長によって承認された弁護士であるものとする。

　B．受任した仕事において学生を監督し学生の仕事の質を監督する上で，

専門家として個人責任を負うものとする。

C．当該監督弁護士が必要だと考える範囲で，当該学生の準備を支援するものとする。

Ⅶ　雑則

当規則に含まれるいかなることも，法曹資格を付与されていない者が当規則の採択以前に適法に行いえたことを行う権利に影響を及ぼすものではない。

Proposed Model Rule Relative to Legal Assistance by Law Students, 94 A.B.A. REP. 290 (1969).

ABAによって模範規則が公布されて以来，1969年当時に学生実務規則を制定していた州を含め，合衆国の全ての州が学生実務規則を採択しています。そのような学生実務規則には，模範規則に酷似しているものもありますし，全く違う文言のものもあります[*2]。

この文書があなた方のお仕事に役立つことを願っております。

[*2]　ABA自身は，公表から30年以上が経過してアメリカ全州が学生実務規則を有している現在ではABA学生実務模範規則の役割は終わったと解しているためか，当規則は失効しているという見解を示している。

●ピーター・A・ジョイ講演会／パネルディスカッション録
日本における臨床法学教育実践の課題 *編者注

講 演 者：ピーター・A・ジョイ
パネリスト：飯田　隆（弁護士／第二東京弁護士会）
　　　　　ピーター・A・ジョイ
　　　　　宮川成雄（早稲田大学法務研究科教授）
　　　　　宮澤節生（大宮法科大学院大学副学長，早稲田大学臨床法学教育研究所客員教授）
司　　会：道あゆみ（弁護士／東京弁護士会）

開催日：2004年6月30日
開催場所：國學院大學120周年記念1号館1階
主催：日本弁護士連合会，東京弁護士会

＊編者注　本稿は，2004年6月30日に行われた日本弁護士連合会第3回クリニック研究会「意義ある臨床教育を実現するための条件とは？」を再録したものである。

ジョイ　今日は私のほうから臨床法学教育ということでお話をする機会を頂いております。日弁連の飯田隆先生はじめ皆様方に対して，このような機会を頂きましたことを御礼申し上げます。また，國學院大学法科大学院の平林勝政院長におかれましては，このようにすばらしい学内の施設を今回使わせて頂くことになりまして，大変ありがたく思っております。また，道あゆみ先生，それから日弁連の事務局の方々に対しまして，今回この講義のための準備をして頂きましたことを御礼申し上げます。

●講演
日本の臨床法学教育が直面する3つの課題

ピーター・A・ジョイ

はじめに

　道先生からもご紹介頂きましたように，私といたしましても，今回は，できるだけ参加者の皆様方との意見交換の場にしたいと思っております。と言いますのも，臨床法学教育そのものが，一方向の，ただ単に先生が学生に対して話をするということではなく，双方向の教育手法だからであります。今回も双方向の講義とさせて頂きたいと思っております。臨床法学教育と言いますのは，学生がそれまでに学んだ理論を実際の依頼者に対して応用するというものでございます。今回ご参加頂いております皆様の多くは，この臨床法学教育につきましては既にかなりよくご理解頂いていると思います。

　法学教育における臨床教育の重要性につきまして，皆様方も深くご認識頂いているかと思います。ですから，ある意味，これはアメリカで使う表現でございますけれども，馬の耳に……。失礼，釈迦に説法と言いますか，皆様よくご存じのところに，私のほうからわざわざこのようなお話をさせて頂く必要もないのかもしれません。

　まず，私の講義の手始めに，1つご紹介させて頂きたい話がございます。アメリカにはジェローム・フランクというリーガル・リアリストの法学の教授がいたわけでございます。彼は，日本語に訳しますと「今こそ臨床法学教育である」（Why Not a Clinical Lawyer School）という論文を書いております。

彼がこの論文を書きましたのが1930年代のことでございます。ジェローム・フランク教授がこの論文を書きました当時，1930年代におきましては，アメリカにおきましてもまだ臨床法学教育が普及してはおりませんでした。ジェローム・フランク教授は当時のアメリカにおける法学教育に批判的でございました。つまり，教科書だけをベースにした法学教育が当時はまだ広くアメリカでも行われていたからであります。

期を一にする形で，1930年代，今度は日本におきまして，やはり日本における法学教育に対して批判的な専門家の先生がいらしたわけでございます。法学の教授をしていらっしゃいました末弘厳太郎先生がその方であります。末弘厳太郎先生が，やはりこれはジェローム・フランクと同じ1930年代でございますが「法曹雑記」という論文をお書きになりまして，この中で先生は日本の法学教育，法曹教育に対する批判を展開していらっしゃいます。

日本においての法学教育は，ただ単に学生が受け身で授業に参加するだけではなく，より能動的に，積極的に，学生が主体的に教育を受けるべきであるということを，この「法曹雑記」の中で書いていらっしゃるわけであります。日本におきましても法科大学院が今立ち上がったわけでございますけれども，日本における法科大学院，これは末弘厳太郎先生，あるいはアメリカにおけるジェローム・フランク教授が主張しておりました臨床法学教育の考え方を，日本の法学教育に持ち込もうとするものであります。

学生みずからが主体的に参加をする法曹教育，それが新しく設立されました日本の法科大学院が目指している法学教育であります。日本の法科大学院におきましては，授業が終わってからも学生たちは熱心に教授のところにやって来て，質問などをしてくるということでございます。私のほうからは，今日日弁連の方々から，こういう話をしてくださいというご要望を頂いておりますので，そのご要望に基づいて3つのポイントをカバーしながらお話をしていきたいと思っております。

私のこの講演にもし題名をつけるとするならば，こういう題名になると思います。「日本の臨床法学教育が直面する3つの課題」。まず，1点目でございますけれども，法科大学院の学生が実際に実務家に成長していくために，最も意義のある理想的な臨床法学教育とはどのような教育であるのかというものでございます。2点目は，このような意義のある臨床法学教育の目指すものとは何なのか。そして，事件受任型の実際の依頼者を対象といたしました臨床法学教育が成功するには，意義あるものとなるためには，どのような

条件がそろわなければならないのか，これが3点目でございます。

　ただ，私の前提といたしまして，今後も日本におきましては，最高裁判所が司法研修所を管轄して運営し続けるということが前提となっての話となります。もちろん，日本におきましては司法研修所があるのだから，何もわざわざ臨床法学教育を大学院レベルのロースクールでやらなくてもいいのではないかという議論があることも，私は十分承知をしております。私はそのような意見には個人的には反対でございます。たとえ司法研修所があったとしても，日本において臨床法学教育が果たすべき役割はあるのだということを，私の講演の中で皆様方にしっかりとご理解頂ければと思っております。

1　理想的な臨床法学教育のかたち

　私ぐらいの年齢の日本人の司法関係者の方であるならば，おそらく2年間，司法研修所でお過ごしになったのではないかと思います。しかし，昨（2003）年，司法研修所に入った方々というのは，1年半の研修期間であったと思います。これがさらに1年に，今後研修期間が短縮されると私は伺っております。司法研修所における研修期間がこれだけ短縮されてまいりますと，そこで研修を受ける人たちにとりましては，法律実務技能を学ぶ，あるいは専門家としての価値観について勉強する機会がさらに狭められてしまうのではないかと，私は心配しております。

　その意味で，この臨床法学教育というものが積極的に日本において導入されるならば，これはただ単に司法研修所での教育の準備としてだけではなく，実際に実務を担っていく法曹を育てるのにも，この臨床法学教育は役立つと私は確信しております。ですから，私といたしましては，この法科大学院における臨床法学教育と司法研修所における司法修習，これは何も互いに競い合う必要はないと思っております。法科大学院における臨床法学教育と司法研修所における司法修習，これはお互いに補完し合うことができる，そして，ベストな法曹の育成にお互いかかわっていくことができる，共生し得るものだと私は考えております。

　先ほど3つカバーすると申し上げましたトピックの最初のトピックでございます。学生が実際に法律の実務を担うことができるようになるために行うべき臨床法学教育として，最も意義ある理想的な臨床法学教育とは何かという命題でございます。どういう臨床教育がベストなのかということを考える

には，法学教育，法曹教育の目的は何なのかということを，まず考えなければなりません。法学教育，法曹教育の第一の目的，目標，それは，学生が法律実務を担うことができる能力をつけさせることであります。

　そのためには，一方向の教育だけでは十分ではありません。それこそが日本の法科大学院のねらいであるとされております。これまでの日本における学部レベルの法学教育におきましては，必ずしもこれがねらいではなかったわけでございます。法学部を出ても，なかなか司法試験に合格できないという実情が日本にはございました。例えば2000年を振り返って見ますと，日本で司法試験に合格した方は994人しかいらっしゃいませんでした。日本有数の法学部を出ても，司法試験の合格率は25％を切る状況でございました。すべての法学部の卒業者を含めますと，司法試験の合格率は3％にすぎませんでした。

　ただ単に知能レベルが高いかどうかということをもって法曹資格があるかどうかということを判断するならば，小学校のレベルで知能試験，IQテストをやって，それで高い得点を取った人が将来は法曹になるということになってしまうわけです。しかし，この知能指数，IQテストの結果だけでは，将来，大人になったときに，どの子が最も法曹として適性を有しているのかということを予見することは，残念ながらできないわけであります。すぐれた法曹になるためには，もちろん高い知能レベルというものも重要でありますけれども，それに加えて，法曹としての適性，あるいは実際に法律実務を行うための能力，法律に対する深い理解があるかどうかということが重要になってまいります。

　実際に法律実務を行うためには，深い豊富な経験がなければなりません。そのために教員は様々な経験を学生に与えてやらなければならないわけであります。ですから，理想的な臨床法学教育を行うためには，ロースクールにおけるカリキュラム全体の中で臨床法学教育という考え方，アプローチを取り入れていく必要があります。臨床法学教育が成功するためには，その前提条件といたしまして，学生の側にしっかりとした理論的基礎が既にあるかどうかということが重要になってまいります。

　この法理論に対してしっかりとした基礎知識があるかどうかということは，ただ単にルールを知っていればいいということでもありませんし，司法試験の予備校で教えているような中身をすべて理解していればいいということでもないわけであります。学生には，法律というのはただ単に理論だけではな

いのだと，法律には実務という側面もあるのだということを，しっかりと理解してもらわなければなりません。でありますので，理論的なことを教える授業，コースだけではなく，シミュレーションを行う授業も重要になってまいります。

● シミュレーション・コースの重要性

　このシミュレーション・コースという，シミュレーションに重点を置いた授業におきましては，いかに依頼者に対して助言を行えばいいのか，いかに依頼者との面談を行えばいいのかというような，様々な法律実務技能についての教育が行われます。このシミュレーション・コースと呼ばれるシミュレーションをベースとした授業ですけれども，これは実際の依頼者，あるいは実際の事件を受任してやるというのではなくて，あくまでも仮説としての依頼者，仮説としての事件を扱うコースであります。

　こういったシミュレーション・コースにおきましては，学生同士が，例えば依頼者の役を演じてみたり，場合によっては，役者さんに来てもらって依頼者の役割を演じてもらうこともありますし，あるいは学部生に来てもらって依頼者の役割を演じてもらうということをやり，あたかも実際の事件であるかのようにシミュレーションをするわけです。まず教授のほうが，どういう事件，どういう問題なのかということを実際に考えまして，それに基づいて，場合によっては教授のほうで台本をつくることもございます。この台本を使って，学部生なり，他の学生，あるいは役者さんに依頼者を演じてもらうわけです。

　こういったシミュレーション・コースにおきましては，あくまでもコントロール権を握っておりますのは担当教授でございますので，実際にシミュレーションを行っている中で，教授としてここで止めて，こういうことを教えたいということがあれば，そのシミュレーションをいったん中断します。面談をやっていても，あるいは法律的な助言を依頼者に与えているという場面におきましても，教授のほうで，ちょっと待ってくれと，今こういうことをやったけれども，これはこうだよという批判といいますか，指示を出すことができるわけであります。

　このシミュレーション・コースのよさですけれども，実際に事件受任型の臨床教育に比べてどういうよさがあるかというと，シミュレーション・コースのほうが教授，教える側としてはコントロールしやすいということもあり

ますし，あまり時間もかからない。実際の事件受任型に比べても時間が短くて済むというよさがございます。ただ，欠点といたしましては，シミュレーション・コースですと，非常に現実の受任に近いわけですけれども，似て非なるもの，あくまでもシミュレーションであって，実際の依頼者，実際の事件でないという弱さがあります。

●事件受任型臨床教育の意義

　事件受任型の実際の依頼者を扱う臨床教育の場ですと，思ってもいなかった展開になったりとか，やっているうちに様々に新しい事象が出てくる，そういったものに学生としては臨機応変に対応していかなければならないという場面が出てまいります。そういう意味で，このシミュレーション・コースというのは，実際の依頼者を弁護するという段階に至る前段階として，基礎を学生に与えるという意味合いがあろうかと思います。

　このシミュレーション・コースの次のステップとしての臨床教育，これが事件受任型の生の依頼人を相手にした臨床教育であります。私自身，最も意義のある臨床法学教育とは何かということを考えてみましたときに，それは学内，インハウスの臨床法学教育と，もう1つは，ハイブリッド・クリニックと呼んでおりますけれども，法科大学院の教授と実際の実務家が組んで学生の臨床教育に当たるという，ハイブリッド型の臨床教育，この2つが最も意義ある臨床教育ではないかと思っております。

　もう1つ，非常に有効な臨床法学教育といたしましては，エクスターンシップがあるかと思います。その場合，重要になってまいりますのは，指導監督に当たる実務家が学生の教育に熱心であるということです。学生の教育に熱心であるということは，これは依頼者を軽視するということではございません。しかし，学生の教育に熱心であるためには，やはり通常，弁護士事務所，あるいは弁護士の先生が受任するほど件数は扱えないということになります。ですから，通常よりは依頼者の数，受任する事件の件数を減らすことが必要になってきますけれども，それだけ学生教育に熱心であるということが求められます。

●熱意ある臨床教員が不可欠

　学生が十分に能力を発揮して，しっかりと依頼者の弁護に当たることができるように，大学の教員としっかりと組んで実務家として指導に当たる，そ

のための時間的な余裕がなければならないわけです。ですから，形としてインハウスがいいのか，エクスターンシップがいいのか，あるいはその2つを組み合わせたハイブリッドがいいのかという，形としての問題ではなくて，いかなる形をとるにしても，指導監督に当たる実務家が学生の教育にいかに熱意を持って取り組むことができるかに，臨床法学教育の成否はかかっていると思います。

と言いますのも，臨床法学教育には特別な教育手法が求められます。学生がどのような形で依頼者の事件を扱おうとするのか，それに対してしっかりと計画を立てて臨まなければなりませんし，実務家が学生と計画，プランをじっくりと練るという作業も必要になってまいります。また，1つのアプローチだけではなく，こういうアプローチもあるという適切なアドバイスを実務家，あるいは指導者の側から与えることができなければなりません。様々な学生とのやりとりを通じて，最終的に依頼者に対してはこういうアプローチでいこうということを決めていかなければならないわけであります。

● 計画→実行→反省のプロセス

そして，クライアント，依頼者のニーズをしっかりと把握しながら，学生が計画を立てたことを実践していくということが必要になります。例といたしまして，依頼者との面談についてお話ししたいと思います。まず，学生は教員，あるいは指導しております実務家と，どういう質問を依頼者に対してぶつけるかということについて相談をいたします。学生の側からこういう質問をしようと思いますけれどもと言われた教員，あるいは指導者のほうは，こういう質問もできるのではないかというアドバイスをいたします。実際の依頼者との面談をやるのは学生本人なんですけれども，実際に学生が面談を行うのを，場合によっては教員，あるいは指導者が，同じ部屋の中で見守るという形もありますし，場合によっては，面談をしている様子をビデオテープに撮って，後で教員，あるいは指導者がそのビデオを見るという形もあります。

そして，実際の依頼者との面談が終わった後，教員，あるいは指導を担当しております実務家がそれを振り返って反省会をやるわけです。反省会の中で教員，あるいは指導を担当しております実務家のほうから学生に対して，今回の面談で自分としてうまくいったのはどのあたりだったと思いますかという質問をしたり，もう1回同じ面談をやれるとしたら，今度はどの辺を改

善したいと思いますかということを学生に尋ねまして，学生からの反省を引き出す。こういう方法がとられます。

また，その際に学生の側としては，次回，依頼者との面談を行う際にはこういう質問をしてみたいというアイデアも出てまいります。その面談を受けまして，次回の面談，あるいは次回，依頼者に対してどのようなステップでアプローチしていけばいいかということを，学生みずから考えることになります。ですから，実際の依頼者を担当するプロセスの中で，常にプランを立てる，それを実行に移す，それに対して反省を行う，あるいは批判をしてもらって，みずから反省するという，この繰り返しで実際の依頼者の弁護のプロセスが続いていくわけであります。

●教室授業の重要性

実際に依頼者を弁護するという作業だけではなくて，臨床法学教育におきましては教室形式の教育も欠かせない要素としてございます。この臨床法学教育の教室における授業におきましては法律実務技能についての教育も行われますし，法律専門家としての価値観についての教育も行われますし，また，実体法についての教育も行われてまいります。実際に事件を受任して依頼人の弁護に当たったという経験が，この教室における授業形式の中でも役に立っていくわけです。

その教室に集まりました学生が，自分が実際に担当している事件を考えながら，こういう依頼者の場合にはこういう戦略がいいのではないか，こういうアプローチがいいのではないかということについて，様々な意見を出し合うわけです。また，依頼者の弁護を行うに当たっての倫理面の様々な問題点などにつきましても，この教室での授業の際には非常に有効な議論の材料となります。

●日本の司法研修所教育との比較

今日の日本の司法研修所におきましても，法文書の作成方法ですとか，もちろん勉強なさいますし，模擬裁判などにも参加なさるわけです。しかし，現在の司法研修所における教育の中では，例えば依頼者との面談ですとか，証人に対する尋問ですとか，交渉の行い方などにつきましてシミュレーションをベースにした教育は行われていないと理解しております。

また，私の理解では，日本においては例えば実際の依頼者を弁護したり，

実際に修習生が出廷をするということは行われていないと理解しております。非常にそういったケースはまれ、あるいは不可能であると私は理解しております。つまり、傍聴することはできるけれども、実際に自分が出廷をして依頼者の弁護に当たることはできないと理解しております。だれにつくかにもよるかもしれませんけれども、自分が傍聴してどう感じたかということさえ、修習生のほうは聞いてももらえないという状況であると、私は理解しています。

● コンプリート・ローヤーを育てるために

　ですから、現在の日本における司法研修所をベースとした法曹教育は、実際に現場に出た後、法曹、法律家としての実践を積めばいいのであるというものです。実践といいますか、臨床経験というのは、司法研修所を出た後積んでもらえばいいんだという考え方が、どうも根底にあるやに見えます。ですから、日本だけではございませんけれども、どこの国においても、法学教育として何が最もすぐれた法学教育であるかということを考えたときに、やはり法曹として網羅的な教育を行う。完全な教育を行う。法曹として備えていなければならない能力を包括的に、全般的に与える教育が最もすぐれた、望ましい法学教育であると私は考えております。

　つまり、私の言う完璧な法曹とは何か、コンプリート・ローヤーとは何か。それは理論も実務も分かっているのがコンプリート・ローヤーであると私は思います。日本におきましても医学部の教育、建築学部の教育などを見ますと、既に完全なる医師、あるいは完全なる建築家を養成しているわけであります。直ちにひとり歩き、ひとり立ちできる医師、あるいは建築家を既に養成しておられます。それと同じレベルの実務経験をぜひ日本の法科大学院においては、学生さんたちに積ませてあげてほしいと、私は期待しております。

　そのためには、教員の方々が理論をたたき台といたしまして、それを次の段階であるシミュレーションに持っていき、そのシミュレーションを土台として、さらに事件受任型の臨床教育まで発展させるといったコースづくり、カリキュラムづくりをする役割が、法科大学院の教員の先生方にはあるのだということを理解して頂きたいのです。

　また、法科大学院における教育、これは先ほど私が申し上げましたように、司法研修所における司法修習と必ずしも競争しなくてもいいのだと。いかに法科大学院における教育をもって司法研修所における教育を補完していくか

ということにつきましても、ぜひ法科大学院の教員の方々にはじっくりとお考え頂きたいところです。法科大学院と司法研修所というのはパートナーであると考えて頂ければと思うわけであります。法科大学院と司法研修所ががっちりと四つに組んで協力していくことによりまして、倫理観にあふれた、すぐれた法曹教育が実現できると私は考えております。

2　臨床教育の目指すもの

　私の話の2点目でございますが、この臨床教育の目指すところは何かという点についてです。どのような臨床教育課程も共通の目的を有しております。臨床教育の目的は、どこの臨床教育課程においても同じでありますけれども、まず、学生に対して法律実務技能を教えるということと、もう1つは、専門家としての価値観をしっかりと習得させるというのが、そのねらいとするところであります。これらを教育することによりまして、倫理観に満ちた、効果的な問題解決者としての法曹を育てるのであります。

　この臨床法学教育、アメリカにおきましてはどこでも、先ほど申し上げましたサイクルを使っております。つまり、計画立案、プランを立てるというのと、それを実行に移すというのと、それに対して批判を受けて反省をするという、この3つのステップのサイクルからなっております。重点の置き方はロースクールによって違うことはあるかもしれません。例えば法律実務技能の中でも、この技能に重点を置いているとか、倫理側面におきましても、この倫理側面に特に力を入れている、それはロースクールによって特色はあるかもしれません。

●技能と価値の教育を

　90年代、アメリカでは「マクレイト・レポート」（編者注：アメリカ法曹協会〔宮澤節生、大坂恵里訳〕『法学教育改革とプロフェッション――アメリカ法曹協会マクレイト・レポート』〔三省堂、2003年〕として邦訳がある）という報告書が発表されております。この報告書の中では、法律実務技能として重要な技能を10個、専門家としての重要な価値観4つが挙げられております。10ある法律実務技能ですけれども、この報告書の中には、これから申し上げる10個の技能が列挙されております。まず1つ目は、問題解決技能、2つ目は法分析、法律による理由づけの技能、3つ目はリーガル・リサーチ

の技能，4つ目は事実関係調査の技能，5つ目はコミュニケーションの技能であります。

6つ目がカウンセリングの技能，7つ目が交渉を行う際の技能，8つ目が訴訟及びADR，代替的紛争解決手法に関する技能，9つ目が組織管理に関する技能，10個目が倫理上のジレンマに直面したときに，どのようにそれに対応するかという技能。この10個が重要な法律実務技能として特定されております。

専門家として求められる4つの価値観として，この「マクレイト・レポート」という報告書の中に挙げられておりますのは，まず1つ目が有能な弁護を行おうとする価値観，2つ目が正義・公平・道徳を促進するために努力を行うという価値観，3つ目が専門家としての法曹の強化に向けての努力を行うという価値観，4つ目が自己啓発を行う専門家としての姿勢，これが専門家としての法曹に求められる価値観であるとしています。

お分かりいただけると思いますけれども，この報告書の中で挙げられております法律実務技能，専門職としての価値観，これはアメリカに限られたものではありません。アメリカ以外の国々におきましても，法曹たる者，これらの法律実務技能，価値観を身につけていなければなりません。法科大学院としては，このような法律実務技能，価値観の中で自分の法科大学院においては何を重視して強調していくのかということをまず決めて頂いて，それをベースにそれぞれの法科大学院における臨床法学教育を組み立てていって頂く必要があると思います。

本当はここで幾つか実例を申し上げようと思ったんですけれども，時間の制約がございますので，もし，ご関心があれば，後で質疑応答の中で実例をお話しします。ですから，ここで重要なのは，この臨床教育を担っている教員の先生方には，まず実際に教育を始める前に，その教育のねらいは何なのかということをしっかりと定義して頂く必要があるということなのです。

そして，その臨床法学教育のねらいがどこにあるのかということを，しっかりと学生にも伝えて頂きたい。臨床法学教育のねらいがどこにあるのかということをしっかり学生自身が認識してくれれば，末弘先生が渇望しておられた積極的な学習者へと，学生たちも変貌してくれるでしょう，ただ単に受け身の学習者ではなく。一旦この臨床法学教育のねらいというものがはっきりと定められれば，常に教員の側も設定した目的，ねらいを達成しているかどうかということをみずから振り返る機会も出てくるでありましょうし，継

続的に中身を改善していくことも，それによって可能になります。

3　意義ある臨床教育実施のための条件

　事件受任型の実際の依頼者を扱う臨床法学教育が意義あるものとなるためには，どのような条件がそろわなければならないかという，この私がカバーしたい3つ目のトピックに移ってまいります。

●条件その1─法科大学院と弁護士会が臨床教育の重要性を認識すること
　まず，必要な条件として挙げたいのが，法科大学院，弁護士会が臨床教育の重要性についてしっかり認識し，それに対してコミットしてくださるということが重要であります。それが今まさに日本において起こりつつあるわけであります。
　今回のこのイベントもそうですけれども，日弁連が臨床法学教育の重要性についてしっかり認識してくださっていて，それに対してサポートしてくださっているということが，日本において臨床法学教育が今後花開いていくための極めて重要な前提条件となっています。東京弁護士会，第二東京弁護士会のほうでも，この臨床法学教育の重要性をしっかりと認識してくださいまして，臨床法学教育センターを渋谷に設立してくださっている，あるいは大宮法科大学院大学におきましても同じような動きが見られるというのは，極めて心強い限りでございます。

●条件その2─学生実務規則の制定
　さて，2つ目の条件でございますけれども，日本においても，やはり私は学生実務規則が必要になると考えております。アメリカにおきましても，実際に学生が出廷できる，あるいは実際の生の依頼人を学生が担当して弁護することができる，そういったルール，規則を各州が導入して初めて，臨床法学教育が本格的にスタートとしたという経緯がございます。アメリカ法曹協会は，1969年に学生実務模範規則を制定しております（編者注：当規則については，本書110頁「ミレニアム論文筆者による追加説明」を参照）。私は，日弁連でも学生実務規則の制定に向けて動いていらっしゃると伺っております（編者注：当講演当時，日本弁護士連合会法科大学院センターでこの問題が議論されていたことを指している。その後，制定には至っていない）。

その案文，ドラフトを見せて頂きましたけれども，その中には，しっかりと臨床法学教育を受けるために学生に求められる資格というものも規定されているようでございます。また，教員の側に求められる資質につきましても，その中で網羅されると理解しております。例えば依頼人の同意がなければならない。また，法科大学院，あるいはその教員，その指導に当たる実務家が保険の役割を果たすという規定もございまして，これが学生が事件受任型の臨床法学教育を受けるに当たってのプロテクションとして効いております。

数年前に私は，アメリカでこれまで臨床法学教育，あるいは学生が実際に弁護に当たることによりまして，依頼者の側に不都合が生じたというケースが実際にあったかどうかということを調べてみましたけれども，そういうケースはございませんでした。毎年，インハウスの事件受任型の臨床法学教育を受ける学生が全米で1万5000人いると言われていますから，その数を考えますと，これまでそういった不祥事が発生していないということは，驚くべきことかもしれません。

インハウスの臨床法学教育を受けているのは年間1万5000人と申しましたけれども，それに加えてエクスターンシップをとっている学生は年間さらに1万5000人おります。

● 条件その3―教員の資質向上

3つ目の条件でございますけれども，これは教員の先生方の側が臨床法学教育の手法に対してしっかりと理解して頂いて，それをサポート，支持してくださるということが重要になってまいります。既に申し上げましたように，法学教育というのは，一方向の教育であってはならないという考え方に根差した教育手法でございまして，あくまでも学生の側の自発的な学習意欲に基づいた教育が臨床法学教育であります。

今後，臨床法学教育を日本で根づかせていくためには，教員に対する訓練も必要になってくるかもしれません。どうすれば効果的な臨床法学教育を学生たちに対して行うことができるのかということについての，教員に対する研修も必要になるでしょう。私の知る限り，最高裁判所のほうでは司法研修所の教官に対して臨床法学教育の手法などについての教育は行っていらっしゃらないと理解しております。

●条件その4―充実した倫理教育の実施

　4つ目の条件ですけれども，臨床法学教育を受ける前に，学生たちにまず倫理面の教育を行っておくということが重要だと思います。実効性のある善良なる法曹としてどのような倫理観を持っていなければならないのか，法曹としての倫理上の義務，これは依頼者に対する義務でもあり，また，司法全般に対する法曹としての義務でありますけれども，そうした倫理面について，臨床法学教育を受けさせる前にしっかりと教育をしておくということが重要になってまいります。

　もちろん，学生に対して実際に事件を受任させて，裁判所の記録を閲覧させたり，刑事事件における依頼人を担当させたり，刑事事件における記録を開示するということについて法曹三者の一部に抵抗感があることは，私も承知しております。しかし，臨床法学教育を受けることによりまして，ますます学生の側としては倫理観の重要性について目覚めていくわけでございますから，こういった臨床教育を通じて，学生側の倫理に対する認識が高まるということによって，今抵抗していらっしゃる方も少しずつ考えを改めて頂けるのではないかと思います。今後は，日本の新しくできました法科大学院におきましても，司法研修所においては見られなかったような倫理面の教育も充実されていくでありましょう。

●条件その5―不断の見直し，修正

　5つ目，これが臨床法学教育が成功するための最後の条件です。常に臨床法学教育については見直しをし，必要とあらば修正を加えていくということが重要です。学生，教員双方において，常に今の臨床法学教育というものを評価しながら，さらにそれを改善する方向に学生，教員ともども行動を起していかなければなりません。アメリカでは，臨床法学教育が根づくまでに実に70年という長い時間を要したわけでございますけれども，日本においては，おそらく今後5年から10年という短い時間の中で臨床法学教育を導入していくことになるでしょう。

　当時，70年前ですけれども，1番最初に申し上げましたジェローム・フランク教授がアメリカにおいて，今こそ臨床法学教育だという主張をしたわけですけれども，当時，だれも彼には耳を貸しませんでした。しかし，日本は違います。新しく法科大学院が設置されて，みんなの注目が集まっています。これは画期的なことでありますし，日本における臨床法学教育の導入の過程

が今後様々な国において，貴重な経験として生かされていくことでありましょう。

　私のほうからは以上でございます。ご静聴ありがとうございました。また，パネルディスカッションの後などに，もし，ご興味がありましたら，ご質問にお答えします。ありがとうございました。

●パネルディスカッション
日本における臨床教育実践の条件と課題

道　後半のパネルディスカッションを始めさせて頂きます。

　前半のジョイ教授の講演を聞いていて，私も大変驚いたんですが，予想以上に日本のことをよくご調査され，知識を入れてお臨み頂いたという印象を受けました。ただ，皆さん，日本の司法研修所の評価であるとか，法科大学院として抱える課題であるとか，ご意見，ご質問，いろいろあろうかと思います。

　まずは，パネリストの皆さんのほうに，このジョイ教授の講演，ジョイ教授のご意見に対してどういう感想を抱いたかというところから始めていきたいと思います。

　まず，宮川教授のほうから，昨日も早稲田のほうでジョイ教授が，刑事クリニックを中心としてご講演頂いたということですけれども。今のジョイ教授の講演をお聞きになって，ジョイ教授のご意見に賛成，反対，あるいは条件つき賛成など，ございますか。

1　法科大学院で臨床教育を実施する意義
　　　──司法修習との関係をまじえて

●学際的アプローチの必要性

宮川　全面的に賛成であります。そして，まず日弁連に対してお礼を申し上げなければいけないわけです。昨日，早稲田大学の臨床法学教育研究所のほうでオープンセミナーという形でジョイ先生をお招きして，講演会プラス，パネルディスカッションをさせて頂いたわけですけれども，アメリカからの旅費はすべて日弁連の負担で，早稲田がその恩恵にあずからせて頂いたということに対して，お礼を申し上げたいと思います。

　ジョイ先生のお話についての私の印象ですけれども，基本的にアメリカの代表的なリーガル・クリニックのあり方，あるいは臨床法学教育のあり方について，全般的なイメージを抱かせる，大変によく分かる，そして，包括的なお話であったと思います。ただ，1点だけ申し上げますと，特にアメリカ

と日本との違いとして，臨床教育を日本で実施するについて，1つの障害というわけでは決してないですけれども，司法研修所というのがありますので，それとの関係で法科大学院の臨床教育をいかに位置づけるかということが，日本の場合，やはり重要な課題であろうと思います。

ジョイ先生も決して競争ではなくて，相互に補完し合う，協力関係というものが大切だとおっしゃいました。私もそれに基本的に賛成なんです。ジョイ先生は日本のことですから大変紳士的におっしゃったので，補完とか，協力関係というふうにおっしゃったのだろうと思います。私は日本におります日本人の立場から，より司法研修所に対して批判的に考えた立場，あるいは司法研修所に対して批判的というよりは，大学で実務教育をする立場で，臨床教育の意義を私たちは認識しなければいけないのではないかと思っております。

司法研修所というのもいろいろな形で英訳がされます。例えば，インスティテュート・オブ・リーガル・アプレンティスシップという表現で訳される場合がありますが，まさにアプレンティスシップというのは見習いであります。実務の現状を先輩に教えて頂いて，それを肯定的に継受するというのが見習いという概念の基本だと思います。しかし，大学で実務教育をするという機会が与えられたことによりまして，実務をよりよくしていく，批判的に検討していくという視点というのが，やはり大変重要だと思います。

その意味では，よき意味で相互に批判的に検討し合う競争相手と考えても，もちろんいいと思っております。法科大学院での実務教育と司法研修所での実務教育というのは，よき競争相手という形であってしかるべきであろうと思います。そして，大学で実務教育をするということの利点を生かすということは，大学の中の様々なリソースを生かさなければいけないと思っております。

その第1点というのは，大学に保障されております学問の自由というものをしっかりとわきまえ，法制度，あるいは実務の現状に対して自由に批判的に検討を加えるという態度が，まずリソースとして生かされなければいけません。そして，大学の場合は法学研究だけではなくて，他の様々な分野の専門家がおります。依頼人の抱えている問題というのは，もちろん法的な観点から解決されるべき問題というのは多い。それを受けて，受任型のクリニックを展開しようとするわけですけれども，しかし，生身の人間の問題というのは，決して法律的な観点からの解決だけでは十分でないということは当

然のことであります。様々な学問分野の専門家の知識，あるいは経験というものを生かした形で臨床法学教育というものが行われるべきであろうと思っております。

　今（2004）年の5月の上旬に，アメリカでロースクール協会の臨床法学に関する研究大会というのがありまして，日本の法科大学院の研究者5名と一緒に参加したわけです。その中で，アメリカの臨床法学が向かおうとしている1つの特徴というのを見出したと思っています。それは，学際的なアプローチであり，大変に印象深く残っております。その学際的なアプローチというのは，まさに大学で実務教育をするがゆえに，大学内の様々なリソースを生かすということで，使える大きな利点であろうと思っております。

道　ありがとうございます。右から順番にと思ったんですが，今司法研修所，司法修習の話が出ましたので，今日のパネリストの中で唯一，司法修習を受けた経験のある飯田弁護士のほうからどうでしょう。ジョイ教授の司法修習に対する評価，あるいは今の宮川教授の司法修習に対する評価，これを中心に飯田先生のご意見を頂きたいのですが。

●臨床教育で「教育」を実践する──盗ませるのではなく学ばせる
飯田　突然パネリストに指名されまして，全く準備がないので大変恥ずかしいところなのですが，お許し頂きたいと思います。

　まず，今日のジョイ先生のお話からなんですけれども，私も大変感動と同時に心強い思いをいたしました。というのは，私ども，今現在，法曹に必要な資質及び能力について，2つのマインド，7つのスキルという形で整理して提言しております（編者注：㈶日弁連法務研究財団による法科大学院の認証評価に向けた取組について，言及している）。すなわち2つのマインドというのは，法律専門職責任で，1つは法曹としての使命・責任の自覚，2つ目が法曹倫理であります。7つのスキルというのは，法律専門職能力でございまして，第1番目が問題解決能力，2番目が法的知識，基礎的法知識，専門的法知識，法情報調査，3番目が事実調査・事実認定能力，4番目が法的分析・推論能力，5番目が創造的・批判的検討能力，6番目が法的議論・表現・説得能力，7番目がコミュニケーション能力であります。

　これは，まさに先ほどジョイ先生がおっしゃった「マクレイト・レポート」を下地にしながら，我々が日本的に整理したものでございます。この2つのマインド，7つのスキルをトータルに教育するのに1番ふさわしい科目は何

かということを考えますと，臨床教育が非常にウエートが高い。そういうことを痛感した次第でございます。先ほどコンプリート・ローヤーという言葉がありましたけれども，そういう教育に本当にふさわしいものとして，この臨床教育があるのだと，先ほど痛感した次第でございます。

次に，司法修習との関係でございます。私ももう30年余り前の修習になります。私自身が修習生を約10人近く，指導弁護士として受け入れてきました。そういう中で，司法研修所で言われた言葉ですごく記憶に残っているのは，学ぶより盗め，これが弁護士の勉強なんだということを言われました。私はそのまま，私が修習生を受け入れるときも実践しまして，おれの生きざまを見ておけと，これが実務修習でありました。

しかし，それは実は教育ではないんです。先ほど，ジョイ教授のお話の中で重要な言葉がございました。それは，臨床教育における教育手法への習熟という言葉がございました。我々は実務家として修習生を鍛えましたけれども，それは生きざまを見させたのでありまして，決して教育の専門家ではなかったんです。だから，これからの臨床教育で重要なのは，まさに実務家が臨床教育をする以上は，教育の専門家である必要が求められているのではないかと。教育の専門家としてするからこそ，学生は単に盗むのではなくて，学べて教育を受ける，それによって発展していくのではないかと思いまして，その点が，先ほどの話の中で感銘を受けました。

というのは，私ども事務所に毎年20人ぐらいの弁護士が入ってきます。その中で発展していく力を持っている弁護士と，発展せずに低空飛行を続けて墜落していく弁護士，はっきりちがいがあるんです。しかも，昔は10年ぐらいかけて手塩にかけて育てたんです。ところが，これからどんどん弁護士が増えてきます。まさに3000人の時代になると，3000人の弁護士を日本全体の2万人の弁護士が教えなければいけない。これは，手塩にかけて教えられる時代ではなくなってきたんです。

だからこそ，法科大学院で考える力を鍛えられ，発展する力を身につけた弁護士は，その後を元気に送れるんだけれども，そうでない弁護士はつらい人生を送る。そのための教育をする教育機関が，私はこの法科大学院であり，その大きな役割を担うのは臨床教育だと思っている。司法研修所は重要性はあるんですけれども，ここは盗むところであって学ぶところではないというのが私の整理でございます。若干，話はそれているかもしれませんけれども，臨床教育の重要性，法科大学院の重要性をご認識頂きたいと思う次第でござ

います。

　以上が今の思いつきでございますが、ご参考になればと思っています。
道　今，教育の専門家ではないという話も出てまいりましたけれども，アメリカでお教えになった経験もあられる宮澤先生のほうからどうでしょう。ジョイ教授のご講演に対する感想も含めて，アメリカと日本の教育を比べられて，1番日本に足りないものというのは何なのかということにも触れていただければと思います。

● 「プロフェッショナル・スクール」としての教育を
宮澤　宮澤です。既に「マクレイト・レポート」の翻訳をお買い求めくださった方は気がつかれと思いますが，私が共訳者のひとりなのです。先ほどジョイ先生がプリーチング・ザ・コンバーテッド，既に改宗した者に対して改めて説教をするという，つまり余計なことをするかもしれないがという趣旨のことをおっしゃいましたけれども（編者注：講演冒頭，本稿では「釈迦に説法」と訳された箇所を指している），私は多分，日本の中では最も強く改宗した者の1人であるわけです。そういう立場からの発言ということで，若干ラディカルな発言もあるかもしれませんけれども，お許し願いたいと思います。

　まず，司法制度改革審議会は法科大学院をどう定義したかという原点に立ち返って考える必要があると思います。審議会は，法曹養成教育に特化したプロフェッショナル・スクールと言ったわけです。決して法学部の延長ではないのです。あるいは，予備校の代わりでもないのです。法曹養成教育に特化したプロフェッショナル・スクールです。

　ということは，当然，飯田弁護士がおっしゃったことにも関係し，また「マクレイト・レポート」でも述べていることですけれども，3つのことを教育しなければならないということになります。もちろん，基礎理論，法曹としての価値観，法曹としての技能の3つです。この全体が教育されて初めて，プロフェッショナル・スクールと言うことができるわけです。

　そういう意味では，司法制度改革審議会の答申も，実は腰が座っていませんでした。なぜかといいますと，実務技能の教育の点についてはっきりしていないからです。つまり，社会的現実に触れる教育をすべきだという程度のことを言ってお茶を濁しているわけです。

　それをどういう形でやるかというのは，それぞれの法科大学院の才覚，見

識にゆだねられているわけでありまして，それを最もよく追求するのが，言うまでもなく，ライブ・クライアントに対するリーガル・クリニックというものだと，私は確信しているわけです。

　医学部教育の話が何度も出てきましたけれども，医学部教育では，患者に触れない教育というのはあり得ないわけです。しかも，医学部を出た上で，医師の資格を持って，さらにまた研修医として訓練を積まなければいけないということになっています。今までの日本の法曹養成制度は，そんなことにはなっていないのです。

　そのように考えると，ライブ・クライアント・クリニックを中心とする臨床教育を法科大学院で行うということは，法科大学院を設置したということの歴史的意義，本来的意義を理解するならば，当然のことであろうと考えています。

　そこで司法研修所との関係をどうするかということで，先ほど宮川教授が指摘されたように，ジョイ教授は外国人として発言するという立場でしたので非常に紳士的な表現をされたわけでありますけれども，私は，率直に申し上げると，百害あって一利なしと考えております。百害の最大のものは，今また問題になっておりますが，法律家の数を人為的にコントロールしようという手段として使われるということです。

　日本社会がどれだけの法律家を必要としているかということは，人々のニーズによって形成される市場が判断すべきことです。我々法科大学院が考えるべきことは，市場が受け入れてくれるような質を持った法律家の候補者を養成することなのであって，そこから先，どれだけの法律家が本当に成長していくことができるかというのは，それぞれの弁護士がクライアントとの関係で努力していくことで決まればいいことなのです。

　そうであるにもかかわらず，司法研修所があるために，今回もまた，やはり新司法試験は現在の司法試験とそんなに変わらないものになるのではないかということになり，なってほしいという声すら聞こえてくるわけです。ですから，このように使われる存在というのは，新世紀の，これからの日本の法曹養成制度の中では中心的な位置を占めるべきではないと，私は確信しているのです。

　幸いにして，前期修習は廃止になります。残る期間というのは，現場でのアプレンティスシップ，つまり徒弟奉公にすぎません。しかし，これは，先ほど飯田先生がおっしゃったように，カリキュラムを持った教育ではないの

です。しかも，1年間の修習を強制しながら，報酬は出さない，奨学金しかくれないという方向が議論されています。それならば，この際，一切廃止したらよろしいでしょうというのが，私の立場であります。

しかし，そうはならないでしょう。そうはならずに，存在する司法研修所を，おそらく後期修習を中心とする，ごく限定的な役割に縮小していくだけだと思います。そうであるとすれば，法科大学院が，完全な法律家をつくるための先ほど申し上げた3つの要素，とりわけ技能教育にも力を入れた教育を行うというニーズは，高まりこそすれ，減ることはないと考えています。

もう1点，ジョイ先生がおっしゃったことで，アメリカが70年かけてやったことを，日本は5年か10年でやらなければならないという点がありました。確かにそういう言い方もできると思います。しかしながら，我々はアメリカが達成した時点からスタートすることができるわけです。アメリカが70年間の試行錯誤を経て今到達したところ，その英知を我々は初めから使うことができるということであり，私は決して悲観していないのであります。

そこで，教師の考え方としてどうかということになります。これは，道さんから私に具体的に振られた課題で，前置きが異様に長くなって申しわけないのですが，教師の心構え，あるいは資質という点でどうかということであります。これは，率直に言って，ばらばらであると言わざるを得ないと思います。しかし，アメリカでも先ほどジョイ先生が指摘されたように，決してクリニックに好意的な教員ばかりでもないのです。アメリカでは，日本と違って，ロースクールを出て，法曹資格を取って，数年たってロースクールの教授になるわけですが，それでも，そのほとんどの人々はアカデミック・ローヤーであり，実務経験はごく短期間です。ロー・クラークであったり，あるいは大ロー・ファームの実務経験であったりするわけですが，その後のキャリアのほとんどをフルタイムの教員として過ごす人々が主流になっているわけです。

そういう人々を対象として，ジョイ先生のような臨床に関心を持った先生たちは説得活動を重ねてきたわけであります。その点を考えると，日本でこれから臨床教育をやろうとしている，あるいはそれを支援しようとしている宮川さんや私のような立場の者にとって，それほど状況が違うわけではないと考えています。ですから，それほど悲観的でもないのです。

むしろ重要なことは，実務家の方々がロースクールの教育に積極的に参加してくださるという姿勢ではないかと思います。この会場にも臨床教授にな

られる方々が相当数来ておられて、私が関係している大宮法科大学院大学の臨床教授になられる方も来ておられるわけですけれども、そういう形で弁護士が積極的に教育に関与していくことが重要です。とくに重要なのは、教授会のフルタイムのメンバーになって、今まで実務と無関係に過ごしてきたいわゆる研究者教員に対して実務的感覚とはいかなるものなのかということを伝えていくという形で、人間関係を通じて理論と実務の架橋とがなされていくということです。

　そうすることによって、今まで実務と接点を持たなかった私のような学者も、実務的な感覚の教育に対する理解を深めていくということになると思います。それから、これは宮川先生が多分強調されたい点だと思いますけれども、クリニックの目的は決して今ある技術を伝えることではないのです。新しい実務のやり方を開発するという役割も担っているわけです。そのために、司法研修所にはない学問の自由というものがある大学で臨床教育が行われる必要があるのです。

　そのような新たな実務への発想というのは、場合によってはアカデミックな理論的な背景を持った教員からも出てくるかもしれません。そういう意味で、実務家が大学に大量に参加することによって、今までの研究者教員との関係が深まり、そのようにして相互作用を通じて、アメリカの臨床教育が現在到達した地位に少しずつ達していくのではないかと思います。この少しずつというのは、決して70年を必要とするわけではなくて、数年の間にということですが。

道　ありがとうございました。今お三方のパネリストのおっしゃったことをごく簡単にまとめますと、基本的にジョイ教授のご意見に賛成であって、法科大学院における臨床教育に極めて積極的なお三方を壇上にお迎えしている。その上で司法修習との違いについても、これはわりと皆さん、ご意見が一致しているようです。

　ちょっと確認なんですけれども、宮澤先生のおっしゃる、百害あって一利なしの、害を100個並べるのは大変だと思いますので、1つか2つ、司法修習の問題点を端的に挙げていただけますか。先ほど宮川先生がおっしゃった点とは違う、宮澤先生のご意見です。

●司法研修所をどう評価するか

宮澤　私も、基本的に考え方は同じだと思います。先ほど既に申し上げたよ

うに，田中英夫さんが，有名な『ハーヴァード・ロー・スクール』という本の後書きに書いていることで，私もしょっちゅう引用しているものですけれども，司法研修所というのは，制度として，今ある技能を後輩に伝えるということ，とりわけカリキュラムの半分を占めている裁判官教育の部分において，裁判官が必要としている現在の技能と現在支配的な理論を後輩に伝えるという意味では，有効な機関でしょう。

しかし，法律家の大部分を占める弁護士教育の機関として考えたときに，それは果たして意味のあることでしょうか。あるいは，それで十分でしょうか。そういうことを考えて頂きたいと思うのです。法曹の大部分を占める弁護士の皆さんには，自分たちの後輩を育てる，トレーニングする，教育するという場を持ってこなかったのだということに，ぜひ気が付いて頂きたいと思うのです。それが，私が司法研修所に対して持っている根本的な疑問です。そのことが百害のひとつに過ぎないのかどうかは分かりませんが。

法曹の大多数を占める弁護士の皆さんは，法科大学院ができることによって初めて，みずから教壇に立って後輩を養成するチャンスを持ったのだということを，理解して頂きたいわけです。

今までの司法研修所教官の選任のされ方をぜひお考え頂きたいと思います。弁護士会が推薦する人が容易に教官に採用されたのでしょうか。あるいは，裁判教官と弁護教官の取り扱いは同じだったのでしょうか。そういうことを考えて頂き，今まで日本には弁護士養成に力点を置いた教育機関というものは存在しなかったのだということに，ぜひ目覚めて頂きたいと思っております。

皆さんのほとんどは，もう既に目覚めているのでここに来ておられるのだと思うので，これもまた，先ほどの釈迦に説法の英語版と同じことになるかもしれませんけれども，私はそういう考え方でおります。

道 このように言われている司法修習なんですけれども，会場にも司法研修所で教官としてお勤めになっておられた経験のある方が何人かいらっしゃるとお見受けしているんですけれども。例えば，法政大学の中村先生はいらしておられますか。すみません，今のジョイ教授の講演も含めて，パネリストの先生からのご意見，ご指摘などに，反論や質問などを頂ければと思います。

●法科大学院が新しい臨床理論をいかに開発するか

中村芳彦　法政大学で専任教員をしています弁護士の中村と申します。今の

宮澤先生のお話，ご意見について，特に結論的なところでそんなに反論はありません。私，2002年の1月まで民事弁護教官をやっていましたが，むしろロースクールの専任教員をやってみようと思ったのは，司法研修所ではあまりできなかった，まさに臨床教育，具体的には相談・交渉・ADRといったローヤリング科目を特にやってみたいという目的のもとになったという経過がありますので。そういう意味では，先ほどのご批判，ご意見については，元々やっていることが違うという認識なので特に取り立てて反論はありません。

ただ，私が1番問題だと思うのは，むしろここに参加しているみなさんを含め多くの弁護士の方達が，実際に司法研修所で教育を受けてきていて，それを踏まえてこれから臨床教育に携わるという現実をどう考えていくのかというところなのではないかと思います。つまり，臨床の理論というものをしっかり確立していかないといけないのに，結局先ほどのご指摘のように，従来の実務をそのまま伝えるような臨床教育であってはいけないわけです。

では，それに変わる理論や実務を我々が持っているのかというとどうでしょう，あるいは学者の先生方が，例えば法律相談なら，法律相談の理論というものを，外国の文献の翻訳ではなく，本当にクライアントの相談に関わってきた中から築き上げてきたのかというとどうでしょう。こうした部分に関して，やっぱり反省というか，自覚を持ってスタートしていかないと，結局，例えば司法研修所でやってきた要件事実教育をそのまま相談の中に実践していくというやり方だったら，おそらく臨床教育の名に値しないわけです。染みついた自分自身のこれまでの弁護士像から，発想の転換をしてどうやって自己改革していけるのかということを，出発点として持っていくというスタンスが大事なのではないかと思います。

司法研修所自体については，現在の修習制度やあるいは今後の姿をいくら批判をしてみても，むしろ臨床教育についてこれまでほとんどやっていないわけですから，批判の対象ではないのではないかと思っています。それよりは，法科大学院が，新しい臨床理論をいかに開発していくかというところで，理論と実務の架橋の中から，クライアントと共にどう形作っていくということが，より大事なのではないかと思います。

なお，司法研修所自体も，先ほどのジョイ教授のお話の中で，シミュレーションの教育をしていないというお話がありましたけれども，例えば法律相談のロールプレーについては，比較的最近から，具体的には2000年からやっ

ておりまして，問題意識がないわけではないことを付け加えさせて頂きます。そういう意味では，少しずつは変わってきているわけですけれども，基本的には裁判官教育中心ですから，そこに期待するよりは，繰り返しになりますが，これから，特に実務家教員自身が臨床教育にどのようなマインドやスキルを持って関わるのか，そこを開発していく努力を学者の先生方と一緒にやっていく。実際のクライアントに関わる中で作り出していく。ここに1番力を入れる必要があるのではないかと思います。

道　ありがとうございます。今，非常に前向きなご意見を頂戴しました。ジョイ教授のほうから一言頂けますか。お願いします。

ジョイ　ここまでのところで，パネリストの先生方からご指摘を頂きました点について，幾つか私のほうからこの時点でコメントしておきたいと思います。飯田先生がご指摘なさった点ですけれども，今後もそうですけれども，これだけローヤーの数が増えてくれば，これまでのように1人当たり10年かけて仕込むということは，弁護士事務所としてもなかなかできにくくなるだろうということをおっしゃいました。

アメリカでもそうなんです。ですから，今アメリカでも弁護士事務所としては，すぐに実戦で使える即戦力の若い弁護士を求める傾向があります。どういうことかといいますと，弁護士事務所に入ってくる段階で，既にある程度の実戦経験がある弁護士を求めているということなんです。つまり，入ったその日から即戦力として使える弁護士を採用する傾向にあります。

もう1つコメントしておきたいのは，宮澤教授のほうから，司法研修所というのは，どちらかというと裁判官の教育に力を入れてきたという傾向があると。その状況が今少しずつ変わりつつあるのかどうか分かりませんけれども，こちらの資料を見ましても，その辺が明らかになっております。これは，何を見ているかといいますと，司法研修所が出しておりますパンフレットなんですけれども，いかに法曹教育を司法研修所で行っているかということについて書いてございます。

判事補に対する5つのプログラムという説明が詳しくその後で出てまいります。それから，略式裁判所の判事に対するトレーニング・プログラムが4つありますという話も出てくるんです。判事，裁判官に関する研究プログラムが6つありますという説明が出てまいります。宮澤先生のコメントを聞いておりましても，また，この資料を見ておりましても，私は思うんですけれども，これは司法研修所というよりは裁判官研修所という名前のほうがふさ

わしいのではないかという気がいたします。以上です。

2　意義ある臨床教育の条件——教員の意識，資質，連携など

道　ありがとうございます。前提となる意見の方向性が共有できたと思います。要するに，臨床教育というのは，今までの日本の司法修習と違った，現状肯定型ではない，発展的な新しい実務をつくるというマインドで，とにかくつくり上げていかなければいけないということなんですが，それに必要とされる条件，具体的に何を整備すればいいのかという話が，今日のジョイ教授の講演の目玉でもあったかと思います。

　5つ，ジョイ教授のほうからご指摘頂いております。臨床教育の重要性を認識するのが1つ，2つ目が学生実務規則をつくること，3つ目が，教員の理解であり，サポートであり，その資質の向上であると，4番目が倫理面の教育であり，5番目が不断の見直し，改正であるというお話だったと思うんです。1番，2番については後回しにさせていただいて，先ほど来出ている教員の資質の問題，そして，これをいかに改善していくかということについて，少し議論を集中させたいと思います。

　宮川教授，この点について，ご自身の早稲田大学で抱えておられる具体的な悩みであるとか問題に触れながら，ご意見をいただけますでしょうか。

●実務家教員の積極的参加を望む

宮川　1つは，早稲田大学で今，臨床法学教育研究所というところで学生に実際に事件に携わってもらって，実験プログラムというのを昨（2003）年の秋からやっておりまして，今（2004）年の6月にも実施をしております。法科大学院の20%の教員は実務経験を持っている方々を採用するということで，実務家の方に来て頂いているわけなんですけれども，必ずしもすべての実務家教員の方々が積極的に臨床教育に携わろうという意欲を共有されているわけではないという印象が，私にはあります。

　実務と理論の架橋というのが法科大学院の1つの重要なコンセプトでありますけれども，ただ人的に実務家教員をファカルティーの中に受け入れるということだけでは，理論と実務の架橋というのは実現しないわけです。その架橋を実現するための方法というのが重要であります。その方法というのがまさにこの臨床法学教育だと思います。具体的な悩みということではないで

すけれども，研究者教員のほうからしますと，理論については教えるノウハウみたいなものもある程度イメージとしてありますが，それをいかに実務と組み合わせて教えるかということについて，実務の経験をお持ちの方々と試みてゆきたいと思います。

　ここに提供されている臨床法学教育というものに積極的に実務家教員の方々にかかわって頂いて，理論と実務の架橋ということを実現して頂きたいと思っております。大変簡単なことなんですけれども，臨床の方法論というのが必ずしも日本で十分紹介されてこなかったということから，実務家の先生方自身の中でも消極的な姿勢があるのではないかと思います。

道　それは，実務家教員のマインド，姿勢の問題ということでしょうか。それとも，研究者教員とのコミュニケーションの難しさということなんでしょうか。

宮川　両方だと思います。コミュニケーションということについては，具体的なお話として，例えば法科大学院というのは，この4月から始まって，早稲田だけではないのかもしれませんけれども，客員教授という形で，早稲田の場合3年任期ということで実務家教員の方々に来ていただいているわけです。従来，早稲田の場合，客員教授というのは，学内の行政にはタッチしない。すなわち教授会には参加しないということが任用の条件でありました。

　しかし，この法科大学院では，まさに実務家の方々に教授会に参加して頂かなければ，教学の運営に実務家の視線を生かすということができませんので，教授会の中にも入って頂きます。ですから，かつての法学部の教授会の雰囲気を知っている者からしますと，法科大学院の教授会の雰囲気というのは大変いいものだと，私は思っております。大変緊張感があるように思います。従来，法学部の教授会というのは長い伝統のある大学では，慣例によりとか，前例によりとかいうことで済まされていた事柄を，一から，なぜそうするのかということが問われるという意味で，コミュニケーションが緊張感を持って行われていると言えます。

　これは，いいことなんですけれども，悪く言うと，コミュニケーションがなかなか難しいということを表しているのかもしれません。そういう意味で，コミュニケーションの重要さというのは，いま道さんがおっしゃったとおりであります。そして，実務家教員のマインドの問題ということについては，早稲田の中にも派遣裁判官，あるいは派遣検察官の方を迎えようとしているわけですけれども，そういう派遣でおいでになってくださる先生方も臨床教

育に積極的に参加していただかなければ，いわゆる法曹三者の統合的な視点から臨床教育というのは実現できないのではないかと思っております。

道　研究者教員のほうの姿勢，マインドについては，特に気になるところはないということですか。

宮川　研究者教員のマインドのほうにも問題はあります。研究者教員のほうでも，やはり臨床教育について無理解，あるいは消極的というふうに思われることが多々ございます。早稲田は臨床法学教育研究所というのをつくって，全国の法科大学院に先駆けて臨床教育に力を入れているように外目からは見えるかもしれませんけれども，実状を申し上げますと，強い関心を持ってくださっている研究者教員というのは，1割もいらっしゃらないのではないかと思っております。研究者教員のサイドからも臨床教育についてのオープンなスタンスというのを持って頂きたいと思っております。

道　ありがとうございます。宮澤教授のほうではいかがでしょうか。ご自身の法科大学院の抱えておられる悩みということは。

●臨床教育を目指したスタッフ構成

宮澤　大宮法科大学院大学の場合には，ご存じの方もおられると思いますけれども，やや特殊な構造になっています。第二東京弁護士会の組織的支援のもとにできているわけで，専任教員33人のうち20人以上が弁護士です。二弁会員が大多数で，埼玉弁護士会の会員が2名，アメリカの弁護士が2名という構成です。

　実は，実務家的センスというのは初めから前提になっているわけでありまして，研究者教員で臨床法学教育をやるべきではない，あるいは，ほどほどにせよという意見を持っている人はだれもいないという，非常に恵まれた状況にあるわけです。つまり，法科大学院の設計が先にあって，その設計を受け入れる研究者教員だけを採用しているということですので，他大学の状況とはかなり違っているのだろうと思います。

　既存の法学部がありますと，今までのスタッフをそのまま引き継いでいきますから，今宮川さんがおっしゃったように，法科大学院教員になっていながら，プロフェッショナル・スクールにしたくないという人が何人もいたりするわけです。そういう悩みは，大宮のようなつくり方をすると，ないわけです。

　しかし，だからといって十分かというと，先ほど中村さんがおっしゃった

ように，決して十分ではないのです。1つは，これは分野によっていろいろ違うと思いますけれども，ファカルティー・ディベロップメントの努力が不可欠だろうと思います。大宮法科大学院の場合には，開設前に3度，グループを組んで教員予定者がアメリカの視察に行きました。必ずしも全員が参加できたわけではないのですが，それによってアメリカのロースクールというのはどういうものか知ることができました。当然その過程で，研究者教員も実務家教員もクリニックを見ることになったわけでありまして，それは非常に大きな共通の体験になっているだろうと思います。

　開学した後は，大宮法科大学院大学の場合にはまだ3年制の1年生しかおりませんから，臨床教育をやる段階にはなっておりません。しかし，クリニック，エクスターンシップ関係の教員は，つい先日も会議をやりましたけれども，定期的に集まっておりまして，意見交換をし，将来の計画を立てています。そこに私もときどき出ています。

　さらにまた，先週もやったわけですが，実務家教員も研究者教員も1度は他の教員の授業に出て，それを批判するという機会を設けたわけです。これは非常に有効です。日本人のことですから，非常にポライトな表現しかしませんけれども，遠回しに，ああいうやり方でよろしいんでしょうかと言われれば，それは考えるわけです。そして，見に行ったほうにとっても，決して賛成できない授業スタイルでも，1つや2つは見どころがあるわけで，そういう形でお互いに学ぶことができます。そういう体験を共通して持っていくということが重要だろうと思います。

　それでも，なかなかすぐには変われないだろうなという先生たちもいます。先ほどちょっと言いかけた，分野による違いというものですけれども，例えば，最近も日弁連主催の会合で発言がありましたが，刑法総論などは，伝統的なスタイルでやりたいという先生が多いわけです。そういう授業スタイルを堅持しようとする人に対して，プロフェッショナル・スクールにおける法律基本科目の教育はどうあるべきかという理解を持たせるためには，やはり実務家が最初から参加しているということが必要であって，実務家がファカルティー・ディベロップメントの場でいろいろなコメントをしてくれるということが不可欠だろうと思います。

　他方，実務家の採用でも，考えなければいけない点があるわけです。先ほどから議論になっているように，今の実務をそのまま伝えたいという形の方よりも，今の実務をより洗練されたものにしたいとか，あるいは，今の実務

のあり方に何らかの批判があるとか，そういう方々が法科大学院教員になることが望ましいわけであります。そして，実務家の側面を少しずつ減らしていって，フルタイムの教員として教育に専念するという方向に次第に転換していって頂けると，さらにありがたいと考えております。

　幸いにして大宮法科大学院大学では，早稲田大学法科大学院のように実務家は任期3年などということは言っておりませんで，いつまでもいてほしいと思っているわけでありますし，客員教授などという肩書もありません。みな教授です。しかし，実務家と研究者を区別する大学のほうがむしろ多いと思いますので，実務家，研究者という区別が今後なくなっていって，実務家出身者が実務経験を踏まえた新しい理論を打ち出すことによって，理論と実務の架橋が実務家側から達成されるというのが，私は望ましいのではないかと考えています。

道　ありがとうございます。早稲田，大宮というのは，比較的臨床教育に積極的な，わりと教員間に温度差のない法科大学院だと思うんですが，それ以外の法科大学院では，また，より深い別の悩みがおありではないかと思います。

　ランダムに指名させて頂きたいと思うのですが，例えば東北大学の官澤先生はいらっしゃっておられますか。どうでしょう，ご自身の法科大学院のほうで臨床教育を実施する，あるいは，よりよいものにするための課題というか，悩みのようなものは。

3　臨床教育実施にあたっての課題
　　——都市部以外の法科大学院について

●事件受任型臨床教育の課題

官澤里美　官澤でございます。臨床教育が非常に重要で，なるべく多くの学生に受けさせたい，しかも，今日のお話にあったように法律実務技能とか，価値観とか，ねらいをはっきり決めて行わせたいと思うわけですけれども，大都市と違って地方では，効果的な臨床教育をやるためには，しかも，ジョイ先生もお話ししていましたように，シミュレーションもいいけれども，生の依頼人，生の事件がいいのだということになりますと，困難が伴います。

　問題は，まず効果的な事件が少ない。多分，単に相談を集めれば，今ですとサラ金，要するに債務整理の事件が多くて，学生の教育に適切な相談，事

件というのはなかなか集められない。さらに問題は，実際の事件，しかも事件受任型臨床教育で行おうと思いますと，ジョイ先生のお話でもありましたけれども，熱心な実務家が必要というお話なわけです。実務家教員だけでは絶対手が足りないので，外部の仙台市内の弁護士に頼まざるを得ないわけですがなかなか見つけられない。そうすると，効果的な実際の事件を使った臨床教育を行うためには，地方では事件数が足りない。それに協力してくれる弁護士の確保に苦労する。そこをどうクリアするかを非常に悩んでおります。

　それで，後で質問しようかと思っていたので，この機会に質問したいんですけれども。そう考えていくと，地方の大学で臨床教育を効果的にやろうと思うと，やはり基本的にはシミュレーションを使って，ある程度，実際に身につけて頂きたい技能とか価値観を教えた上で，生の事件を使うパターンとしては，少ない弁護士で事件受任型臨床教育はなかなかこなし切れないので，相談型，生の相談を体験させるというパターンになるのかと思っております。

　そこで，そういう場合に，事件受任型ではなくて，相談型で臨床教育の効果を上げるためには，どんな工夫とか，ねらいをかなり絞ってしまうのか。その辺，ジョイ先生や，他の，今日出席されている先生方に教えていただければと思っておりました。

道　分かりました。教員の資質，訓練，研修などに関するお悩みということではなく，むしろそこに至っていないというか，それ以前の人材の確保が悩みであるというご趣旨ですか。

官澤　そうです。まず質の問題に行く前に，協力してくれる弁護士の確保が基本的に問題になります。というのは，地方ですと，一定年数たちますと，ほとんどの弁護士が数年に1回，司法修習生の実務担当を行わざるを得ない。さらに今度，法科大学院の学生も引き受けてくださいということをお願いせざるを得ない。

　そこで，ジョイ先生もアメリカでも結構熱心な実務家の確保が必要ということで，どういう形でアメリカで協力してくれる実務家，弁護士を確保しているのか，その辺もアドバイスいただければと思っておりました。

●様々な工夫

ジョイ　まず官澤先生，本当に非常にいい点をご指摘頂きまして，ありがとうございました。アメリカについて1点目にお話ししておきたいのは，日本ではサラ金事件が多いということをおっしゃいましたけれども，アメリカで

もサラ金の事件というのは非常に多くて，しかし，実際には，サラ金のケースが臨床法学教育において非常に有効である場合も，アメリカでは多いんです。もちろん，サラ金の種類が日本とアメリカでは違うのかもしれませんけれども。

略奪的な融資にかかわる事件という呼び方をアメリカではされるんですけれども，サラ金がかかわっている場合には，非常に高金利の融資を個人や企業組織が行う。あるいは家具ですとか，家電製品をリースするんだけれども，実際にその家具とか家電製品の価値を上回る支払いを，最終的には借り手がさせられるというケースもございます。

こういった略奪的融資の餌食になってしまう人たちというのは，そもそもが貧しい人が多いので，実際に被害に遭ってもなかなか弁護士を雇うことができない。正義を求めて司法に頼ろうとするならば，こういった貧しい人たちにとっては，ロースクールのクリニックが最後のとりでという場合が多いわけです。

それから，ロースクールのクリニックの中には，倒産事件のみを扱っているクリニックもあります。ですからアメリカでは，たとえ小さな町であっても，そこにはロースクールのクリニックがあるという状況になっています。そのようなクリニックにおきましては，ロースクールが雇っている教員がクリニックで学生を担当するという形をとっています。

また，エクスターンシップという形で学生を政府の関連機関に派遣して臨床教育を受けさせるということもやっています。例えば，その地域の検察官のところに送って，そこで実習を積ませるという場合もあります。そういう形をとれば，その地域の弁護士の先生方に過度な負担がかかるということはありません。これである程度の答えになっておりますでしょうか。

道　より広い実務家の理解，協力を得るということについて，何かアドバイスはございますか。

ジョイ　弁護士事務所から見るとインターンですけれども，インターンを受け入れる側にこれまで消極的な傾向があったかというと，アメリカではそういうことはございません。といいますのも，大学から派遣される，ロースクールから派遣される学生というのは，いろいろなスキルを持っている学生です。

既にエクスターンシップに出される前に，シミュレーション・コースはとっているということが前提になっていますから，そのシミュレーション・コ

ースの中で何か書類を作成するですとか，リーガル・リサーチをするというスキルは身につけています。ですから，ただ単に受け入れ側の弁護士の先生が一生懸命教えなければならないということだけではなくて，学生の側からもある程度の貢献ができますので，これは持ちつ持たれつの関係ができるということなんです。

　ただ，もちろん，そのためにはエクスターンシップ・プログラムといいましても，ただ学生を送り出せばいいということだけではなくて，学内の教員がしっかりとそこに関与するということが重要になってきます。そうすれば，教員が積極的に関与することで，教育の中身の質を保障することができるわけです。

道　ありがとうございます。他に。例えば，九州大学は事件受任型を目指されるということで伺っているんですが，その中で何かお悩み，課題というものが具体的にございましたら，挙げていただけますか。

上田國廣　九州大学の上田です。事件受任型の必要性については先ほどから話があったように，全く同感のところで，そういう方向でやっていきたいということで，現在進めています。

　今の議論でいけば，まず資質的な問題として，実務家側のほうも必ずしもそういう教育的な方針について十分理解していないところもありますので，これからやっていくプロセスの中で実務家と研究者，教員の共同型で適切な理論を構築していこうということになるのではないかと思っています。その前提として，九州大学の場合は国立大学法人ということで，また，大学法人上のいろいろな制約という問題もあります。このあたりが1つ，制度上の問題としてはネックになるところになります。

　一応構想としましては，研究者教員の方何名かに弁護士登録をして頂くということで，弁護士法人を立ち上げた上で，研究者教員，実務家教員がそこの弁護士として活動をしていくということを想定しています。最初の段階では，実務家教員が1名，研究者教員が2，3名という形で，3，4名程度でスタートしていく中で作業していきたいと思っています。

　したがって，制度的にはライブ型のクリニックが実現することは可能であろうと思っておりますけれども，先ほどご指摘があったように，研究者教員がどれだけこの実務型のものに時間を割くことができるのか。やはり，一旦事件を引き受けますと，自分の研究時間があるから，その依頼者をサポートしないというわけにはいかないわけですから，事件を具体的に責任を持って

解決していくということの時間的なものの困難性があります。

　あわせて，当然，学生を指導していくということになりますので，自分の本来の担当する科目との関係で，どのように時間をうまく調整していけばいいのかということが，課題になってくるのだろうと思っています。

　そういう意味で，実務家側で熱心にこのクリニックを実現させるという方向性と，研究者教員側で同じような熱意を持っていくという形のものをきちんとサポートしないといけないというふうに思っています。理想的にはそうですけれども，現実的に，今度は少し細かな技術的な問題になりますけれども，兼業禁止の問題だとか，そういう制度的な枠組みの中で，いわゆる兼業許可というものをとっていかないといけませんので，今度はそこでどの程度の条件的なものを設定するのかということで，九州大学における研究者教員の弁護士登録についての1つのガイドラインみたいなものも，今検討しているところです。そういう技術的な問題も，現在克服すべきものとしては検討されているというところになります。以上です。

4　実務家と研究者の連携方法
　　　──実務と理論の架橋に向けて

●研究者教員と実務家教員との協力関係をどうつくるか

宮川　実務家と研究者教員との協力関係ということについて，早稲田で今試みていることを紹介させて頂きたいと思います。これは私自身がかかわっていることなんですが。そして，アメリカでの実務家教員と，従来のアカデミックな教員との協力関係というのがどういう形で形成されてきたのかということを，ジョイ先生にもお伺いしたいと思っております。

　早稲田での1つの試みとしましては，私は外国人法の分野についてクリニックを実施しようと計画しています。そのクリニックをとる前提として，どうしても理論的に知っておいてもらいたい事柄を扱う講義科目を，私自身が，研究者教員として外国人法の分野で実績を積んでおられる弁護士の方と，その講義を共同で行います。ですから，教室サイドの教えるということについても，共同で行って，クリニックの実施面でも，学生の指導ということについて，私と弁護士との共同という形で実務と理論との橋渡しをしていこうと思っております。

　これは，従来の教員からすると大変時間のかかる事柄で，例えば給与の問

題になりますと，1つの科目を2人で担当すれば給料は半分しか出ないということになっておりますから，身を削って教育を実践していかなければいけないという大変つらいところはありますが，やはり新しい法科大学院というのができて，従来どおりの教え方では全然意味がないわけですから，新しい方法にみずから身を挺して頑張ろうと思っております。

　そういうことについて，アメリカでの研究者教員と実務家教員との協力関係というのはどういうふうになっているのかをお伺いしたいと思っております。

ジョイ　この研究者教員と実務家教員の間の協力関係は，いろいろな形でこれまで強化されてきたわけですけれども，今からその方法についてお話しいたします。アメリカでは，大学で教鞭をとっているロースクールの教員の多くは既に弁護士資格を持っております。司法試験に合格した後，大学で教鞭をとるようになっている人たちが多いわけです。ですから，ほとんどの場合，ロースクールで教えている教員も，年数は少ないけれども実務をやった経験のある人たちがほとんどでありますから，大学で教えているだけではなくて，ある程度の実務の知識も持っているわけです。

　ですから，そういった自分たちの，限られているかもしれないけれども，実務経験を生かして，いかにクリニックにおける実際の受任事件において理論を応用すればいいかということについても，アドバイスができる立場にいます。臨床教育をやっている教員と相談をしたり，あるいは打ち合わせをしたりということなんですけれども，しかし，彼らは学生と一緒に出廷するわけではありません。

　もう1つ，この協力関係を構築する方法といたしましては，実体法を教える授業の中でクリニカル・ラボというものをやっているケースです。実体法，例えば家族法でもいいんですけれども，その授業をやっている学者が家族法に関して詳しい実務家教員と連携をとって，家族法に関するクリニックに参加するという形です。クリニカル・ラボというのは，実体法の授業をとっている学生がそれを生かすことができるクリニックです。その場合，その実体法を教えている教員もクリニックに出席するわけです。

　また，実務家教員と研究者教員の間の協力関係の促進方法といたしましては，共同研究という形もあります。一緒に論文を書くという形で，実務家教員と研究者教員が一緒に作業をする。ただ，1番重要なのは，臨床教員と研究者教員の間の垣根を取り払うということです。例えば垣根を取り払うとい

う意味では，臨床教育をやっている教員が同時に，例えば刑法ですとか，契約法ですとか，不法行為に関する法律ですとか，刑事訴訟手続などについての法律基本科目の授業も持つということも，ロースクールにおいては実践されております。

そういう場合，臨床教育と理論教育，両方やっている教員の人たちというのは，理論にもたけているし，実務にもすぐれています。実務に対する能力も深い，知識も深いということで，極めて高い評価を得ています。私の理解では，アメリカの臨床法学教育をやっている実務家の教員の中で，法律基本科目の授業を持っている人たちというのは半数以上いると思います。半分以上がやっていると思います。

アメリカにおきましては，年々実務家教員と研究者教員の区別がなくなってきております。私の大学の例を申し上げますと，昔検察官だった人が今大学で教えています。検察官をやった後，20年間大学で教鞭をとっていて，最近になって臨床教育もやり始めたという先生もいらっしゃいます。ですから，実務と理論の間を行ったり来たりというケースが多くて，一旦臨床をやったから臨床だけとか，理論をやったから理論だけということではなくなってきています。

そういった形を実現していくために重要なのは，やはりロースクールが大学としてしっかりとした財源を臨床教育に与えてくれるということになります。一応これで答えになっていればいいんですが。

宮澤 1点，実例と，1点，意見があります。実例というのは，研究者教員と実務家教員をいかにして臨床教育に参加させるかという点での1つのやり方ですけれども，既に早稲田の例として，クリニックに関連する授業科目を1つつくるという例が出されていました。

もう1つのやり方としては，大宮法科大学院大学のスタイルがあり得ると思います。大宮法科大学院大学では，クリニックというのは，6ヶ月ずつの授業と考えられていまして，6ヶ月間，週平均8時間クリニックで働くことになっていまして，そのうち2時間はセミナーでなければならないということになっています。そのセミナーをどうやるかというのは，これから詳細を詰めていくことになるわけですが，そこに例えば民事クリニックでありましたら，民事法関係の研究者教員が来て，実際に発生している事件について理論的な観点からコメントを行うとか，今まで考えてもみなかったような実際上の問題について気がつくというような場を設けることができると思います。

ですから，クリニックというのは，ひたすら依頼者のためにサービスをしていればいいのだというのではなくて，そこに含まれている理論的，あるいは法曹倫理上の問題点を先生と学生が一緒に考えるという場でもなければいけないわけです。そういう時間を何らかの形で確保するということが重要だと思います。大宮法科大学院大学では，先ほど述べたように，週何時間かの活動の中の2時間は，必ず教室におけるセミナーでなければならないとなっています。ですから，臨床教員の先生は当然セミナーも行うことになるわけで，そこにいわゆる研究者教員が参加するというスタイルが1つあり得るだろうということです。

5　意義ある臨床教育の条件
　　――教員審査，第三者評価，経済支援，司法試験，学生実務規則など

●教員の資格認定審査の問題

宮澤　もう1つ，皆さんに考えて頂きたい，実は一緒に運動して頂きたいと思う点があります。それは，教員の資格認定審査の問題です。

　皆さん，ご存じのとおり，大宮法科大学院大学のように実務家出身者が法律基本科目も教えるという考え方で当初教員人事を考えたところは，ひどい目に遭ったわけです。簡単に言うと，理論は実務家には教えさせないという教員審査が行われたわけです。これでは，いつまでたっても真のプロフェッショナル・スクールにはなりません。

　ですから，研究者教員が弁護士資格を取って，宮川教授が言われたようにクリニックに参加するのと同時に，実務家出身者にも十分な見識を持っていて，今まで学者の書いているような論文を書いていなくても教育能力は十分あるという人は，いくらでもいるわけであります。そういう人々も法律基本科目，先ほどからジョイさんが言われているサブスタンティブ・ローという概念，これは必ずしも日本で言う実体法ではなく，法律基本科目というのがイメージとして近いわけなんですが，そういうものを教えられるようにしなければいけない。

　その意味では，制度的に解決しなければならない問題の1つとして，教員資格の認定というのが日本ではあるのだということも，ぜひ理解して頂きたいと思います。

道　ありがとうございます。そろそろ時間がなくなってきたので，まとめの

方向で話をしたいと思います。ジョイ教授がご指摘になった条件，5つのうち，日本，我々の課題というのはやっぱり人的側面，教員の資質であり，確保であり，その発展ではないかと思うんです。実務家教員も研究者教員も，臨床教育に携わるということの価値を分かって，思う存分それに携わる，やりがいのある仕事だと思うためには，実際にそれを実行に移すためには，外からの追い風も必要ではないかと思うんです。

　ジョイ教授が最後におっしゃられた経済的サポートというのも1つですし，今宮澤教授がおっしゃられた教員審査の制度上の問題もそうですけれども，他に，アメリカで臨床教育の地位が高まったのは，ABAやAALSのバックアップもあったのではないかと思います。日本の場合，司法試験というものもある状況で，今後法科大学院の外がこういうふうに変わっていってくれたら臨床教育はもっと発展するのではないか，というアイデアがあれば。

　まず，飯田先生のほうからお願いします。

●日弁連法務研究財団の取り組み
飯田　1番最後に宮澤先生がおっしゃった，まず教員資格の点があります。これは，法務研究財団で法科大学院の第三者評価事業を立ち上げるわけでございますが，その中で教員資格の点については，今回の大学設置・学校法人審議会のいろいろな議論を踏まえまして，実務家教員について，実務上の実績があれば，研究業績がなくても教育指導能力が認められれば教員資格を認めるべきであるという，そのような実務家教員と研究者教員の融合が図れるように，我々としては制度運用をしていきたいというのが，第1点でございます。

　第2点は，先ほど教育内容，教育方法について，あるいは教育方法の手法について，それに取り組まないといけないということが議論になっているわけでございますけれども，日弁連から法務研究財団に研究委託が出されまして，先ほどの2つのマインド，7つのスキル，法曹養成教育についての教育内容，教育方法の研究を進めていこうと考えています。しかも，実務家だけではなくて，研究者教員と共同で作業を進めたいと考えている次第でございまして，これにご賛同頂きたいと思いますし，我々としては数年後に日本版「マクレイト・レポート」のようなものを発表できればと考えている次第でございます。ここにご出席の方々もぜひともご参加頂きたいと思います。

　その点に関してジョイ先生に，アメリカでそのような研究を進めてこられ

たわけですので，日本でこれからそういう研究を進めていく上で，何かアドバイスをいただければと思っている次第でございます。

●日弁連が臨床教育を研究し支援する

ジョイ　お役に立てるかどうか分かりませんけれども，こういうことはいいのではないかという提案をさせて頂きたいと思います。先ほどの私の話の中でも，臨床教育課程を継続的に見直しをしていくことが必要だということを申し上げました。この臨床教育を広めていくという作業の中で，日弁連が果たし得る役割としては，ロースクールにおいて行われていくであろう臨床教育を評価をする，見直しをするという役割をぜひ果たして頂きたい。

つまり，日本のロースクールにおいてどのような臨床法学教育が行われているのか，その数がどれぐらいあるのか，どのようなコースがあるのか，そして，どのような中身のコースなのかということにつきまして，ぜひ日弁連として情報を収集して頂きたいわけです。その集められた情報をぜひ各地のロースクールに対して発信をして頂いて，それぞれのロースクールの臨床をやっている教員，あるいは理論教育をやっている教員が，他のロースクールにおいてどういう臨床教育をやっているのかということを知ることができるような環境をつくって頂きたいわけです。

例えば，臨床法学教育に関心を持っている教員の先生方を集めてコンファレンスを日弁連が主催をするということもあっていいのかもしれません。そういったコンファレンスの分科会といたしまして，臨床教育手法についての分科会を持つということも，1つ，有効かもしれません。そういう中で実務家と理論教育を行っている教員が有効な教育手法とは何なのかということについて，積極的に意見交換をする場を持つということです。

そして，日本政府の各省庁に，広く日本において臨床法学教育が行われていくように働きかけをして頂くということも，日弁連にはぜひお願いしたいことであります。アメリカにおきましては，一時期，日本の文部科学省に当たる教育省が総額8700万ドルの予算をロースクールにおける臨床法学教育の推進のために与えたという時期がございました。

日本におきましても，日弁連が政府に働きかけることによりまして，政府の予算を日本のロースクールにおける臨床法学教育につけてもらえるように働きかけて頂くことも，1つの道かもしれません。もちろん，これはすべてそんなに簡単にできることではないのかもしませんけれども，少なくとも，

そのどれか1つでも積極的に実現して頂けたらと思っております。
道　ありがとうございます。

●第三者評価の重要性
飯田　臨床教育というのは，まさに法曹養成教育のある意味でワンストップ・ショッピングのような場所だと思うんです。法曹養成教育をしっかりやっているという点については，これから始まる第三者評価できっちり評価して，支援していくというのが，おそらく日本で必要的ではないかと思っております。その点は法務研究財団で十分考えていきたいと思っております。
道　外部からのサポート，追い風ということで，経済的な支援，ABAならぬ，日弁連法務研究財団のアクレディテーションの追い風ということもあり。他にどうでしょう。宮川先生，何かこういう点を，とうものがありますでしょうか。

●新司法試験の工夫を
宮川　もちろん，新司法試験の中に技能試験のような科目を導入することが大変重要だと思います。例えば，カリフォルニア州の場合，バー・エグザミネーションでは実技に関連する科目があると聞いております。試験をすれば学生に技能が身につくということではないですけれども，また試験万能ということを言っているわけではないですが，学生に現実的なインセンティブを与えるという意味で，大変に重要だと私は思っております。

●学生実務規則の制定
宮澤　今日出るべくして出なかったポイントとして，学生実務規則の制定というのがあります。これをぜひ成案にこぎ着けて頂きたいと思います。ただし，私は，これがなければライブ・クライアント・クリニックができないというわけではないと思っています。実際にやってしまうだけのことでありまして，多分早稲田の刑事クリニックや大宮法科大学院大学の刑事クリニックは，学生実務規則ができなくても何らかの形で始めることになると思います。しかし，制度の安定・拡大という意味では，やはりそのようなものが公式に制定されるというのが望ましいと思います。
　その次に，むしろ，これは個々の弁護士の皆さんに私はお願いしたいことですけれども，繰り返し申し上げておりますが，実務家教員はパートタイム

のままでいいということではないということを，ぜひ理解して頂きたいと思います。つまり，実務家がフルタイムの教員になって初めて日本の法学教育というのは変わるわけでありまして，そのような形で取り組む実務家がぜひ増えて頂きたいと思います。

　我々，大学教授の給料は確かに安いです。私の年で千数百万円にしかなりませんから。しかしながら，それで生活が悲惨かというと，そんなことはないわけでありまして，それなりに生活はできるわけです。しかも，クリニックの教授になって，フルタイムになったらどういういいことがあるでしょうか。簡単に言いますと，生活のために事件を担当する必要がなくなるということです。理論的に興味深い，少数の精選された事件を，すぐれた学生と一緒になって進めていくことができる。その中から新しい理論や実務技能が開発できる。私は，こんな楽しいことはないと思うんです。

　私の担当科目の性質からいって，私が弁護士登録をすることは不可能なわけですけれども，もし私が刑法などを教えていたら，いの1番に弁護士登録をして実務家教員になり，クリニックの教授になると思います。その楽しさをぜひ考えて頂いて，腰が引けた形ではなくて，ぜひフルタイムの実務家教員になるという方が続々と出てきて頂きたいと思います。

　もう1つ，飯田弁護士がおっしゃった外的な第三者評価の問題ですけれども，この点でも，1つ注意して頂きたい点があります。財団法人日弁連法務研究財団については問題がありません。問題があるのは，大学評価学位授与機構の第三者評価基準です。これについては，私の批判が間もなく法学セミナーに載ります（2004年8月号）。先ほど議論しているときにジョイ先生がおっしゃっていましたけれども，30分学生が法廷に行くために，ジョイ先生は5時間，その学生のために様々な活動をするわけです。そういうインテンシブな活動をロースクールの教授というのはしなければいけないわけです。

　であるにもかかわらず，第三者評価基準として大学評価学位授与機構から提案されている基準の1つは，年間30単位まで授業負担を認めるというのです。20単位以下が望ましいけれども，年間30単位まで認めるということです。こんな基準はアメリカでは考えられないわけで，せいぜい年間10単位前後です。大宮法科大学院大学は，もちろんそれに倣っているわけで，年間12単位というのがフルタイムの教授の授業負担です。そうやってこそ，クリニックの教授などというものは成り立つわけで，そのことは，理論教育を行う一般教員についても同じです。このような第三者評価基準が今提案されていると

いうことにぜひ気がついていただいて，強く批判し，その撤回を迫って頂きたいと思います。

　残念ながら，法務研究財団の第三者評価を受ける法科大学院は，全部とはならないと思います。評価基準が緩い大学評価学位授与機構の第三者評価を受けるほうへなびく法科大学院が多いのではないかと心配しています。そうなってしまうと，そちらのほうが基準になってしまうわけで，私は，日本の法科大学院教育はそれだけで崩壊すると思っています。ぜひこの点について強く批判し，反対して頂きたいと思います。

質疑応答

道　力強いご意見が続いたところで，ここで質問したいという方がおられましたら，挙手をお願いしたいと思います。どうぞ。

上床竜司　上床と申します。来年からクリニック，エクスターンシップを担当することになったので，今日お話を伺いにまいりました。正直，今日いろいろなお話を伺って，いろいろな話を聞き過ぎたせいもあるんですが，では，来年からどうやってクリニック，エクスターンシップをやろうかというのがますます分からなくなったというのが，正直なところです。というのは，各大学，法科大学院でそれぞれ違うんでしょうが，クリニック，エクスターンシップ，どのようなものが求められているのか。

　かなりいろいろな要請があるので絞り込めないところがあるんですが，先ほどから理論と実務の架け橋というお話がずっと出ています。私は2通りの使い方があるのかなと思っています。実体法については，いろいろな学説であるとか，法理論を研究者の方が研究されている。それを実務にどう反映させていくか。例えば通説，判例ではない立場でいろいろな説を展開していくのを訴訟でやったらどうかとか，意見書を書くときはどう書くかとか，相手との交渉でその理論をどう反映させていくかという，よく使われる理論と実務の架け橋という意味もあると思います。それは正直言うと，今までも研修所でもやっていたことだと思うんです。

　もちろん，それは判例とか通説の枠の中での理論でありますけれども，いろいろな学説を勉強して，それを踏まえて要件事実はどう書くか，訴訟指揮はどうするかということをやっていたし，実務の弁護士修習の中でも，学説を調べてこいと。調べた上で，これは書面はどう書くの，手続はどうやるの

と，こういうのはやっていたと思うんです。その程度のことは別にロースクールでなくてもできる。私どもだって理論で勉強していますし。

もしくは大学で勉強して頂いたロースクールの学生に，その理論的な勉強を実際に実験する場を与えるという程度でいいのか。そういうことであれば，ロースクールで理論的に勉強している題材をより多く含んだ事件を提供するということが重要になってくるのだろうと思うんです。先ほどある先生から，クレサラしかないので，これではというご懸念があった。多分クレサラなんかはあまり法理論的な問題がないので，ロースクールでやった理論を実践するという実践の場にならないのではないかというご懸念だったのではないかと思うんです。

他方，もう1つは，そういった実体法的な法理論ではなくて，むしろ具体的な案件や相談を受けてから，どのようにして依頼者から話を聞き出して，その問題の解決の方向をどうすべきか。これは訴訟でいくしかないとか，これはネゴシエーションでできるレベルだから，相手の代理人と交渉してしまおうとか，そういった問題解決手法の選択というのがあると思うんです。

先ほどジョイ教授からも授業の技法ということで，問題解決能力，コミュニケーションなどというのがあったと思うんです。これは，例えば，今までは多分弁護士修習などの中で，まさに飯田先生が生きざまを見せるとおっしゃいましたけれども，それは弁護士の生きざまというだけではなくて，手法を見せて教えていたと思います。私自身も，例えば1人学生を任されれば，具体的な案件が来たときに，これはどういうリサーチをしたらいいよ，どういうふうに問題を解決したらいいよ，その依頼者との話し方はあまりよくないよ，もうちょっとこういうふうにしたほうが依頼者からやわらかく話を聞き出せるんじゃないのと，個別の指導はできると思います。

ただ，その場合に理論的な裏づけがあって，私どもはやっているわけではないですね。ロースクールで教えるからには，何か理論の裏づけがなければいけないのではないかというのが，強迫観念的にありまして，それがなしに教えるというのはいかがなものかという思いもありますし。学生に，ここでクリニックなりエクスターンシップをやるのは何が目標なのかという，普遍的なものはちょっと事前に提示ができないんです。とりあえずやってみろ，おれが教えてやるというぐらいしか言えない。これではまずいのかなと。

そういう意味では，悩みとしては，まずエクスターンシップ，クリニックで求められるものというのは，そういった単なる理論を実験する場を与えれ

ばいいのか。そうではなくて，今言った問題解決なり，何らかの普遍的な理論，一定の一般的な理論みたいなものをきちんと身につけさせるという場なのか。

　後者だとしたら，コミュニケーションとかカウンセリングに関しては，心理学的なアプローチから理論的な研究も進みつつありますし，紛争解決についても，主として裁判所の研修所の教官などは，紛争解決の技法などといろいろやっていると思うんですが。そういったものを，私どもはどこでどのような技法を習得することが最低限必要であるのか。かつ，それを学生に伝える教育技法というのが必要なのかもしれない。そういった教育技法というのをどこで身につければいいのか。そこが1番の悩みでございます。

　つきましては，アメリカなり，既に先生方が研究されている中で，そういった実務的な問題解決能力なり，コミュニケーション，カウンセリング能力というものについての普遍的な理論なり手法というものが，どれぐらいまで研究が進んでいるのか。かつ，それを学生に教えようという教育技法について，どれぐらいまで研究が進んでいるのか。私どもは，どうすればそれを身につけられるのか。

　切実に，来（2005）年の3月まで可能な限り吸収したいと思っていますので，その点，何かご教示いただけるとありがたいと思います。

ジョイ　今のお話の中には少なくとも10ぐらいの質問事項があったかと思いますけれども，10ぐらいキャッチしたところで，私も分からなくなっていったんですけれども。まず申し上げたいのは，今回初めて臨床法学教育をやるという場合でしたら，まず最初は，人数を絞って規模を小さく始められるのがいいと思います。最初始めて2年，3年というのは，これは学生がもちろん学ぶわけですけれども，この2年，3年の最初の経験というのは，何にも増して教員，実務家が臨床教育について学ぶ時期であると考えて頂いたほうがいいと思います。

　臨床法学教育の特徴は教授法に関する特徴ですけれども，何かというと，臨床教育の教員というのは，こうしなさいということを学生に対して言わないんです。自分が直面している問題に対してどうアプローチしたらいいか，どう解決していったらいいかということを，みずから考えさせるのが臨床法学教育の教授法です。臨床法学教育における教授法がいかなる教授法であるべきかということにつきまして，どれぐらい研究が進んでいるのか。それにつきましては，この30年間，アメリカにおきましても様々な研究が行われて

きました。教授法，教育手法につきまして，様々な文献も出されておりますし，書籍もあります，研究論文もございますし，そういったことに関するビデオテープまで出ております。

　実際の事件を担当させて，その中から様々なことを学ばせるというのが臨床法学教育の目的なのか，それとも学んだ理論や法理というものを応用する場を与えれば，それで済むのかというご質問ですけれども，両方必要だと思います。

　それがすべてのご質問だったとは思いません。他にもあったと思いますけれども，重要なポイントというのは，これでお答えになっておりますでしょうか。

道　会場からの質問を……。高野さん。

高野隆　学生実務規則についてあまり議論する時間がなかったようなんですけれども，この討議資料の中に日弁連のセンターの案というのが載っておりました。これについて，日弁連の先生にご意見をお伺いしたいんです。これを見ますと，クリニック，エクスターンシップなどの参考資料として，その条件として様々なことが書かれております。つまり，適格性であるとか，当事者の同意であるとか。

　要するにこれをやるべきである，これをやってはいけないということは書かれているんですけれども，そのことについて私は何の異論もないんですけれども，1番大事なのは学生が何ができるかということだと思うんです。それが何も書かれていない。クリニック，エクスターンシップとして学生が何ができるのかについて，何も書かれていない。これは非常によくないのではないかと思います。

　ジョイ先生の話にも現れていると思うんですけれども，アメリカの場合，学生実務規則をつくる意味は，学生が裁判の記録を見られる，裁判所に行って弁論ができる，証人尋問ができる，留置場に行って秘密の接見が被疑者，被告人とできる，そのためにこそ学生実務規則をつくっているわけですね。もしもアメリカのクリニックの学生が被疑者と秘密の接見ができなかったとしたら，アメリカのクリニックはこんなに発展しなかったと私は思います。アメリカのクリニックの学生が法廷で弁論ができなかったら，アメリカのクリニックはこんなに発展しなかったはずです。非常につまらないクリニックになっていて，学生の関心も非常に少ないものになって，日本の司法研修所と同じようなつまらない教育になっていたはずです。

ここでは現行法の範囲内において，弁護士の指導のもとで法律事務に関与することを念頭に置きつつというふうに，非常に抽象的に書かれていますけれども，そもそもアメリカの学生実務規則というのは法律なんです。ですから，法律を変えるわけです。そもそも現行法を変える立法運動が学生実務規則を定める意味だというふうに私は理解しております。この案は何をできるのかについて何も書いていないのですが，そういうことをぜひ書いて頂きたい。それを立法運動としてやるおつもりがあるのか，ないのかをはっきりお聞きしたいと思います。

飯田　大変難しい問題を提起されたわけでございます。その問題の前に，法科大学院生の後の司法修習生の権限問題がもっと具体的な問題としてあるわけです。この問題でさえも，まだ具体的な進展を見ておりません。最高裁の司法修習委員会で継続審議をすることになるようでございますけれども，まだ解決されていない。

　そういう状況下で，法科大学院の学生がまさに何をどこまでできるかということは，非常に重要な問題です。刑事クリニックの問題もございますけれども，今その問題を突き詰めるよりは，実際の実績を積み上げていくといいますか，事実が先行することが大事なのではないかと我々は考えております。そういうこともあって，その点はあまり明確にしていないというのが実情でございます。実際にやれる範囲は随分あるわけでございますので，そこを少しでも広げていって，その上で次なるステップに上がっていく必要があるのかということでございます。

道　では，質問は，あとお二方だけにさせて頂きます。

濱田広道　東京弁護士会の濱田です。今の質問を聞いて，私も発言したくなったので。私は，最初のころ，通訳の方が（釈迦に説法ではなくて）馬の耳に念仏と言いそうになった馬のほうの人間で，ロースクールのことを全く知らずに，今日は勉強しに来ました。資料をつらつら見たり，今のお話を伺ったりしていて，今の飯田先生のお答えがやっぱり日弁連の姿勢としてはおかしいのではないかと思ったので，質問というか，意見ということなんですけれども。

　ロースクールをつくるということは，イコール，臨床教育をさせるということであって，例えば被疑者，被告人との接見ができるとかいうことは，当然の前提のはずなんです。その当然の前提のことが，法律ができないというのは全くの矛盾であって，そんな矛盾したロースクールが発足してよかった

んでしょうかと，私は非常に疑問に思います。ですから，どんどん新聞の論壇などに，実に今のロースクールというのはおかしいんだと，常識が通らないんだということをどんどんあちこちで発表して，絶対に変えなければいけないのではないかと思います。

道　ありがとうございました。今のはご意見ということでよろしいですね。
　では，椛嶋さん，どうぞ。

椛嶋裕之　全然別のことを言おうと思ったんですが，高野さんの質問に対して，濱田さんも同じ論点で発言されたので，私もその点について発言させて頂きます。

　ご承知のとおり，刑事クリニックで学生がどこまでできるのかということをめぐっては，法務省との間でいろいろな議論があるという状況にあります。この議論は昨（2003）年から続いておりますけれども，この4月から決定的に変わったことは何かということ，学生が入ってきたということです。

　私は刑事クリニックの担当ではありませんが，私が所属する早稲田大学は8月に刑事クリニックの実験プログラムをやるという段階になっています。我々は非常にやる気のある，志の高い姿勢をもった学生を目の前にして，民事については実験プログラムとしての法律相談会を既に始め，8月には刑事が始まるという状況なわけです。そういう中で高野先生の発言は——若干高野先生らしからぬとも思ったんですけれども——，日弁連が立法運動をすべきという御提言は，「現状はここまでしかできない」ということを，認めるということになるのではないだろうかと思っております。

　接見についても，修習生がなぜ秘密接見に立ち会えて，学生ができないのか，ここに関して理論的な差というものは，何らこれまで解明されていないわけです。したがって，そこは各大学の実践の中で法科大学院の教育目的と，実際の学生のあり方との関係でどういう弊害が生じるおそれがあるのか，そういう観点からどこまでやるということが適切なのかということを，各大学が模索をしていくべきことなのではないかと思います。

　その点で若干懸念していることがあります。私は参加していないので伝聞ですけれども，先日同志社大学で開かれた法科大学院協会の総会の席で，法科大学院協会として，この問題に関して関係機関と協議をしていくというお話があったと伺いました。もちろん法科大学院協会は臨床教育を大いに発展させる立場からいろいろなご努力をされていかれるんだろうと期待はしているんですけれども，見誤ってはならないのは，この問題は，基本的には，各

大学が学問の自由を前提に，ロースクールの理念を進めていくという方向で考えていくべき問題であって，法科大学院協会はそれをどうエンカレッジするかという形で動いていくべきことなんだろうと思っております。
　そういう姿勢なしで，関係諸機関の見解はどうなのか，あるいは各法科大学院についていえば，法科大学院協会がどういう見解を出すのかということを気にし，あるいは日弁連がどういうスタンスで，どういう立法運動をしてくれるのかということを期待するというだけのスタンスでは，おそらくこの臨床教育が成長していくという原動力というのは出てこないのではないかと思います。
　我々はこの4月から，学生という我々の最大の応援団を得たわけですから，その力を最大活用したあり方を模索していくべきではないかと思います。
道　ありがとうございました。ところで，どんなに時間がなくても，これだけはしたいと思っていたことがあります。そこに座っておられるのは，もしかして学生さんですか。今日の講演とディスカッションを聞いて，臨床教育を受けたくなりましたか，それとも，まだ躊躇されておられますか。躊躇しているということでしたら，躊躇する理由を1つ教えてください。
学生　私はもともと臨床教育というのをどうしても受けたいと思って，それのある学校を選びましたので，今でも受けたいとは思っています。ただ，今のお話を伺って，特に刑事事件というものをどこまで本当に私たちができるのかというのが，なおさらよく分からなくなったという感じはあります。まだ1年生なので，早いところはっきり分かるとうれしいなと思っています。
道　ありがとうございます。桃嶋さんの言われたとおり，最大の応援団がついているようです。本当に時間がなくて大変恐縮です。パネリストの皆さんに締めて頂きたいところなんですけれども，ジョイ教授に一言締めて頂く形で，今日は終わらせて頂きたいと思います。
ジョイ　100回ありがとうございましたと言いたいんですけれども，1分しかないので……。本当に，今日はどうもありがとうございました。
道　本当に長い時間ありがとうございました。今日の講演，パネルディスカッションについては，後日，何らかの形で世に出したいと思っております。
　本日のご参加，本当にありがとうございました。改めてパネリストとジョイ教授に拍手をお願いいたします。（拍手）

法科大学院における 臨床教育の有用性を探る
――日弁連による臨床教育実験授業の報告を兼ねて――

道 あゆみ

弁護士・龍谷大学法科大学院客員教授

I はじめに

　日弁連と日弁連法務研究財団は，2003年3月15日，共催で法科大学院における教育内容・方法をテーマにシンポジウムを開いた。

　このシンポジウムに向けた企画の1つとして実施したのが，上智大学の学部生の協力を得て行った臨床教育の実験授業（「ロースクールの臨床授業のあり方を探る～ドメスティック・バイオレンスを題材とした模擬クリニックの実践～」）である。[*1]

　企画の趣旨は，アメリカのロースクールで日々発展・充実していっている臨床教育プログラムが，日本の法科大学院で実現可能なのか，可能であったとしてそれは日本においてどれほど有用か，を検証することにあった。

　そこでは，筆者自身がアメリカで経験した臨床教育を1つのモデルとし，それをできる限り再現することを試みた。[*2]本稿では，実験授業の実施概要とその成果を報告，分析するとともに，そのモデルとなったアメリカのロースクールの臨床教育プログラムの概要と有用性について報告することとしたい。

II 臨床教育とは

1 臨床法学教育の定義

　法学教育（日本においては，専門職を養成する視点を明確にするため，あるいは「法曹教育」という言葉が適切なのかもしれないが）における臨床教育を，アメリカでは臨床法学教育（clinical legal education）と呼ぶ。この，臨床法学教育という言葉は，実はアメリカにおいても極めて多義的に使われ

ており，日本に紹介される際も，これを引き継ぐ形でその定義が混迷しがちである。[*3]

臨床法学教育とは，広義には，臨床的手法（clinical methodology）を使う法学教育全般を含む概念である。例えばアメリカの臨床法学教育の発展に貢献してきたアメリカ臨床法学教育協会（Clinical Legal Education Association）は，指導・監督を受けながら（学内あるいは学外で）法律実務を扱うプログラムの他，模擬的訓練（simulated exercises）をこれに含めるとしている。[*4]

他方，アメリカ法曹協会（American Bar Association。以下「ABA」という。）は，その適格認定基準（Standards for Approval of Law Schools）において，クリニック（clinic）やエクスターンシップ（externship）といった実務経験を提供するプログラム[*5]と，その他専門技能を教授するプログラム[*6]とを同じ条文で規定しながらも，両者を峻別している。[*7]また，1980年代後半に策定されたインハウス・クリニックの将来に関する委員会（the Committee on the Future of the In-House Clinic）の報告書は，「法律家が実務の中で直面するのと同種の問題状況に立ち向かうこと」を，臨床教育の要素としている。[*8]

これらをみるに，アメリカにおいて臨床法学教育あるいは臨床的プログラム（clinical program）とは，広義にはローヤリング，模擬裁判，法文書作成等，実務を扱わずにそれに模した状況を設定して専門技能等を養成するプログラム（①）を含み，但し典型的には，現実に実務を経験するプログラムを指すと考えられる。実務を経験するプログラムには，学内で実施されるもの（②）と，学外で実施されるもの（③）があり，アメリカでも日本でも，①を「シミュレーション（授業）」，②を「クリニック」又は「インハウス・クリニック」[*9]，③を「エクスターンシップ」と呼ぶのが一般のようである。

本稿では，以上の定義に従って臨床教育を論ずるが，基本的には②のクリニックを中心的に取り上げることとしたい。何故なら，典型的な臨床プログラムの中でも，ロースクールの教員の指導・監督を受けて行うクリニックは，より教育効果が高く理想的な臨床プログラムの形態と評価されるからである。[*10]

なお，①～③の境界線は必ずしも一義的ではなく（特に②と③を区別する基準は明確ではない。）[*11]，又，後に述べるように近時は，各形態の融合型や混合型も登場していることに留意頂きたい。

2 アメリカのロースクールにおける臨床教育の歴史と実態

(1) アメリカのロースクールにおける臨床法学教育の歴史

アメリカ臨床法学教育の歴史の詳細は別稿に譲ることとし，ここでは簡単にその概要に触れるにとどめたい。

アメリカにおける臨床法学教育の萌芽を，ハーヴァード大学ロースクールに発祥したケース・メソッド教授法に求める論者もあるが，現在理解されている意味での臨床法学教育は，リーガル・リアリスト達の影響力が増す1920年代以降登場した。[12]

そして，アメリカ社会の矛盾が顕在化し社会変革の機運が高まった1960年代，学生の側から社会との関わりを求める声が高まったことを背景に，ロースクールの臨床教育に注目が集まる。1969年にABAにより学生実務モデル規則（Model Student Practice Rule）が策定されて臨床教育を支える制度整備が劇的に進み，1970年代になって民間財団や連邦教育省による資金的支援が充実すると，1980年代にかけて臨床教育とそれを巡る研究は飛躍的に発展していく。[13,14][15][16][17][18]

こうした臨床法学教育の発展を受けて，1994年には臨床法学教育協会，アメリカロースクール協会（Association of American Law Schools）の後援により，クリニカル・ローレビュー（Clinical Law Review）が創刊される。そして，1992年ABAからいわゆるマクレイト・レポート（McCrate Report）が出されたことで，ロースクールにおける教育と実務の架橋が一層注目され，1996年のABA適格認定基準改定によって，アメリカの認定ロースクールに臨床教育プログラムの設置が義務付けられることになる。[19][20]

(2) アメリカのロースクールにおける臨床教育の現在

このような歴史を経て，臨床教育はアメリカのロースクールにおいて確固たる地位を築いた。そして現在も，その意義・有用性をどこに求めるかと連動し，プログラムの形態や位置付けにいくつかのヴァリエーションをもちながら，臨床教育は発展を続けている。[21]

教育効果の高さを重視して，学内法律事務所を擁するインハウス型クリニックを中心に据えるロースクールがある一方，コスト面などに配慮し，主にエクスターンシップを提供するロースクールもある。また，シミュレーション，クリニック，エクスターンシップといった枠組みを越え，融合型や混合[22][23,24]

型のプログラムを策定しているところもある。

　臨床教育の社会的有用性（にて後述）を重視してか，環境，移民，障害者，少年事件といった，細分化された専門クリニックが多く見られる一方で，オールラウンドな法律実務能力の養成を目的とした一般型臨床教育を行うロースクールもある。また，従来臨床プログラムは上級年次の選択科目とするのが一般であったが，下級年次に組み込んだり，上級年次の必修科目とするロースクールも現れている。更には，1年次，2年次のシミュレーションと3年次の臨床教育を有機的に統合させる統合型カリキュラムを用意する精力的なロースクールも見受けられ，アメリカの臨床教育は，各々のロースクールの特色と相俟って，多様に発展していると言っていい。

(3) 臨床教育の意義と有用性

　臨床教育プログラムの意義，有用性については，その歴史とともに様々な認識がなされてきている。

　1960年代，社会変革の要求が高まる中で臨床教育の有用性が認識されたときは，リーガル・アクセスの行きわたらない困窮者に奉仕することが，臨床教育の中核的意義と位置付けられていた（①社会的有用性）。

　しかし，1970年以降臨床教育の研究が深められると，技能（skill）修得を中心にその教育的側面を優先する論者が現われ，近時はより積極的に，(a)技能，(b)知識・理論の修得，(c)法曹倫理の理解の深化，公共奉仕の精神や正義感といったメンタリティーの会得（(d)価値の会得）など，多様な教育的効果が期待されている（②教育的有用性）。

　これに加え筆者は，次章で紹介するように，臨床教育による「理論と実務の架橋」を通じて，理論（研究）が深められ（③理論的〔研究的〕有用性），同時に実務が豊かに発展していく効用（④実務的有用性）を，高く評価すべきと考えている。

III　筆者が経験した臨床教育――臨床教育の醍醐味を探る――

1　ニューヨーク大学ロースクールのカリキュラムについて

　2000年8月より，筆者はニューヨーク大学ロースクール（LL.Mコース）に留学する機会を得た。同ロースクールは，全米でも臨床教育に熱心なこと

でつとに有名であり[*37]，筆者がここに留学を決めた理由の1つも，この臨床教育を経験することだった。

2000年度のニューヨーク大学ロースクールのコース・ディスクリプション（Course Description 2000-2001）によれば，この年同ロースクールが提供していた臨床教育（Clinical Program）は，実に21種類であった[*38]。

このうち筆者は，通年コースであった「家族問題クリニック（Family Defense Clinic）」にオブザーバーとして参加し，春学期のコースとして用意されていた「比較刑事手続クリニック——夫婦間暴力に焦点をあてて——（Comparative Criminal Justice Clinic: Focus on Domestic Violence）」を履修した。以下は，この2つのプログラムの概要に触れたい。

2　「家族問題クリニック」の概要

(1)　プログラムの形態

「家族問題クリニック」は，いわば外部機関提携型のクリニックである。

学生達は，学外の機関である法律扶助協会（Legal Aid）を通じて事件の配点を受けるが，ロースクールの教員の指導・監督（supervise）の下で事件を担当するという点で，学内で行われる臨床教育（クリニック）と位置付けることができる。学生達には，担当教員との報告や相談，事件の処理方針についての綿密な意見交換を行うことが求められている。

(2)　取り扱う分野

「家族問題クリニック」が取り扱う分野は，児童虐待，犯罪，薬物中毒などの理由から分離された親子を巡る法的紛争である。こうした親子の，（子ども側ではなく）親側の代理実務を通じて，学生は親権や監護権，関連する諸問題の理解を深めることになる。

(3)　教員陣と学生の構成

このプログラムで特筆すべきは，2人のロースクールの教授と，実務経験5年ほどの臨床担当教員（弁護士）の他，ソーシャルワークスクール（Social Work School。社会福祉士を養成するグラデュエイト・スクールである。）の教員1名が，授業を担当していたことである。

学生は10名程。男女比は，7対3で女性のほうが多く，全体の半数がロースクール，残りがソーシャルワークスクールの学生であった。このプログラ

ムは，2つのスクールの共同開講授業であり，これを履修することはロースクールの学生の単位に数えられると同時に，ソーシャルワークスクールの学生達の単位にもなる。

(4) プログラムの概要

　このプログラムの柱は，①ディスカッションを中心としたゼミ形式の授業，②大量の課題（assignment），③施設見学，そして④臨床（実際の事件を担当する），の4つである。

　ゼミ形式の授業は，毎週2回予定されている。毎回の授業に備えて，学生には100頁以上の課題が与えられ，授業はその課題を踏まえて構成されている。授業の内容は，国と子どもの法的関係や，関連する理論や制度に及び，極めて学術的である。[39]

　学生達は，こうした授業と並行して，家庭裁判所など関連施設を見学し，その後実際に事件を担当することになる。[40]

　事件にあたる際には，ロースクールとソーシャルワークスクールの学生が2人1組でチームを組む。学生達は，ロースクールの教員のみならず，ソーシャルワークスクールの教員のアドバイスも受けて実務を処理する。[41]

　こうして学生達が事件を担当し始めると，彼らが実務の中で出会う理論的・制度的な問題，職業倫理に関する悩みなどに触れながら，週2回の授業は進められることになる。

3　「比較刑事手続クリニック」の概要

(1) プログラムの形態

　このプログラムは，「家族問題クリニック」に比べ，エクスターンシップ的要素の強いスタイルをとっていた。学生達は，春学期の約4ヶ月間を通じてNPOなど関係機関にそれぞれ派遣され，毎週決められた時間帯にあるいは必要に応じて随時，派遣先での研修を行う。

　但し，事件を担当するに際し，学生達は研修機関の実務家の指導・監督を受けるだけでなく，ロースクールの担当教員とも定期的に報告・相談の機会をもつことが求められている。

(2) 取り扱う分野

　比較刑事手続という題目から誤解されがちであるが，このプログラムが取

り扱うのは夫婦間暴力（domestic violence）である。夫婦間暴力に関する実務を通じて，その加害者（batterer）に対する刑事手続のあり方を検証することを目的とした臨床授業となっている。

(3) 教員陣と学生の構成

このプログラムも，家族問題クリニック同様，2つのスクールの共同開講授業であり，ロースクールとソーシャルワークスクールの教授が共同で授業を担当した。

学生は10名程度。男女比は，9対1で圧倒的に女性が多く，ロースクールとソーシャルワークスクールの学生がほぼ半数ずつである。

「家族問題クリニック」との違いは，筆者を含めた外国人学生の参加が認められていたことである。比較法的な観点を盛り込んだプログラムだったこともあって，（通常臨床教育では認められない）外国人学生の履修を認めたと思われる。

(4) プログラムの概要

①ゼミ形式の授業，②課題，③臨床の他，このプログラムは④授業に組み込まれた2回のロールプレイングがその柱となっている。

授業は週1回。やはり，授業の度に100頁以上の課題が与えられる。授業の内容は，比較法的観点を取り入れていることもあって「家族問題クリニック」より更に学術的である。夫婦間暴力の社会的・文化的背景を探りながら，それを巡る刑事司法のあり方を，欧州，アジアの諸外国と比較，検証していく。[42]

授業に組み込まれた2回のロールプレイング[43]は，研修に臨む学生に技能の修得の機会を提供するとともに，関連する理論や制度の理解を深める役割も担っていた。

そして「家族問題クリニック」同様に学生達が派遣先での研修を進めていくと，そこで出会う問題や悩みに対応しながら，毎週の授業は進められていった。

4　2つの臨床プログラムの有用性

それでは，この2つのプログラムに，一般に言われている臨床教育の有用性を見出すことができるのか。Ⅱ2で挙げた項目に沿って，2つのプログラ

ムの有用性を検証してみたい。

(1) 社会的有用性
　2つの臨床プログラムを通じて，筆者は臨床教育の社会的有用性を肌で感じた。いずれも，（養育能力なしとされる親や，夫婦間暴力の当事者といった）リーガル・アクセスの行きわたらない典型層に，学生が一定のリーガル・サービスを提供している。プログラムに参加する学生達は，（あるいは弁護士以上に）真摯に事件を担当しており，しっかりした指導・監督が行き届いていることもあって，（日本でよく心配されるような）依頼者の利益を損ねる場面には1度も遭遇しなかった。
　臨床プログラムの社会的有用性は，このように学生が直接リーガル・サービスの不足を補うことにとどまらない。もう1つ見逃せないのは，学生達の進路決定への影響である。学生達は，臨床プログラムを経験することで，そこで扱われた題材（2つのプログラムで言えば，親子や夫婦間暴力の問題）に対する見識を深め，その分野の人的資源充実の必要を痛感することで，自らそれに関わろうと動機づけられる。[*44] こうした仕組みを通じて，臨床プログラムは，必要な分野に人材を輩出するという，もう1つの重要な社会的有用性を発揮しているのである。[*45]

(2) 教育的有用性
　2つのプログラムでは，多様な教育的有用性（②の(a)～(d)）もまた十分体感できた。
　学生達は，課題や授業を通じて法・制度などの知識や理論を，ロールプレイングを通じて各種技能（カウンセリングや文書作成技能など）を学び，実務に触れることで，こうして得た知識・理論や技能を，生きたものに変えていっている（(a)技能，(b)知識・理論の修得）。
　同時に学生達は，逆境に生きる依頼者に接することで，社会の矛盾や不公正に気づき，法律家の職責に思いをめぐらす。そうした過程を通じて，彼らは確実にプロフェッションとしての責任や倫理感に目覚め（(d)倫理観の涵養），公共奉仕の精神や正義感を涵養されていた（(e)価値の会得）。

(3) 理論と実務の架橋（理論的有用性，実務的有用性）
　こうした社会的有用性や教育的有用性はさることながら，筆者が感じた2

つの臨床プログラムの醍醐味は，なんと言っても驚くほど豊かな理論と実務の連携であった。そして，まさにそれこそが日本の司法修習とロースクールの臨床教育を分かつ重要な要素とも言える。

即ち，ロースクールの臨床プログラムにおいては，実務に触れる経験が理論や研究を深めるばかりでなく，深められた理論が再び実務にフィードバックされ，それが確実にその分野の実務を豊かにしているのである。

例えば「比較刑事手続クリニック」について言うなら，弁護士やソーシャルワーカーである教員達が，職務を通じて得た問題意識を授業の中で学生達に伝え，それを受けて学生達がそれぞれ事件に触れていく中で，夫婦間暴力の加害者をどう処遇するべきか（例えば単に逮捕・起訴することがいいのか，より柔軟な対応を選択肢として用意すべきなのか）といった法や制度を巡る議論が深められていく（実務が 理論を深める）。そしてそこで深められた議論は臨床教育の場を通じて現場担当者にフィードバックされ，彼らの問題意識をより理論的なものに変えていくことで，（日々の業務に追われることなく）より良い実務や制度を実現していく学術的背景を与えるのである（理論が実務を豊かにする）。日本の司法修習との比較で敢えて象徴的に表現するなら，以下のようにもいえるだろう。つまり，司法修習がときの実務との関係ではどちらかと言えば「現状肯定型」であるのに対し，ロースクールにおける臨床教育は，むしろ現行の実務を不断に改革・向上されることを本質とした「現状批判型」あるいは「現状改善型」プログラムなのである。

そして更に着目すべきは，ロースクールの臨床教育を通じて行われる人材交流が，実務と理論の好循環の実現に大きな役割を果たすことである。実務家が臨床教育の教職に就くことで，理論を深める時間を持ち，彼らが再び実務の一線に戻ることで深められた理論が実務を豊かにする。こうした人材交流が，アメリカの学究界と実務界のコミュニケーションを日本と比べものにならない位豊かなものにしているのである。

(4) 他のプロフェッションとの連携―もう1つの架橋―

そして，2つの臨床プログラムを通じて，筆者はもう1つの「架橋」に遭遇した。それは，法律家と他分野のプロフェッションの「架橋」である。

先に述べたように，2つのプログラムに共通していたのは，教員も学生もロースクールとソーシャルワークスクールの混合体ということである。これは，「家族の問題は法律家だけで解決しえない」との謙虚な認識にもとづい

ている。つまり，実務における両者の連携の必要性を，養成過程にそのまま反映しているわけである。

　そこには，他のプロフェッションとの交流により法律家が豊かに発展し，ひいては実務界で両者が充実した連携を築くという，もう1つの「好循環」を見ることができるとも言える。

IV　臨床教育実験授業の報告

　それでは，このような臨床プログラムを日本で再現することは果たして可能なのだろうか。可能であるとして，アメリカで認められる程の有用性をそこに見出せるのだろうか。

　以下は，その検証のために実施した実験授業の報告に頁を費やしたい。

1　実験授業実施までの経緯

　2003年3月に予定されたシンポジウムに向けて，実験授業の企画が固まったのは2002年11月の後半。実験授業開始まで多くの難題が山積みであったが[*46]，最終的にはその多くがクリアされていった。紙面の関係上，その経緯については独立の項を設けて説明することは避け，次項以降の中に必要な範囲で触れることとする。

2　実験授業実施の概要

　実験授業の実施期間は，2002年12月11日から2003年2月24日の2ヶ月余り。上智大学の学部生3～4年生（小林秀之ゼミ所属）8名（男性5名，女性3名）の協力を得て，実験授業に着手した。

　なお，今回の実験授業は日弁連の企画であり，もちろん大学の単位取得には全く結び付かない。従って，小林ゼミを通じて募集してはいるが，学生の参加はあくまでも任意である。授業の実施も，大学内ではなく弁護士会館で行った。

　企画概要を固めた時点で予定したカリキュラムの概要は別紙1のとおりであった。しかし実施期間の短縮化や取り扱い事件の性質に応じて，実際の実施内容は別紙2のとおりとなった。

　このプログラムの柱は，ニューヨーク大学の臨床プログラムに倣い，①ゼミ形式の授業，②課題，③施設見学，④ロールプレイング，⑤臨床の5つで

ある。

　臨床の形態としては，関係機関から事件の紹介を受けて教員役の弁護士がこれを担当するという意味で，外部機関との提携型クリニックに分類される形をとった。

　但し，留意頂きたいのは，日本ではアメリカと異なって，少なくとも現段階では学生達が自ら依頼者の代理をすることはできないということである。従って，ここでの臨床の内容は，あくまで弁護士の「補助役」にとどまる。当初，学生達には短期間で手続が終結する「配偶者からの暴力の防止及び被害者の保護に関する法律」（以下「DV防止法」という。）の保護命令申立手続の補助をしてもらうことを考えたが，思うように保護命令事件が得られず，方針の変更を迫られた。結局，学生達には教員役弁護士の依頼者との面談に立ち会うという形で，実務に触れてもらうこととした。

　なお，具体的な課題や授業の内容は，教員役の菅沼友子弁護士と相談の上決定した。また，各回の授業の進行は，菅沼弁護士のオリジナリティに拠ったものである。

3　実験授業の成果

(1)　法科大学院における臨床教育の可能性

　今回の実験授業によって，日本で臨床教育を実施することの可能性は，相当程度立証されたと感じている。

　何より発見だったのは，予想以上に豊かな学生達の資質であった。彼らは，舞台が与えられれば，自分の頭で思考し自分の言葉で話す。臨床教育も対話型の授業も，学生の資質を理由に実現不可能と軽々に言うべきでないことを，今回改めて実感した。[*47]

　もちろん4で述べるように，法科大学院で臨床教育を定着・発展させるためには，いくつかの大きな課題がある。しかし，いずれもクリアできない課題とは言えない。何より，その克服に多くのエネルギーを費やして余りある有用性が臨床教育にあることを，今回再確認できたと言える。

(2)　法科大学院における臨床教育の有用性

　ここでもⅡ2で挙げた項目に沿って，今回の実験授業を通じて得られた臨床教育の有用性を頁を割いて検証することとしたい（但し，なにしろ言葉で伝えられることには限界があるので，時間が許す限り併せて本実験授業の報

告ビデオをご観賞頂ければと思う）。

① 社会的有用性について
　臨床教育の社会的有用性は，その本来的性質（Ⅲ4で前述）から，人材交流等を通じて継続的システムの中で実現していくものである。従って，2ヶ月の実験授業でこれを実感することはそもそも難しいとも思われた。
　しかし，今回の企画の中でも，臨床教育の社会的有用性は十分に予兆されたと言える。まず，学生達の真摯で正義感溢れる取り組みを見ると，一定の実務を分担させれば，（あるいは弁護士以上に）丁寧なリーガル・サービスを提供するだろうと期待された。事件を紹介してくれた関係機関も，当初は学生の資質に少なからず疑問を抱いていたが，依頼者やその子どもへの対応振りをみて，徐々に信頼感を深めていってくれたようである。また学生の中には，実験授業を通じて夫婦間暴力に対する関心を深め，「家事事件を扱う弁護士になりたい」と夢を語る者も現れた（進路決定への影響）。
　こうした状況をみると，法科大学院において臨床プログラムが定着すれば，我が国のリーガル・サービスの一端を担う人的資源として，学生達に大きな期待を寄せることが可能と言えるのではないだろうか。
　但し，その効用を最大限発揮させるためには，今後法科大学院生の権限を拡充する方向で議論を進めることが必須であることを付言したい（4で後述）。

② 教育的有用性について
　2ヶ月間の実験授業の成果ということでは，この教育的有用性が最も実感できた。授業の段階を追う形で，やや詳細にその成果に触れておく。
(ア) 第1回授業と課題を通じて
　初回の授業は，夫婦間暴力を体験した被害者の手記[*48]を課題とし，それについて素朴な感想を出し合うところから議論をスタートした[*49]。リアリティあふれる課題を読むことで，学生達は少なからず夫婦間暴力の深刻さを感じとって授業に臨んだようである。その様子は各人の感想の中に十分表われていた[*50]。
　そして，その後の教員役弁護士の発問に誘導され，学生達は「夫婦間暴力の被害者に出遭ったらどうアドバイスするか」など具体的な命題について考え，発言を始める。
　こうした議論が一段落した後初めて，教員役弁護士が夫婦間暴力の構造や

表1　予定していた模擬クリニック　概要

概要	日程	内容	ねらい	課題
授業	11月下旬	「DVとは何か」をイメージさせる。事件に関与した後の学生の認識と比較するために彼らの「素のまま」のイメージを表現してもらう	○DVに関するイメージを膨らませる ○施設見学や事件に関与した後の印象と対比するための素材とする	「DVとは」、「何故逃げられないのか」を考えさせる手記・ドキュメンタリー等
施設見学	12月初旬	○シェルター見学 ○相談センター見学	○現実にDVに関わる施設・関係者と触れ合うことでDVのイメージを更に具体化する ○この問題が社会でどう扱われているか知り、関連する法制度・社会制度の問題を検証する	施設に関する資料等
授業	12月中旬	○施設見学をふまえてのディスカッション ○相談業務のロールプレイ	①施設見学で感じた素朴な疑問、印象を交換することで、DVに対する理解を深め、この問題を解決するために必要な諸条件、法や法律家の果たす役割を探る ②DVに対する認識を更に深め、被害者の心情を理解することで、被害者に接する際に必要なスキル・心構え・注意点を確認する	○相談風景を撮影したVTRの鑑賞 ○ロールプレイのイメージを持って授業に臨むこと
相談業務への関与	12月末頃	相談センターなどで、実際の相談業務を見学	○実際の依頼者と接することで、現実に生起する事件について理解を深める ○法律家に求められる面談技術を学ぶ	○DVの相談マニュアル ○職業倫理に関する資料等
授業	1月上旬	最初の授業との対比。「DV」の被害者・加害者に関するイメージについて議論	○DVに関するイメージをより具体化する ○バタードウーマンシンドロームなど被害者の複雑な心理状況や加害者の心理状況などについても理解を深める ○法律家のあるべき姿、その職業倫理について考える機会をもつ ○法、法制度・社会制度、法律家など、この問題をめぐる各種の制度の問題点・課題を探る	検討中

概要	日程	内容	ねらい	課題
保護命令申立手続への関与	1月中旬	申立書面の作成に関与し（主にヒヤリングと文書作成），申立手続まで行う	○実際の依頼者と接することで，現実に生起する事件について理解を深める ○法律家に求められる面談技術・書面作成技術を学ぶ ○DV防止法に対する理解を深め，法制度の問題点・課題を探る	○職業倫理に関する資料（おさらい） ○DV防止に関する資料
授業	1月下旬	○申立手続に関与したことについての報告 ○依頼者との関係の持ち方，相談技術等についての意見交換	○法律家に求められる面談技術・書面作成技術を学ぶ ○法律家のあるべき姿，その職業倫理について考える機会をもつ ○法，法制度・社会制度，法律家など，この問題をめぐる各種の制度の問題点・課題を探る	関与事件についてのリポート（感想，問題意識の開示を含めて）
保護命令申立手続への関与	2月上旬	続く手続への関与（どこまでいけるかは時間との闘い……）	○実際の依頼者と接することで，現実に生起する事件について理解を深める ○法律家に求められる面談技術・書面作成技術を学ぶ ○DV防止法に対する理解を深め，法制度の問題点・課題を探る	
授業	2月中旬～下旬	総まとめ的授業	○これまで関わった事件についての報告・意見交換を通じて，DVやその周辺の問題について更に理解を深める ○関連する法律問題について理解を深める ○DVやその周辺の問題を解決するために必要とされる，法，法制度・社会制度，法律家の役割を探る ○法律家のあるべき姿，「ありたいと思う姿」について，認識を深めていく	総まとめ的レポート

※最も顕著な予定変更は，グレー塗りつぶし部分がなくなったこと（「模擬クリニック実施内容を振り返る」「実施された模擬クリニック　概要」参照のこと）
※逆に相談業務への関与は，予定より膨らんだ（同上）

表2 実施された模擬クリニック 概要

概要	日程	内容	ねらい	課題
授業	12月10日	DVに関するドキュメンタリーを素材に「DVとは何か」をイメージするディスカッションを行う	○DVに関するイメージを膨らませる ○施設見学や事件に関与した後の印象と対比するための素材とする	「DVとは」，「何故逃げられないのか」を考えさせる手記・ドキュメンタリー等
施設見学	12月13日	東京都女性相談センター見学	○現実にDVに関わる施設・関係者と触れ合うことでDVのイメージを更に具体化する ○この問題が社会でどう扱われているか知り，関連する法制度・社会制度の問題を検証する	○DV防止法説明資料 ○関連施設に関する資料
施設見学	12月20日	女性の家「HELP」(HELPの施設見学ではなく関係者から説明をうかがった) FTCシェルター見学	同上	同上
授業	1月7日	①施設見学をふまえてのディスカッション ②被害体験者の話をきく ③ロールプレイング	①施設見学で感じた素朴な疑問，印象を交換することで，DVに対する理解を深め，この問題を解決するために必要な諸条件，法や法律家の果たす役割を探る ②DVに対する認識を更に深め，被害者の心情を理解することで，被害者に接する際に必要なスキル・心構え・注意点を確認する	○施設見学についての感想を用意する ○相談風景を撮影したVTRの鑑賞 ○ロールプレイのイメージを持って授業に臨むこと
面談手続への関与	1月28日	HELPからの依頼事件の面談に立会い	○実際の依頼者と接することで，現実に生起する事件について理解を深める ○法律家に求められる面談技術を学ぶ ○法律家のあるべき姿，その職業倫理について考える機会をもつ ○法，法制度・社会制度，法律家など，この問題をめぐる各種の制度の問題点・課題を探る	

概要	日程	内容	ねらい	課題
面談手続への関与	2月12日	HELPからの依頼事件の面談に立会い	同上	
面談手続への関与	2月14日	HELPからの依頼事件の面談に立会い	同上	
面談手続への関与	2月19日	NPOからの依頼事件の面談に立会い	同上	
授業	2月24日	これまで関わった事件に関する報告・意見交換	○これまで関わった事件についての報告・意見交換を通じて，DVやその周辺の問題について更に理解を深める ○関連する法律問題について理解を深める ○DVやその周辺の問題を解決するために必要とされる，法，法制度・社会制度，法律家の役割を探る ○法律家のあるべき姿，「ありたいと思う姿」について，認識を深めていく	○関与事件についての報告・感想 ○当授業に対しての感想

※最も顕著な予定変更は，「予定していた模擬クリニック　概要」のグレー塗りつぶし部分がなくなったこと（「模擬クリニックの実施内容を振り返る」「予定していた模擬クリニック　概要」参照のこと）
※逆に相談業務への関与は，予定より膨らんだ（グレー部分）

DV防止法，それを巡る関係機関の役割といったこの問題に関わる基礎的な情報を解説した。

以上のプロセスを経て学生達は，夫婦間暴力の実態やその社会的背景，そしてそれを巡る法や制度について，一応の知識・理解を得たと言っていい（(b)知識・理論の習得）。

(イ) 施設見学，被害者の体験談（第2回授業）を通じて

施設見学や被害体験者と触れることは，取り扱う問題を「生きた事象」と認識するために欠かせない。*51 とりわけ早い段階にこれらを実施することは，その後の教育効果を飛躍的に高めると言っていい。この実験授業でも，第1回の授業の直後に3ヶ所の施設見学を実施し，第2回の授業の前半で被害者の体験談をきく機会をもち，その教育効果を改めて実感した。

まず，学生達は施設という「現場」を目のあたりにし，関係者や被害者の生の声に接することで，夫婦間暴力の深刻さや複雑な構造を肌で感じる機会を得た。そして，夫婦間暴力を巡る法や制度に多くの課題があることを知り，これらに関する知識や理解を生きたものにしていったと言える（(b)知識・理論の習得）。

また学生達は，法律家に対する期待や失望を耳にすることで，改めてその職責のあり方に思いを至したようである。こうした過程の中で，彼らはその正義感を徐々に花開かせ，真剣に夫婦間暴力の問題を捉え始めたと言える（(c)倫理観の涵養，(d)価値の会得）。*52

(ウ) ロールプレイング（第2回授業）を通じて

第2回目の授業の後半では，初回授業で課題となった手記の事案を想定し，学生達に弁護士もしくは被害者役を演じてもらうこととした。役はランダムに割り振ったので，男子学生が被害者（つまり女性の役）を演じることもあった。

被害者役を演じた学生達は，男子学生も含めて驚くほどその役に同化した。中には，被害者になりきって涙ぐみ始める男子学生もいたくらいである。*53 そこには，他人事だった事象を自分の問題として痛みをもって理解しようとする真摯な姿勢が見てとれる。

こうした経験を通して，学生達は一層夫婦間暴力の（心理的・社会的）構造の複雑さを理解する（(b)知識・理解の修得）。とともに，被害者に対するシンパシーを深めることで，その正義感や問題意識を更に涵養していくことになる（(d)価値の会得）。

一方，弁護士役を演じた学生達は，生身の依頼者（役）への対応に予想以上に苦慮したようである。「思ったとおりにならない」ことを初めて肌で知り，教員役の弁護士らのアドバイスやコメントを得て，法律家としてのカウンセリング技能の基礎を得ることとなった（(a)技能の修得）。
*54

　(エ)　実務（臨床）を通じての成果
　そして，その後いよいよ学生達は，依頼者との面談の立会という形で実際の事件に触れることとなる。
　ここでは，まず夫婦間暴力やそれを巡る諸制度に対する理解が，具体的かつ生きたものとなり，最終授業の議論（(オ)参照）を深める題材を得たと評価できる（(b)知識・理論の修得）。
　また，現実の依頼者を目の当たりにし，学生達が社会の矛盾や制度の無力さを五感で感じることによる教育効果が，何より顕著に認められたと言っていい。特に学生達は，依頼者の不満を耳にすることで，法律家が必ずしも社会のニーズに応えていない現実を知ることになった。「なぜ弁護士は家事事件をやりたがらないのか」「なぜ家裁の調停委員は夫婦間暴力への理解が足りないのか」。学生達からは，現行実務に対する疑問が続出した。ここに至り，彼らの職業的倫理観や正義感，あるいは社会そのものに対する問題意識は飛躍的に成熟していったと言える（(c)倫理観の涵養，(d)価値の会得）。
*55

　このように私たちは，今回臨床を通じての教育効果をいくつか実感することができた。しかしながら同時にその臨床の形態（学生の関与のかたち）故に，一定の限界を感じたことも事実である。学生達がより能動的に，「自分の事件」として実務に関与していたなら，アメリカで見られたような豊かな教育的有用性が（特に今回はほとんど認められなかった「技能の修得」という有用性が）得られたであろうと思われる。

　(オ)　最終授業を通じての成果
　最終授業では，学生達に各人が立ち会った事件の報告をしてもらい，それについて議論を深めていくこととした。
　前半は，家裁の調停の機能や，慰謝料や養育費の回収の難しさなど，法的・制度的な論点を巡って議論が行われた（(b)知識・理論の修得）。
　後半になると，「弁護士と依頼者はどういう距離をとるべきか」「弁護士は何のために働くのか」という，専門職責任・法曹倫理の中核的命題が，学生側から提起された。依頼者の要求と自分の正義感に食い違いが生じた場合，弁護士はどこに軸足を置くべきか。その議論の様子は，企画者の予想を上回

る圧巻となった（(c)倫理観の涵養，(d)価値の会得)。

③　理論と実務の架橋（理論的有用性，実務的有用性）

　これまで，日本の法学研究と法律実務の間には，深い溝が横たわっていたと言っていい。

　研究者は実務に触れる機会が乏しく，その結果法律学は目まぐるしい社会の変化や実務のニーズに対応する柔軟さを欠く場合があった。他方，日本の法律実務家は研究の余裕（あるいは関心）がなく，理論的背景と中長期的視野を持って課題に取り組む姿勢が弱かった。こうした理論と実務の溝の深さは，研究者のみならず実務家にとって不幸な事態を生み，ひいてはエンドユーザの利益さえ損ねていたと言っていい。

　法科大学院は本来，こうした不幸な事態を解消することを大きな目標の1つとして構想されたはずである。中でも臨床教育は，その中核となって理論と実務を架橋する重責を負っている[*56]。つまり，この国の法律学と法律実務が今後どこまで伸びやかに成長するかは，法科大学院における臨床教育の行く末にかかっていると言って過言ではない。先述したように，司法研修所を存続しつつも，法科大学院で臨床教育を行う意義は主にここにあると言ってもいい。

　こうした有用性は，社会的有用性と同様，長年の研究実績や人材交流を通じて時を経て実現されていくものであるが，今回の実験授業で少なくともその萌芽は見出すことができたと言えよう。

　まず②の(イ)(エ)で述べたように，今回の実験授業のプログラムを通じて，学生達は現在の制度や実務が多くの矛盾や問題点をはらんだものであることを認識し，それについて議論を深めている。そこには明らかに，実務が議論を深め，深められた議論が現行実務を批判・改善していく契機を見ることができる。

　また，今回の実験授業の実施にあたり，関係機関や弁護士に協力の申し入れを行う過程で，臨床教育が日本に根付くことの重要性を説き，それが夫婦間暴力を巡る研究や実務の発展にもつながると力説したところ，幸いにも多くの理解と共感を得ることができた。

　そして何より嬉しかったのが，関係機関の担当者や弁護士が，授業や施設見学を通じてなされる学生の素朴な発問に触れて，これまでゆっくり考える時間を持たなかった根本的な命題について，自らも考える機会を持ったこと

である。学生達の純粋で的確な問題意識の発露に触れ，周囲をとりまく大人達が現行実務を批判的・理論的に見る視点を養い，実務と教育あるいは実務と研究が，緊密に連携することの意義を再認識したと言ってもいい。

4　実験授業を通じて明らかとなった今後の課題

他方，先に述べたように，日本に臨床教育を根付かせるためになんの課題もないわけではない。むしろ，今回の実験授業を通じて，多くの課題が山積みしていることが明らかになったと言える。

(1)　関係機関との連携強化

施設見学や事件の確保のためには，関係機関の協力が不可欠である。今回彼らの理解を得るには，学生や教員役弁護士を得る以上の困難が伴った。実験授業の主題となった夫婦間暴力の構造上，シェルターを初めとした関係機関が，部外者に強い警戒心を抱いていたこともその理由と言えるが，そもそも法科大学院や臨床教育に対する理解が関係者の間にほとんど定着していなかったことが大きな要因だったと言えるだろう。[*57]

前項で触れたように，今回はいくつかの関係機関の協力を得て施設見学等を実施することができた。しかし，今後継続的にこうしたプログラムを続けていくためには，より広い範囲で協力の輪を広げていく必要がある。アメリカのロースクールの例に倣い，法律扶助協会や公設事務所といった外部機関と，普段から密接な連携を築く努力は欠かせない。

(2)　人的資源の確保

また，充実した臨床授業を実践していくには，何より優れた教員を擁することが不可欠である。

とりわけここで留意すべきは，臨床教育にあたる教員に求められる資質である。「臨床教育は実務を紹介するのであるから，その分野に経験豊かな実務家教員を迎えればいい」と考えられがちである。しかし，教員に期待される本来的役割は何よりも教育である。彼らには教育にあたり，更にそこで理論と実務を架橋する役割が期待されているのである。従って臨床教育にあたる教員には，豊かな実務経験のみならず理論的・教育的な志向を併せ持つことが望まれる。

なお臨床教育をより充実させるためには，主担当教員の他，学生数に応じ

て実務を指導・監督する指導教員を確保することが必要となる。筆者がニューヨーク大学ロースクールで参加した臨床プログラムは、いずれも学生10名に対し教員が3名いた計算である。こうした手厚い人的体制が、臨床プログラムの有用性を最大限発揮させていたと言っていい。[*58]

(3) 経済的支援の確保

このように資質ある教員を多数迎え、臨床教育に必要な物的設備を整えるには、法科大学院に十分な財政的基盤が確保される必要がある。アメリカにおいても、臨床教育が飛躍的に発展した背景には、1970年代の民・官の資金的支援の充実があったことを、想起すべきである。

こうした経済的条件を整えるためには、法科大学院のみならず、広く社会から臨床教育の社会的有用性に理解を得る必要がある。もっと言えば、社会的有用性ばかりでなく、その教育的有用性や理論的・実務的有用性さえも、法律家とその実務の質を高めるという意味で最終的にはユーザの利益に帰することを知らしめ、民・官の支援を誘導する必要があると言えるだろう。

(4) 制度的支援の確保1―学生の権限の拡充など―

今回、学生には面談の立会いという形で実務に触れる機会をもってもらった。しかしアメリカでは、前述したように学生が直接依頼者を代理する。この違いは、教育的有用性を中心にプログラムの各種の有用性に大きく影響する（3(2)①②）。実務を担当することは、技能の修得や職業倫理の理解などを、飛躍的に実現していくからである。

この点日本では、法科大学院生の能力や身分を理由とした慎重な意見も存在するようである。しかしながら、これまで見てきた臨床教育の意義と効用に鑑みるなら、我々は慎重意見の論拠に耳を傾けつつも、むしろ法科大学院の学生に一定の権限を付与する方向で議論を進めていくべきであろう。[*59]

但し、このような議論を進める上では、同時に学生の守秘義務を担保する方策、あるはマルプラクティスの危険を分散する方法などについて、早急に議論を深める必要がある。国内外のノウハウの蓄積を参考に、必要な制度の整備を急ぐべきと言える。

(5) 制度的支援の確保2―司法試験、第三者評価（適格認定）への反映―

臨床教育を発展させるためクリアすべき課題の1つ（これが実は最大の課

題かもしれない）に，司法試験の存在がある。司法試験の受験勉強が重くなり過ぎて，法科大学院在学中から受験勉強に多くの時間を費やするとなれば，臨床教育の選択を阻むことにもなろう。従って，司法試験の合格率と試験内容は，数々の効用をもつ臨床プログラムを日本に根付かせることができるかどうかの鍵を握っていると言ってもいい。

　こうした司法試験との緊張関係がある中，臨床教育の定着・発展に大きく寄与する可能性があるのは，法科大学院の第三者評価（適格認定）制度である。第三者評価は，いわば司法試験とは違った物差しで法科大学院を評価し，その質の維持・向上を実現する唯一の制度的手段であると言える。

　アメリカにおいても，Ⅱ2で述べたように，臨床教育の発展にABAの適格認定が果たした役割は極めて大きい。日本においても，第三者評価機関が臨床教育の豊かな有用性を十分理解の上評価にのぞむことが，法科大学院の臨床教育発展に欠かせない条件だと言える。

(6) プログラム発展・充実のための努力

　最後に，法科大学院における臨床プログラム発展のために何よりも重要なのが，法科大学院や教員のみならず，法律扶助協会や公設事務所，弁護士会，関係省庁など，関係者が有機的なネットワークを組んでいくことである。例えば，アメリカのクリニカル・ローレビューや臨床法学教育協会などに倣い，情報交換と協力の場を築き，(1)～(5)に述べた各課題の克服に取り組んでいく必要があろう。そのためには何より，法科大学院の臨床教育の有用性や課題について，関係各者が一定程度認識を共有し，それぞれの職域や役割を越えて協力を結ぶ勇気をもつことが肝要と言える。

　そして，ネットワークを組みながらも，各法科大学院と教員の創意工夫の中，それぞれの特性に応じた臨床プログラムが柔軟にそして多様に発展していくことが期待されることは言うを待たない。その上，ニューヨーク大学に見られたような，他のプロフェッショナル・スクールとの共同開講プログラム[*60]などが出現すれば，日本の臨床教育の果たす役割は飛躍的に大きなものとなるはずである。

Ⅴ　結びに代えて

　ご紹介したようにアメリカのロースクールにおける臨床教育は，理論と実

務の垣根をはらい，ひいては法学（law）と他分野の境まで越えて，それぞれの豊かな成長を促しながら日々充実していっている。そして今世紀アメリカの臨床教育は，国境や人種の垣根も，あらゆる職業や学問の領域も飛び越えて，更なる発展を遂げようとしている。[*61]

言ってみれば，ロースクールの臨床教育プログラムは，実社会を反映する形で，多様な「ボーダレス化」の舞台となっているのである。それは，臨床教育を通じてアメリカの学究が実務に門を開いたときから，半ば宿命づけられていたことなのかもしれない。そしてこの「ボーダレス」こそ，（その評価は別にして）アメリカの底知れないエネルギーの源になっているとも言える。

翻って日本では，官民問わずあらゆる分野，職域，業界が，互いの領域を侵しあわないように，自らの周りに境界を引き続けてきたと言っていい。もちろん，我々弁護士とて例外ではない（むしろ顕著な例の1つと言えるだろう）。確かに，そうしたシステム故の効率化や発展が，これまでの日本にはあったのかもしれない。しかし，今後この国が本当の意味で力をたくわえていくには，日本オリジナルな「ボーダレス」の工夫を図る必要があるのではないだろうか。臨床教育は，まさにその起爆剤の1つとなりうるのである。

そして，それを実現する上で最大の課題は，意外にも日本人のもつ心理的境界線の克服なのではないかと思う。前章でも，関係者がネットワークを築きながら臨床教育の発展に尽力していく必要性を説いたが，そのために何より必要なのは，我々1人1人の「心のボーダレス化」あるいは「心の架橋」と言えるのかもしれない。

＊1　日弁連より同名の報告ビデオを発売中である。日弁連ホームページ（http://www.nichibenren.or.jp/jp/katsudo/katsudo/syourai/houka_daigakuin/houka_daigakuin_b.html）参照のこと。
＊2　そうした経緯から，この実験授業は，筆者がニューヨーク大学で履修した比較刑事手続クリニックに倣い，ドメスティック・バイオレンスを題材として行うこととなった。
＊3　宮川成雄「実務教育の意義と内容——実務基礎科目と臨床法学教育の可能性」法律時報第75巻第3号〔2003年〕49頁では，臨床法学教育の多義性が報告されている。
＊4　臨床法学教育協会は，支援・研究の対象とする臨床法学教育を，「倫理的で有能な法律実務を行うのに必要な技能と価値を教授するために策定されたものであり，（教員等の）指導を受けながら依頼者の代理をし，あるいはその他の形で法律実務にあたるものの他，様々な設定の下実施される模擬的訓練（simulated exercises）をこれに含み，ロースクールの中で実施されるものと外で実施されるものとがある。(using clinical methodology to prepare law students and lawyers for more effective law practice. Clinical methodology includes supervised representation of clients, supervised

performance of other legal work, and the use of simulated exercises in a variety of settings, both within law schools and outside of them, and is designed to teach skills and values necessary to the ethical and competent practice of law)」と定義している（臨床法学教育協会の公式ホームページ http://clrn.law.cuny.edu/clea/mission.html（2003年6月16日閲覧））。

＊5　ABA適格認定基準（Standards for Approval of Law Schools）standard 302（C）（2）は、ロースクールは、クリニックやエクスターンシップを通じて、実際の依頼者やその他の実務経験（live-client or other real-life practice experiences. This might be accomplished through clinics or externships.）を提供すべきとしている（日本弁護士連合会司法改革調査室編『アメリカ法曹協会（ABA）ロースクール認定手続』〔現代人文社、2002年〕68〜70頁、ABA公式ホームページ http://www.abanet.org/legaled/standards/standards.html（2003年6月23日閲覧）等）。

＊6　前注5 standard 302（C）（1）は、専門職技能の教育を受ける適切な機会（adequate opportunities to all students for instruction in professional skills）を与えるべき、と規定している（前注5 ABAホームページ等）。

＊7　前注5 standard 302（C）（2）のプログラムは、全ての学生に提供する必要はないとされている（A law school shall offer in its J.D. program:（1）adequate opportunities to all students for instruction in professional skills; and（2）live-client or other real-life practice experiences. This might be accomplished through clinics or externships. A law school need not offer this experience to all students　前注5 ABAホームページ等参照）。

＊8　The Report of the Committee on the Future of the In-House Clinic より。原文では、"Students are confronted with problem situations of the sort that lawyers confront in practice"とされている（Margaret Martin Barry, Jon C. Dubin and Peter A. Joy., Clinical Education For This Millennium: The Third Wave, 7 Clinical Law Review.1（2000）I.A.2.b. 本書17頁）。

＊9　特に学内法律事務所設置型のインハウス・クリニックを想定している場合が多い（宮澤節生「臨床的法学教育と法律扶助——法科大学院構想を契機に——」財団法人日本法律扶助協会編『日本の法律扶助——50年の歴史と課題——』〔財団法人日本法律扶助協会、2002年〕306頁等）。

＊10　前注9宮澤309頁等。

＊11　クリニックとエクスターンシップを区別するメルクマールは、必ずしも一定ではない。前注9にて述べたように、学内法律事務所で臨床を行うのがクリニックの典型的な形のひとつではあるが、コストの問題もあり外部機関との連携が実態としては多用されている。むしろ両者は、ロースクールの専任教員の指導監督の有無により区別されている場合が多いようである。例えば、前注9の宮澤309頁は、クリニックが「学内に専門弁護士を擁し」たプログラムであるのに対し、エクスターンシップを「多数の機関に学生が分散するために、教授陣による監督を効果的に行うことが困難であって、教育的意味の乏しい活動」と評している。あるいは、カリフォルニア大学バークレイ校ロースクール臨床教育センター長は、クリニックは「フルタイムの臨床教員によって指導されており、彼らの唯一の仕事はロースクール内で働くこと」であって、この点をエクスターンシップとの区別の基準としている（チャールズ・D・ワイセルバーグ〔宮澤節生訳〕「ロースクール・クリニックの建設——バークレイの経験——」早稲田大学比較法研究所機関誌・比較法学第37巻第1号〔2003年〕177頁）。

＊12　前注8 Margaret Martin Barry, Jon C. Dubin and Peter A. Joy I.A.2.a.（本書12頁）、宮澤節生「法律扶助の資源としての臨床的法学教育〜アメリカのロースクールと法律扶助〜」リーガル・エイド研究第3号（1998年）5頁等。

＊13　1900年代前半は、臨床法学教育の定義自体一定ではなく、その意義についても、どちらかと言えばケース・メソッドを補足するものと位置付けられていたようである（前注8 Margaret Martin Barry, Jon C. Dubin and Peter A. Joy. I.A.2.b.、本書15頁）。

＊14　前注12宮澤6頁等。

＊15　ABAの学生実務模範規則策定によって、多くの州で学生の法廷活動を認める規則が制定

されることととなった（前注 8 Margaret Martin Barry, Jon C. Dubin and Peter A. Joy. I.B.1., 本書19頁）。

＊16　フォード財団の断続的寄付（intermittent grant）の功績が大きい。同財団は Council on Legal Education in Professional Responsibility（CLEPR）（但し1987年まで）などを通じて、多額の寄付を行った（前注 8 Margaret Martin Barry, Jon C. Dubin and Peter A. Joy. I.B.1., 本書18頁）。

＊17　フォード財団の寄付に続いて、連邦教育省（The Department of Education）が多額の援助を行った（Title ⅠⅩ Law School Clinical Experience Program 等）。

　　特に、1978年以降大規模化し、1997年までの10年間に8700万ドル以上の支援がなされた（前注 8 Margaret Martin Barry, Jon C. Dubin and Peter A. Joy. I.B.1., 本書18頁）。

＊18　1980年代後半には、前注 8 の通りインハウス・クリニックの将来に関する委員会（The Committee on the Future of the In-House Clinic）の報告書が出され、臨床教育について一定のコンセンサスが生まれる。同報告書では、臨床教育とは、学生が①法律家がその実務の中で直面するのと同種の問題状況に立ち向かうこと、②仕事を通じてその問題解決に取り組み、③問題を解決する中で他者と関わり、④そうした学生の仕事ぶりが集中的な分析論評の対象とすること、により特徴づけられる。④が最も重要な要素と位置付けられており、ボランティアで学内法律相談所に関わる活動などとは、一線が画されている（前注8 Margaret Martin Barry, Jon C. Dubin and Peter A. Joy. I.A.2.b., 本書17頁）。

＊19　アメリカ法曹協会著（日本弁護士連合会編、宮澤節生・大坂恵里訳）『法学教育改革とプロフェッション——アメリカ法曹協会マクレイト・レポート——』（三省堂、2003年）。

＊20　前注 5 standars 302（C）の原型が規定される。

＊21　前注 8 Margaret Martin Barry, Jon C. Dubin and Peter A. Joy. II., 本書30頁以下等。

＊22　ハーヴァード・ロースクールのヘイル・アンド・ドーア・リーガルサービシズ・センター（Hale and Dorr Legal Services Center）等（前注12宮澤 8 頁）。

＊23　外部機関に学生を派遣する形をとりつつもロースクールの教員を外部機関のディレクターに就任させるなど、クリニック的要素を取り入れたエクスターンシップ・プログラムなどが散見される（ヨーク大学ロースクールの Parkdale Community Legal Service Center（前注 3 宮川52頁脚注（14））等）。

＊24　なお、Ⅲに後述するニューヨーク大学ロースクールの家族問題クリニックなどは、外部機関から事件の配点を受けるが、ロースクールの教員の指導・監督を受ける点で、クリニック（学内の臨床プログラム）と位置付けられる。

＊25　例えば、シカゴ・ケント・ロースクールは、2 年次と 3 年次に、基礎的な技能を教えるシミュレーションとインターンシップとエクスターンシップを混合したコースを設けている（前注 8 　Margaret Martin Barry, Jon C. Dubin and Peter A. Joy. II.B., 本書39頁）。

＊26　カリフォルニア大学バークレイ校ロースクール、イェール大学ロースクール、ニューヨーク大学ロースクール（前注12宮澤10、12、13頁）等。

＊27　ニューメキシコ大学ロースクールの Community Lawyering Clinic, Law Practice Clinic（http://lawschool.unm.edu/Clinic/programs/community/index.htm、http://lawschool.unm.edu/Clinic/programs/law_practice/index.htm〔2003年 6 月25日閲覧〕）等。

＊28　また、両者の中間的形態として、民事、刑事といった大枠で分野を限定するクリニックを提供するロースクールもある（ハーヴァード大学ロースクールの、「民事クリニック」「刑事クリニック」〔前注12宮澤 8 頁〕等）。

＊29　メリーランド大学ロースクールでは 1 年次の必修コースとして「理論と実務の習得（Learning Theory and Practice）」プログラムを設け、低所得者の代理実務を行うなどの科目を提供している（前注 8 Margaret Martin Barry, Jon C. Dubin and Peter A. Joy. II.A., 本書36頁）他、イェール大学ロースクールも臨床プログラムの 1 年次春学期に履修するのが一般的である（前注12宮澤12頁）。

＊30　ニューメキシコ大学ロースクール（前注 8 Margaret Martin Barry, Jon C. Dubin and Peter A.

Joy. II.A., 本書37頁）等。
*31 あるいは，他の授業の補完コースとして，臨床プログラムを位置付けるロースクールもある。シアトル大学ロースクールは，「並行的，統合的科目（Parallel, Integrative Curriculum）」を用意し，関連科目の選択的な補完として，現実のクライアントもしくはシミュレーションを履修できるものとしている（前注8 Margaret Martin Barry, Jon C. Dubin and Peter A. Joy. II.B., 本書39頁）。
*32 ニューヨーク大学ロースクール，ニューメキシコ大学ロースクール（前注8 Margaret Martin Barry, Jon C. Dubin and Peter A. Joy. II.A., 本書37，38頁）等。
*33 前注8 Margaret Martin Barry, Jon C. Dubin and Peter A. Joy. I.A.2.a., 本書12頁，前注9宮澤299頁～301。
*34 依頼人サービスアプローチから法曹技能アプローチへの移行を論ずるものとして，ポール・バーグマン（宮川成雄訳）「クリニカル法学教育――『法曹技能』からのアプローチ――」早稲田大学比較法研究所機関誌・比較法学第36巻第1号（2002年）抜刷等。
*35 マクレイト・レポートでは「技能と価値観」を身に付ける教育の重要性を論じている（前注19アメリカ法曹協会）
*36 ハーヴァード大学ロースクールでは，臨床教育の目的として，①基本的技能を修得させ，経験から学ぶ方法を理解させること ②十分な監督，反省，分析を伴う状況で依頼者を代理する責任を負わせることによって，実務に対する高度の倫理的感覚を持たせること ③卒業後プロフェッショナルとして高い水準に到達しうるように，自発的・自己反省的な学習と自己啓発の習慣をつけさせること ④法理論と法制度に関する理解を向上させること ⑤広義の，あらゆるキャリアにおいても必要とされる，公共奉仕の価値を強調すること，の5つを挙げている（前注12宮澤311頁）。
*37 前注9宮澤12頁等。
*38 その内容は，たとえば刑事弁護クリニック（criminal defense clinic），死刑事件弁護クリニック（capital defender clinic），国際人権クリニック（international human rights clinic），移民の権利クリニック（immigrant rights clinic），環境法クリニック（environmental law clinic），行政訴訟クリニック（government civil litigation clinic），少年の権利クリニック（juvenile rights clinic）と，多岐にわたる。
*39 例えば初回の授業では，まずは「子供は誰のものなのか」という大きな命題を巡って議論が行われた。
*40 家庭裁判所では，いくつもの法廷を傍聴し，見学後の授業ではそれを巡って議論を行う。
*41 法律家とソーシャルワーカーは，それぞれの役割や専門職責任に相違があり，両者の関係を理解することはロースクールの学生にとっても重要である。したがって，ロースクールの学生にとっても，ソーシャルワークスクール教員の指導は欠かせない。
*42 とはいえ，授業は最初から法律や制度論に入るわけではない。初回の授業では，夫婦間暴力の加害者（batterer）と被害者（battered woman）のイメージについて，素朴な印象を出し合うことから始める。法律や制度を語る前に，取り扱う事象を深く理解することが必要との観点からである。その後プログラムが進んでいく中での学習成果を明らかにするためにも，当初学生自身がもつ「偏見」「固定観念」などを議論の場に引き出す作業が行われる。
*43 1つは，学生が夫婦間暴力の被害者役，相談を受ける法律家役，ソーシャルワーカー役を順番に担当して行う模擬カウンセリング，もう1つは夫婦間暴力を巡る模擬法廷である。
*44 卒業後すぐNPOや行政機関でこうした仕事に関与する者もいれば，しばらく大きなローファームに勤務し，その後こうした仕事へと転向することを考える学生もいる。
*45 実務経験を積んだ後彼らは，場合によっては再び教員としてロースクールに戻ってくる。こうした人材の循環が，理論と実務の連携を強化し，双方を豊かに発展させていると言える。
*46 残された時間を最大限に確保するため，早急に協力してもらえる学生と教員役の弁護士を探す必要があった。ちなみに，このとき協力してもらう学生の必須条件と考えたのが，司法試験

に受かっていない，そしてできれば法律の勉強ばかりしていない学部生であることだった。それは，「修習生にできても法科大学院生には（臨床教育をこなすことは）無理」という議論を払拭するためである。結果的には，上智大学の小林秀之教授の協力によりイメージ通りの学生8名に出会うことができた。

＊47　ただ，彼らは驚くほど大人をよく観察している。打って響く相手と評価するか否かで，その態度は180度変わる。

＊48　吉廣紀代子『殴る夫逃げられない妻』（青木書店，1997年）159頁〜177頁。

＊49　法律や制度を語る前に，取り扱う事象を理解することを重視するという意味で，ニューヨーク大学ロースクールの比較刑事手続クリニックの精神に倣ったと言える。

＊50　「本当のこととは信じられない」（学生役溝淵雅敏〔当時3年生〕の発言）「あんまりひどい事例だから逆に冷静にみないと」（学生役長田誠司〔当時4年生〕の発言）といった学生達のコメントが，それを表している（前注1報告ビデオ参照）。

＊51　施設見学当日の感想，第2回授業での施設見学の感想など。

＊52　第2回授業では，「法は弱い人を守るためにあるのに」（前注49溝淵の発言）「シェルターへの経済支援が必要」（学生役藤原健作〔当時4年生〕の発言）といった施設見学の感想が続出した（前注1報告ビデオ参照）。

＊53　学生役笹岡智憲（当時3年生）

＊54　ロールプレイングを終えた学生達の顔つきは本当に生き生きと輝いていた。弁護士役を担当した学生からは「弁護士役は簡単だと思ったのに，予定どおりにいかなかった」（前注50長田の発言）「依頼者が何を望んでいるのかわからず，どうしていいかわからなかった」（学生役北村直子〔当時4年生〕の発言），といった感想が出されている（前注1報告ビデオ参照）。

＊55　学生役片岡薫栄（当時3年生）の発言など（前注1報告ビデオ参照）。

＊56　司法制度改革審議会『司法制度改革審議会意見書——21世紀の日本を支える司法制度——』（2001年6月12日）64頁。

＊57　夫婦間暴力の深刻さを日本以上に認識して久しいアメリカにおいては，シェルターに学生が訪問することはもちろん，NGOや行政機関に，学生を派遣して研修をさせている。

＊58　アドバイザー役を担う実務家教員には，それ程長期の実務経験を要求する必要はないと思われる。アメリカの例をみても実務経験5年程の弁護士が，こうした役割を担っているケースが多い。

＊59　この点については，非公開手続への立会や刑事弁護における接見の立会など，いくつかの具体的論点の検討が必要となるが，紙面の関係上別稿に譲ることとする。

＊60　ただ，アメリカで認められる臨床教育の有用性を日本で最大限発揮させるには，①ゼミ形式の授業と組み合わせること，②法科大学院の教員が何らかの形で指導・監督を行うこと，③臨床の目的が散漫にならないように取扱う実務の内容を何らかの形で特定すること，は必須と考える。

＊61　前注8 Margaret Martin Barry, Jon C. Dubin and Peter A. Joy. III.B., 同D., 本書50頁以下，同56頁以下。

執筆者・訳者プロフィール

マーガレット・マーティン・バリー（Margaret Martin Barry）
ミネソタ大学ロースクール（J.D）修了。コロンビア特別区などでの実務経験を経て，アメリカ・カソリック大学カランバス・コミュニティ・リーガル・サーヴィスに参加。現在，同大学カランバス・ロースクール準教授（associate professor）。米国臨床法学教育協会元会長，AALS臨床法学教育セクション前委員長。
臨床法学教育の他，家族法，ドメスティック・バイオレンスなどを専門とし，低所得者層に対するリーガル・サービス拡充のためにも，積極的な活動を展開している。
臨床法学教育，家族法などに関する論文・著書多数。近時の論文・分担執筆に，*Accessing Justice: Are Pro Se Clinics a Reasonable Response to the Lack of Pro Bono Legal Services and Should Law School Clinics Conduct Them?*, 5 FORDHAM L. REV. 1879 (1999), *Reflective Lawyering, in* TEACHER'S MANUAL FOR LEARNING FROM PRACTICE: A PROFESSIONAL DEVELOPMENT TEXT FOR LEGAL EXTERNS (J.P. Ogilvy, et al. eds., West Group 1998), *Reflective Lawyering*, in LEARNING FROM PRACTICE: A PROFESSIONAL DEVELOPMENT TEXT FOR LEGAL EXTERNS (J.P. Ogilvy, et al. eds., West Group 1998) などがある。

ジョン・C・デュビン（Jon C. Dubin）
ニューヨーク大学ロースクール（J.D.）修了。セント・メアリ・ロースクール教授などを経て，現在，ラトガーズ・ロースクール（ニューアーク）教授。AALS貧困法セクション元委員長，クリニカル・ローレビュー元編集委員。
行政法，公民権法，貧困法などを専門とし，上記ロースクールでは，臨床プログラム所長として「都市法クリニック」を担当する。2003年，Northeast Regional People of Color Legal Scholarship Conference において，有色人種の地位向上のための公益活動と研究業績を称える Haywood Burns/Shanara Gilbert 賞を授賞。
主な著作として，*Torquemada Meets Kafka: The Misapplication of the Issue Exhaustion Doctrine to Inquisitorial Administrative Proceedings*, 97 COLUM. L.

Rev. 1289（1997）（2002年にEdgar and Jean Cahn賞を授賞），*From Junkyards to Gentrification: Explicating A Right to Protective Zoning in Low-Income Communities of Color*, 77 Minn. L. Rev. 739（1993）などがある。

ピーター・A・ジョイ（Peter A. Joy）

ケース・ウェスタン・リザーヴ大学ロースクール（J.D）修了。同ロースクール教授などを経て，現在，ワシントン大学（セントルイス）ロースクール教授。米国臨床法学教育協会元会長，AALS臨床法学教育セクション元委員長。

臨床法学教育に関する研究・活動等の業績について，全米屈指の評価を得る。
臨床法学教育の他，法曹倫理，刑事手続，公判実務などを専門とし，上記ロースクールでは，「刑事手続クリニック」を担当する。

実務家としての経験も豊かで，過去にクラス・アクション，合衆国憲法第一修正などに関する訴訟をてがけるとともに，多くのプロボノ活動（バタード・ウーマンの問題など）に関与。

2001年，その年全米で最も法学教育に貢献した者に贈られるAALSピンクス賞を受賞。

臨床法学教育，法曹倫理，専門職責任などに関する論文・著書多数。近時の論文に，「法曹倫理と医療倫理の交錯——Spaulding v. Zimmerman 事件を例にとって」（樋口範雄訳）ジュリスト1277号（2004年），*Reflection in Action: Constructing New Clinical Teacher Training by Using Lessons Learned from New Clinicians*, 11 Clin. L. Rev. 49（2004）（with Justine Dunlap），*Teaching Ethics in the Criminal Law Course*, 48 St. Louis U. L.J. 1239（2004），*The Ethical Obligations of Law School Clinic Students as Student Lawyers*, 45 S. Tex. L. Rev. 815（2004），*The Evolution of ABA Externship Standards: Steps in the Right Direction*, 10 Clin. L. Rev. 681（2004），*An Ethics Critique of Interference in Law School Clinics*, 71 Fordham L. Rev. 1971（2003）（with Robert R. Kuehn），*The Law School Clinic as a Model Ethical Legal Office*, 30 Wm. Mitchell L. Rev. 35（2003），*Clinical Education for This Millennium: The Third Wave,*" 7 Clin. L. Rev. 1（2000）（with Margaret Martin Barry & Jon Dubin）（本書に収録）などがある。

道あゆみ（みち・あゆみ）

1988年一橋大学法学部卒業，1995年弁護士登録（東京弁護士会，47期），2001年ニューヨーク大学ロースクールLL.M修了，2002年ニューヨーク州弁護士登録。2001年9月より日本弁護士連合会司法改革調査室等で法科大学院問題を担当（2003年10月まで）。2005年4月より渋谷パブリック法律事務所（東京弁護士会が設立した，臨床法学教育を主たる任務とする公設事務所），龍谷大学法科大学院客員教授（いずれも現在まで）。

主要著作として，本書に収めた「法科大学院における臨床教育の有用性を探る──日弁連による臨床教育実験授業の報告を兼ねて──」（日本弁護士連合会司法改革調査室報第2号（2003年）の他，「法科大学院を『夢膨らむ』ものにするために──学資問題に日弁連が果たす役割を探る」（自由と正義第53巻4月号（2002年），「法科大学院，その質をいかに担保するか──死命を制する『第三者評価（適格認定）』のあり方──目を離せない議論の行方」（カウサ第1号（2002年），「法科大学院における奨学金制度等について」日本弁護士連合会司法改革調査室報第1号（2003年）などがある。

大坂恵里（おおさか・えり）

2000年ペンシルベニア大学ロースクールLL.M.修了，2003年早稲田大学大学院法学研究科博士後期課程単位取得退学。2003年4月より，平成国際大学法学部専任講師（民法・環境法）。2001年8月より日本弁護士連合会司法改革調査室等で法科大学院問題を担当（2003年3月まで）。

主要著作として，「環境保護団体のスタンディング」牛山積先生古稀記念論文集『環境・公害法の理論と実践』（日本評論社，2004年），「アメリカの学生実務規則」宮川成雄編『法科大学院と臨床法学教育』（成文堂，2003年），アメリカ法曹協会『法学教育改革とプロフェッション』（共訳，三省堂，2003年），「複数当事者間における不法行為責任の配分」早稲田大学大学院法研論集106号（2003年），「有毒化学物質情報の公開制度における市民の役割」早稲田法学会誌51巻（2001年），「アメリカ合衆国における土壌汚染問題への取組み」早稲田法学会誌48巻（1998年）などがある。

ロースクール臨床教育の100年史
CLINICAL EDUCATION FOR THIS MILLENNIUM: THE THIRD WAVE

2005年7月25日　第1版第1刷

編　者	日本弁護士連合会司法改革調査室・日本弁護士連合会法曹養成対策室
原著者	マーガレット・マーティン・バリー（Margaret Martin Barry）
	ジョン・C・デュビン（Jon C. Dubin）
	ピーター・A・ジョイ（Peter A. Joy）
訳　者	道あゆみ・大坂恵里
発行人	成澤壽信
発行所	株式会社現代人文社
	〒160-0016　東京都新宿区信濃町20　佐藤ビル201
	振替　00130-3-52366
	電話　03-5379-0307（代表）
	FAX　03-5379-5388
	E-Mail　daihyo@genjin.jp（代表）／hanbai@genjin.jp（販売）
	Web　http://www.genjin.jp
発売所	株式会社大学図書
印刷所	株式会社ミツワ
装　丁	清水良洋＋渡邉雄哉（Push-up）

検印省略　PRINTED IN JAPAN　ISBN4-87798-261-2　C2032
©2005　NIHONBENGOSHIRENGOUKAI

本書の一部あるいは全部を無断で複写・転載・転訳載などをすること、または磁気媒体等に入力することは、法律で認められた場合を除き、著作者および出版者の権利の侵害となりますので、これらの行為をする場合には、あらかじめ小社また編集者宛に承諾を求めてください。